DE LA TRANSLATION DE LA PROPRIÉTÉ

EN DROIT ROMAIN ET EN DROIT FRANÇAIS

(Loi du 23 mars 1855 sur la Transcription.)

THÈSE POUR LE DOCTORAT

PRÉSENTÉE

A LA FACULTÉ DE DROIT DE CAEN

ET SOUTENUE PUBLIQUEMENT

le 21 février 1874

PAR

GUSTAVE LIX

AVOCAT

PRÉSIDENT : M. GAUVET.

MM. BAYEUX, CAREL, TOUTAIN, } *professeurs*.
LAISNÉ-DESHAYES, *agrégé*.

PARIS
TYPOGRAPHIE DE CH. MEYRUEIS
RUE CUJAS, 13

1874

DE LA TRANSLATION DE LA PROPRIÉTÉ

EN DROIT ROMAIN ET EN DROIT FRANÇAIS

(Loi du 23 mars 1855 sur la Transcription.)

THÈSE POUR LE DOCTORAT

PRÉSENTÉE

A LA FACULTÉ DE DROIT DE CAEN

ET SOUTENUE PUBLIQUEMENT

le 21 février 1874

PAR

GUSTAVE LIX

AVOCAT

PRÉSIDENT : M. CAUVET.

MM. BAYEUX,
CAREL,
TOUTAIN, } *professeurs.*
LAISNÉ-DESHAYES, *agrégé.*

PARIS
TYPOGRAPHIE DE CH. MEYRUEIS
RUE CUJAS, 13

1874

DROIT ROMAIN

DE LA TRANSLATION DE LA PROPRIÉTÉ

INTRODUCTION

1. Dans les civilisations peu avancées, à ces époques presque barbares, où la ruse et la violence ont plus d'empire que la bonne foi et l'équité, il faut un système de législation qui, par des formes matérielles et visibles, frappe vivement l'imagination, afin de suppléer aux faibles perceptions de la conscience. La volonté a pour ainsi dire besoin d'être enchaînée et immobilisée, afin que, une fois émise, la mauvaise foi ne puisse plus la reprendre. Il faut l'entraver et la gêner par de nombreuses formalités afin que le faible et l'ignorant ne puissent pas donner trop légèrement leur consentement à des actes qui les dépouilleraient de leurs biens.

Tel est le caractère dominant du vieux droit romain, spécialement dans la matière qui fait l'objet de cette thèse, la translation de la propriété.

C'est en effet de cette idée que découle ce principe

fondamental que *le consentement à lui seul est impuissant à déplacer la propriété*. Ce résultat ne sera atteint que lorsque la volonté des parties aura reçu sa consécration par un fait extérieur d'exécution permettant à l'acquéreur de s'approprier la chose et de lui imprimer le sceau de sa personnalité (1). On enlève par là à l'ancien propriétaire la possibilité de disposer une seconde fois de la chose, au mépris de la foi promise.

Ces formalités, qui doivent accompagner la convention et en assurer l'exécution, varient suivant l'importance et la nature des choses auxquelles elles s'appliquent, et suivant les différentes phases de la législation romaine. Quelques-unes d'entre elles ne sont accessibles qu'aux citoyens romains. D'autres sont à l'usage même des étrangers. Les premières finiront par se fondre avec les secondes, lorsque les conquêtes et le développement du commerce et de l'industrie auront rendu les relations plus fréquentes avec les étrangers et les transactions plus nombreuses. Les formes se simplifieront alors; mais jusque dans le dernier état du droit romain, à l'époque de Justinien, nous verrons subsister intact ce principe fondamental que *les conventions n'engendrent que des obligations, des droits personnels*, et qu'il faut quelque chose de plus que le simple consentement pour produire des *droits réels* (2).

(1) V. M. Troplong, préface de son Comment. sur la Transcription, p. XIV.

(2) L. 20, C. de pactis; l. 11, C. de act. empt.; l. 15, C. de rei vindicat.; Paul, Sent., lib. 5, t. 10, § 4, n° 4; Inst., De empt.

Il n'y a d'exception que pour les donations entre ascendants et descendants, lesquelles sont parfaites par la seule volonté sans mancipation ni tradition (1); mais les donations entre les autres personnes exceptées par la loi Cincia se font toujours par la mancipation et la tradition. Ajoutons que le legs *per vindicationem* faisait également passer la chose dans le domaine du légataire par la seule puissance des paroles dont s'était servi le testateur. Il en est de même de la succession. Mais ces rares exceptions ne font que mieux confirmer la règle (2).

Voyons donc quels sont les différents modes de translation du domaine depuis l'époque primitive du droit jusqu'à celle de Justinien.

vendit., § 3, fine. — M. Ducaurroy, Inst. expl., t. III, p. 1, n° 952 et p. 133, n° 1039; Pothier, Pand., t. III, p. 112, n°s 62 et suiv.: Ortolan, Généralis. du droit, t. I, n° 229; et Inst., t. II, n° 416.

(1) L. 4, C. Théod., De donat. (VIII, 12.)

(2) M. Troplong, Vente, I, n° 40.

PREMIÈRE PARTIE

ANCIEN DROIT

CHAPITRE I

Epoque des XII Tables

SECTION I

IDÉE DU DOMAINE.

2. A l'époque des Douze Tables on ne reconnaissait qu'une seule espèce de propriété : le *mancipium* (de *manu capere*, la guerre étant alors le moyen d'acquérir par excellence). Les citoyens romains pouvaient seuls l'acquérir; les étrangers en étaient exclus. On était propriétaire selon le droit des Quirites (Romains), ou on ne l'était pas du tout. De là le nom de *dominium ex jure Quiritium* que les jurisconsultes lui donnèrent plus tard. Mais cette dénomination de *dominium* conviendrait mieux à cette propriété collective qui s'introduisit dans la suite et qui appartenait à la famille entière (*domus*) dans la per-

sonne de son chef, le père de famille absorbant tous les autres individus qu'il avait sous sa puissance. Dans le dernier état de la législation, le droit de propriété s'appella *proprietas*, parce que la propriété était alors individuelle, propre à chaque individu, les fils de famille pouvant l'acquérir pour leur propre compte, et non plus seulement pour le compte du chef (1).

SECTION II

MODES DE TRANSLATION DU DOMAINE A L'ÉPOQUE DES XII TABLES

3. La propriété s'acquiert : 1) par le *mancipium* (2) ; — 2) par la *tradition* (3) ; — 3) par l'usage résultant de la possession (*usus auctoritas*) (4) ; — par la *cessio in jure* (5) ; — 5) l'adjudication (6) ; — la loi (legs *per vindicationem* : Uti legassit super pecunia tutelave suæ rei, ita jus esto) (7).

(1) M. Ortolan, Hist. de la Législat. rom., p. 309, n° 413 (T. I de l'Explicat. histor. des Inst.), et Généralis. du droit rom., p. 470, n° 220.

(2) Table VI, § 1 (Fragm. Vat., § 50). — Le mot *nexum* est plus générique. Il désigne la mancipation employée dans des cas d'où ne résultait pas la translation de la propriété, notamment pour la formation et l'extinction des obligations, lorsque des débiteurs se donnaient en gage pour sûreté de leur dette (*nexu vincti*), au moyen de la vente civile ; de même pour l'émancipation, l'acquisition de la puissance maritale, etc. (Ortolan, Généralis., n° 55, note 2 et suiv., et n° 229, note 1.)

(3) Gaius, Comm., II, § 47 ; Ulp., 11, § 27 et Inst., 2, § 41.

(4) Table VI, § 3. — Conf. Gaius, Inst. Comm., II, § 42 ; Cicéron, Top., cap. 4.

(5) Table VI, § 11. (Fragm. Vat., § 50.)

(6) Dig., 10, 2, 1, f. Gaius.

(7) Table V, § 3 ; Ulp. Reg., 11, § 14.

Nous retrouverons ces modes de translation à l'époque classique du droit romain, au temps de Gaius et d'Ulpien; nous renvoyons donc au chapitre suivant (sect. II) l'étude de chacun de ces modes en particulier, en quoi il consiste, quelles formalités lui sont propres, et à quelles choses il s'applique.

CHAPITRE II.

Epoque de Gaius et d'Ulpien.

SECTION I

NOTION DU DOMAINE.

4. Le droit s'étant peu à peu relâché de sa rigueur primitive, sous l'influence d'idées plus humaines et plus équitables, une nouvelle propriété selon le droit des gens s'était établie à côté de l'ancien *dominium ex jure Quiritium.* — Inconnue au droit civil primitif, elle ne portait pas de nom propre; aussi l'exprimait-on simplement par le fait (1): *in bonis habere*, avoir une chose dans ses biens; d'où le nom de domaine bonitaire que lui donnent les commentateurs.

Cette sorte de propriété s'acquérait chaque fois qu'une chose avait été transférée par un moyen que

(1) Gaius, II, § 40.

ne reconnaissait pas le droit civil, ou par un mode du droit civil qui ne convenait pas à la chose; par exemple : lorsqu'une *res mancipi* avait été transmise par la simple tradition non précédée de la mancipation.

Nous verrons dans la section suivante quels étaient les droits que conférait chacun de ces domaines, et comment ils pouvaient exister l'un à côté de l'autre sur la même chose au profit de deux personnes différentes.

SECTION II

MODES DE TRANSLATION DU DOMAINE.

5. Les principaux modes de translation sont : 1) la mancipation, qu'on appelait le *mancipium* dans la législation des Douze Tables; — 2) la tradition; — 3) la *cessio in jure;* — 4) l'usucapion (*usu capere*) qui portait dans les Douze Tables le nom de *usus auctoritas;* — 5) l'*adjudicatio;* — 6) la loi.

§ 1. *De la mancipation.*

6. La mancipation (*mancipatio*) (1) est une espèce de vente (*venditio per æs et libram*) qui se faisait en présence de cinq témoins, tous citoyens romains et pubères, et d'un porte-balance (*libripens*). L'acheteur mettant la main sur la chose qu'il se proposait d'acquérir, prononçait une formule consacrée. Il disait, par exemple, lorsqu'il achetait un esclave :

(1) Le mot *mancipium* ne s'emploie plus, à cette époque, que pour désigner le droit de propriété qui résulte de la mancipation.

« *Hunc ego hominem ex jure Quiritium meum esse aio, isque mihi emptus est hoc ære æneaque libra.* » En même temps il frappait la balance avec un lingot de métal représentant le prix qu'il donnait en échange de la chose achetée (1).

7. Ce mode d'aliénation n'était permis qu'entre citoyens romains et à ceux (Latins Juniens) auxquels le droit civil avait accordé le *jus commercii*, droit de vendre et d'acheter (2). Les étrangers ne pouvaient pas s'en servir.

8. Ajoutons que les choses *mancipi* (*res mancipi*) étaient seules susceptibles d'être aliénées par le moyen de la mancipation. — Ulpien (3) nous apprend ce qu'on comprenait sous ce nom de *res mancipi*. Ce sont, dit-il : 1) les héritages ruraux (fonds) ou urbains (maisons) situés en Italie ; — 2) les servitudes rurales, telles qu'un droit de passage (*via, iter, actus*), un droit d'aqueduc, etc. ; — 3) les esclaves et les animaux domestique (*quæ dorso, collove domantur*). Les éléphants et les chameaux, bien qu'ils puissent être domptés *dorso collove*, étaient rangés parmi les animaux sauvages ; nous verrons bientôt pourquoi. Toute autre chose qui ne rentrait pas dans une des catégories ci-dessus énoncées était une *res nec mancipi*. Citons notamment les choses incorporelles,

(1) Les Romains n'avaient pas encore de monnaie ; ils se servaient d'un morceau de métal dont ils déterminaient le poids et la qualité en le pesant à la balance. Ce n'est que plus tard qu'on fractionna le métal par petites portions, et qu'une empreinte publique dispensa les particuliers de la nécessité de peser le métal à chaque vente, pour en vérifier le poids et la valeur.

(2) Ulp. Reg., 19, §§ 3 et 4.

(3) Ulp. Reg., 19, § 1.

à l'exception toutefois des servitudes rurales (1) et des successions (2).

9. Voyons maintenant pourquoi les *res mancipi* étaient seules susceptibles d'être aliénées par le moyen de la mancipation. — Cela tient d'abord à ce que la mancipation était un mode solennel du droit civil. Or, les choses *mancipi* participaient seules au droit civil. On comprend dès lors pourquoi les fonds provinciaux qui n'étaient pas classés parmi les *res mancipi*, étaient exclus de la mancipation (3); de même que les chameaux et les éléphants, parce qu'ils étaient d'origine étrangère, bien qu'ils fussent des bêtes de somme (4).

Les choses qui se consomment par l'usage n'étaient pas non plus rangées parmi les *res mancipi;* elles n'étaient par conséquent pas susceptibles de la mancipation. En effet, ces choses étant d'un usage trop fréquent, l'emploi des formalités de la mancipation en aurait entravé l'échange et la circulation. Il eût

(1) Gaius, II, 17.
(2) Gaius, II, §§ 102 et 104.
(3) Il y a encore une raison spéciale aux fonds situés en province, pour ne pas les soumettre à la mancipation, outre celle qu'ils ne participaient pas au droit civil. C'est qu'ils appartenaient au peuple romain; les particuliers ne pouvaient donc pas en avoir la propriété privée et exclusive. La tradition elle-même n'en conférait que la simple possession, que le préteur protégeait il est vrai à l'aide des interdits et des actions utiles. (Ducaurroy, Inst., t. I, p. 366.)
(4) A l'époque où s'introduisit la classification des choses en *res mancipi* et *nec mancipi*, ils n'étaient pas encore employés comme animaux domestiques; on les considérait comme des animaux sauvages. A ce titre encore ils échappaient comme *res nec mancipi* à la mancipation.

été du reste matériellement impossible aux témoins de la mancipation d'en attester l'identité, puisque ces choses s'estiment au poids ou à la mesure, et non point individuellement. — Quant aux choses incorporelles, leur nature même se refusant à ce qu'on puisse les saisir avec la main, les formalités de la mancipation étaient encore impraticables pour ces objets (1). Si on a fait exception pour les servitudes rurales, c'est dans le but d'encourager l'agriculture, et surtout parce qu'elles sont plus anciennes que les servitudes urbaines, très-rares dans l'ancien droit par suite de la position isolée des maisons (*insulæ*) (2). — C'est également pour favoriser la transmission héréditaire en dehors des cas où il était permis de tester qu'on a excepté la succession (*familia*) de la règle qui soustrait les choses incorporelles aux formalités de la mancipation.

10. En résumé, sont *res mancipi* pour le chef de famille : son champ avec la maison qui s'y trouve, sa femme, ses enfants, ses esclaves et les animaux domestiques qu'il emploie à ses travaux.

Ce sont, en un mot, toutes les choses qui touchent de près à sa personne, avec laquelle ils s'identifient en quelque sorte; qui par conséquent ont pour lui le plus de valeur et dont, par cette raison, il ne consentira à se séparer que par un acte accompagné de

(1) Notons cependant que s'il était impossible de manciper directement l'usufruit et les servitudes, rien n'empêchait de manciper un fonds ou une chose avec rétention de l'usufruit ou de toute autre servitude. (Gaius, Inst., II, 33, *fine*; M. Pellat, Principes du droit romain sur la Propriété, p. 58, 1re édit.)

(2) M. Ortolan, Généralis. du droit, n° 126, p. 122.

solennités rigoureuses attestant clairement son intention d'en abdiquer la propriété (1).

Gardons-nous cependant de croire qu'il est impossible d'avoir sur les *res nec mancipi*, les plus nombreuses en définitive, la propriété romaine du droit civil. Nous verrons en effet que tous les autres modes de translation reconnus par le droit civil leur sont applicables. Le droit romain ne fait exception que pour la mancipation.

11. Voyons maintenant quels sont les *effets* de la mancipation, et quelles étaient les conséquences de l'inobservation de l'une ou l'autre des formalités qui la constituent.

La mancipation appliquée à une chose *nec mancipi* était insuffisante pour en transférer la propriété, lors même qu'elle émanait du véritable propriétaire. Que si la chose était mise en fait dans la possession de l'acquéreur, la propriété se trouvait transférée, non point sans doute par suite de la mancipation, laquelle aurait été inefficace sans la tradition, mais par suite de cette tradition qui, dans l'espèce, devait même produire des effets plus incontestables, puisqu'elle pouvait être au besoin prouvée par les témoins de la mancipation (2).

12. A l'inverse, la tradition appliquée à une chose *mancipi* n'en emportait pas la translation de la propriété, encore qu'elle émanât du véritable proprié-

(1) M. Ortolan, loc. cit., n° 128, p. 124.

(2) M. Ortolan, Explic. histor. des Instit., II, p. 241, n° 315, *fine*. — Les Romains avaient recours à ce moyen de translation, toutes les fois qu'ils voulaient donner plus d'autorité à la tradition d'une chose *nec mancipi*, à laquelle ils attachaient un grand prix.

taire. Mais il faut ici faire une distinction entre l'ancien droit et le droit intermédiaire :

On a vu précédemment que selon la législation des Douze Tables, il n'y avait qu'une seule espèce de propriété : le *mancipium*.

On était propriétaire selon le droit civil, ou on ne l'était pas. Aucune propriété ne se trouvait acquise, dès qu'une chose n'était pas transmise selon le mode qui lui était propre. — A l'époque de Gaius et d'Ulpien au contraire, on reconnaissait à côté de la propriété du droit civil, *dominium ex jure Quiritium*, une espèce de propriété du droit des gens, qu'on qualifiait par ces mots : *in bonis habere*, avoir une chose parmi ses biens. Or, celui auquel on avait livré par la simple tradition une chose *mancipi*, alors qu'il n'aurait rien acquis du tout à l'époque des Douze Tables, acquérait au contraire la propriété *in bonis*, au temps de Gaius et d'Ulpien. Le *dominium ex jure Quiritium* restait sur la tête de l'ancien propriétaire ; mais la propriété *in bonis* pouvait se convertir elle-même en *dominium ex jure Quiritium* au moyen de l'usucapion, c'est-à-dire après que la possession s'était continuée pendant un certain laps de temps (1).

Il pouvait donc arriver qu'une chose *mancipi* appartînt à deux propriétaires différents, dont l'un avait sur elle le *dominium ex jure Quiritium*, tandis que l'autre l'avait simplement *in bonis*.

13. Les droits qui résultaient de ces deux do-

(1) Gaius, II, §§ 41, 42 et 43. — M. Ortolan, Explic. histor. des Inst., II, p. 241, n° 316, *fine*.

maines n'étaient pas absolument les mêmes. Le droit de disposer de la chose et de la revendiquer continuait sans doute d'appartenir à celui qui avait conservé la propriété du droit civil ; mais le droit d'en percevoir les fruits et de disposer de ces fruits appartenait désormais à celui qui l'avait *in bonis* (1). Le pouvoir de disposer de la chose et le droit de la revendiquer qui appartenaient encore à l'ancien propriétaire, n'avaient cependant plus la même étendue qu'auparavant ; car s'ils existaient vis-à-vis de toute personne autre que celui qui avait la propriété *in bonis*, ils ne pouvaient pas s'exercer au préjudice de ce dernier. Celui-ci pouvait en effet repousser l'action en revendication au moyen de l'exception *rei venditæ et traditæ* (2).

En un mot, le propriétaire qui avait la chose parmi ses biens jouissait de tous ceux des avantages de la propriété qui ne résultaient pas du droit civil, mais simplement du droit des gens. Ainsi, lorsqu'il affranchissait l'esclave qu'il avait parmi ses biens, il ne pouvait pas le rendre citoyen romain ; il ne pouvait en faire qu'un affranchi Latin Junien (3). Mais il avait cet autre avantage découlant du droit des gens, d'acquérir tout ce que l'esclave acquérait (4). Celui qui avait le domaine civil ne pouvait au contraire, ni acquérir par l'esclave, ni l'affranchir même comme

(1) Gaius, II, § 88 ; 3, § 166.
(2) Dig., 21, 3, anal. — Ortolan, loc. cit., II, p. 238, n° 309.
(3) Ulp. Reg., 1, § 16.
(4) Gaius, Instit., II, § 88 ; Ulp. 19, Reg. 20 ; Vatic. frag. vet. jur., § 11 ; M. Ducaurroy, Inst. expl., II, n° 458, *fine*, p. 365 ; M. Ortolan, Explic. histor., II, p. 239, n° 310.

Latin Junien (1). Enfin, rappelons-nous qu'un des principaux avantages de la propriété *in bonis*, c'était de conduire au *dominium ex jure Quiritium* par l'usucapion.

14. La mancipation non suivie de tradition ne transférait que la propriété. La possession restait à l'ancien propriétaire (2).

Ce principe trouve une application remarquable en matière de donations. On sait que la loi Cincia (3) défendait de faire une donation au delà d'un certain taux (4) (qui est du reste peu connu, et dont la fixation importe peu dans la question qui nous occupe).

Malgré cette prohibition, la loi Cincia ne prononçait pas la nullité de la donation, même pour ce qui excédait le taux; aussi l'appelait-on une loi imparfaite (5). Le donateur n'avait qu'un moyen d'invoquer la loi Cincia; c'était d'opposer l'exception *legis Cinciæ* au donataire qui réclamait la chose en vertu des droits que lui conférait la donation. Or un des cas où le donateur pouvait utilement opposer cette exception, parce qu'il n'avait pas encore livré la chose, c'était précisément le cas de la mancipation non suivie de la tradition. Cette mancipation permettait bien au donataire de revendiquer la chose, puisqu'elle lui en avait transféré la propriété ; mais le donateur de

(1) Fragm. Vat., § 11.
(2) Gaius, II, § 204; IV, § 131 ; Fragm. Vat., 313.
(3) Proposée par le tribun Cincius, an de Rome 550.
(4) On ne faisait exception qu'en faveur de certaines personnes unies au donateur par un lien de parenté, de puissance ou d'affection, et qu'on appelait *personæ exceptæ*.
(5) Ulp. Reg., 1, § 1.

son côté, resté en possession, pouvait paralyser la revendication par l'*exceptio legis Cinciæ*. Que si la chose, une chose *mancipi*, avait été simplement livrée, mais non mancipée, le donateur pouvait encore la revendiquer jusqu'à ce que l'usucapion fût accomplie ; car l'*exceptio rei donatæ et traditæ* que pouvait lui opposer le donataire se trouvait neutralisée par une réplique du donateur, la *replicatio L. Cinciæ*. Ajoutons que pour les choses mobilières il ne suffisait même pas que la mancipation eût été suivie de tradition pour mettre le donataire à l'abri de la prohibition de la loi Cincia ; il fallait encore que sa possession eût duré le temps nécessaire pour pouvoir invoquer *l'interdit utrubi*, lequel donnait gain de cause non pas, ainsi que le faisait *l'interdit uti possidetis* applicable aux immeubles, à celui qui possédait en dernier lieu, mais à celui qui avait possédé le plus longtemps pendant la dernière année (1).

15. Le chef de famille romain se servait spécialement de la mancipation : pour émanciper les enfants qui étaient en son pouvoir, ou pour les faire passer sous la puissance d'un autre chef de famille (adoption). Dans ce dernier cas, la mancipation devait être combinée avec la *cessio in jure*. Il avait encore recours à la mancipation pour acquérir la puissance maritale (*manus*) sur sa femme ; et spécialement pour acquérir sur un homme libre ce pouvoir qu'on qualifiait du nom de *mancipium*. C'était enfin un moyen de disposer de ses biens par testament, lorsqu'il se

(1) Fragm. Vatic., §§ 310, 311, 313, 293 ; Ortolan, Inst., II, p. 388, n° 568 ; Pellat, Textes sur la dot, p. 87 et suiv.

trouvait dans l'impossibilité de tester d'après les moyens ordinaires.

Donnons un aperçu rapide du rôle que jouait la mancipation dans chacun de ces actes.

16. 1° *Emancipation.* — En droit romain, la simple volonté du père ne dissout pas le pouvoir qu'il a sur ses enfants. Il faut un acte solennel. Lors donc qu'un père de famille voulait libérer son enfant de sa puissance, il commençait par le manciper à un autre chef de famille qui en acquérait ainsi la propriété. — Il semble que ce dernier, en affranchissant l'enfant, dût le rendre désormais complétement maître de sa personne (*sui juris*). Il n'en était rien. La loi romaine distingue à cet égard entre les fils de famille et les filles et petits-enfants. Une seule vente était impuissante à épuiser les droits du vendeur sur son fils. Il fallait trois mancipations successives (1). Aussi l'acheteur, pour lui fournir l'occasion d'une seconde vente, avait-il soin d'affranchir le fils pour le faire retomber sous le pouvoir de son père. La seconde mancipation suivie d'un nouvel affranchissement produisait le même effet. Ce n'est qu'après la troisième vente que le pouvoir paternel était complétement épuisé. — Quant aux filles et aux petits-enfants, une seule vente suffisait pour dissoudre la puissance du père.

17. 2° *Adoption.* — L'adoption consistant à faire passer un fils de famille de la puissance de son père sous le pouvoir d'un autre chef de famille, les formes

(1) C'est de ces mancipations successives que vient le mot français *émancipation.*

de l'adoption devaient naturellement être celles de l'émancipation, afin d'épuiser l'autorité paternelle de l'ancien chef de famille. Mais, comme après la troisième ou la première vente les enfants qui avaient cessé de faire partie de l'ancienne famille n'appartenaient pas encore à la nouvelle, l'adoptant devait les revendiquer au moyen de la *cessio in jure* et se les faire adjuger en présence du père auquel ils avaient été rémancipés, et sans sa contradiction (1).

Pourquoi la mancipation trois fois renouvelée est-elle insuffisante à faire passer l'enfant sous la puissance de l'adoptant ? Pourquoi ce concours de la *cessio in jure?* — C'est que la mancipation faisait bien passer l'enfant sous le pouvoir de l'adoptant, mais non en qualité de fils de famille ; il ne s'y trouvait que *servorum loco, in mancipio* (2). Il fallait donc que l'acquéreur, après l'avoir préalablement affranchi, le réclamât comme fils de famille par la cession juridique, et se le fît adjuger en cette qualité (3).

18. 3° *Puissance maritale.* — Le fait seul des justes noces (*justæ nuptiæ*) ne suffisait pas pour faire tomber la femme sous le pouvoir de son mari. La puissance maritale s'acquérait de trois manières : par l'usage (*usus*), la *confarreatio* et la *coemptio*. — Nous ne parlerons que de la dernière, parce qu'elle se rattache

(1) Gaius, I, 134 ; Aul. Gel., 5, 19 ; Suet., In Aug., 64 ; MM. Ducaurroy, Inst. expl., l. I, n° 174 ; Ortolan, Explic. histor., II, p. 110, n° 133.

(2) Voir au n° 19 quelle était la position de ceux qui se trouvaient *in mancipio*.

(3) Gaius, I, 117 et 123 ; MM. Ortolan, loc. cit., n° 133, note 1 ; Ducaurroy, loc. cit., l. I, t. XII, n° 201.

seule au sujet de notre thèse. La *coemptio* n'est autre chose que la mancipation. Le mari se rendait acquéreur de la femme qui sortait de son ancienne famille pour passer dans celle de son mari en qualité de fille (*filia familias*). Elle se trouvait ainsi, par une fiction du droit civil, être la sœur ou la fille de son mari, selon que celui-ci était ou non lui-même en puissance; dans ce dernier cas, elle était la sœur de ses propres enfants, et avait sur eux les droits de succession attachés à cette qualité (1).

19. 4° *Mancipium*. — On désigne généralement sous ce nom, l'état d'une personne qui se trouve sous le pouvoir d'une autre, et qui, dans la famille, est assimilée à un esclave, mais qui reste libre vis-à-vis de toute autre personne. Tels sont les enfants et la femme du père de famille. Mais on désignait plus spécialement sous le nom de *mancipium*, et primitivement par le terme de *nexus*, l'état d'un débiteur qui s'était donné lui-même en gage à son créancier, au moyen de la mancipation, pour sûreté de sa dette (*nexu vinctus*). Cette vente entraînait aussi celle des personnes soumises à son pouvoir, et de son patrimoine; mais elle était résolue (par une rétrocession) lors du payement.

Quelquefois aussi, un chef de famille faisait l'abandon *in mancipio* de son enfant, en réparation d'un délit commis par lui, à celui qui en avait souffert (*noxali causa mancipare*) (2). Ou bien encore, le magistrat attribuait une personne (*addictus*) au pouvoir

(1) Gaius, I, §§ 108 et suiv.
(2) Gaius, I, § 116 et suiv.; § 141.

d'une autre, par exemple d'un créancier à défaut de payement, ou en cas de vol manifeste. Disons quelques mots du premier cas : Le débiteur condamné à payer avait trente jours pour acquitter sa dette. Ce délai expiré, le créancier l'amenait devant le magistrat (*in jus*) qui le lui attribuait, faute de payement. Le créancier l'emmenait chez lui comme un esclave, mais ce n'était qu'un esclavage de fait; il n'était pas encore esclave de droit. Ses enfants et ses biens ne passaient donc pas encore sous la puissance du créancier, et lorsqu'il recouvrait sa liberté, il était non point un affranchi, mais ingénu (1). Il restait ainsi pendant soixante jours au pouvoir de ce dernier, qui devait le conduire, par trois jours de marché consécutifs, de neuvaine en neuvaine, devant le magistrat, afin que ses parents ou amis pussent acquitter sa dette. Faute de payement après les soixante jours, il devenait esclave de droit, et le créancier, dont les droits se trouvaient éteints en même temps, devait le vendre à l'étranger, au delà du Tibre (2).

20. 5° *De la mancipation employée pour la confection d'un testament.* — Les citoyens ne pouvaient tester qu'en présence du peuple réuni dans les comices, et sanctionnant le choix de leurs héritiers (*in calatis*

(1) Quint., V, 3 ; V, 10 ; VII, 3.

(2) M. Ortolan, Explic. histor., III, p. 496 et 497; n° 1885. — Malgré l'analogie de la situation des *nexi* et des *addicti*, il y avait entre eux une différence : les premiers étaient assimilés à des esclaves tant de fait que de droit, mais seulement vis-à-vis de leur créancier. En cas d'affranchissement ils étaient affranchis vis-à-vis du créancier et ingénus à l'égard de toute autre personne. Les *addicti*, au contraire, étaient esclaves de fait seulement (pendant 60 jours), mais cela même vis-à-vis des tiers. (Ortolan, loc. cit., note 3.)

comitiis), ou bien, en temps de guerre, en présence de l'armée prête à entrer en campagne (*in procinctu*). Mais il arrivait souvent qu'ils ne pouvaient pas attendre l'époque de la réunion des comices ou de l'armée. On imagina alors le moyen suivant : Le testateur vendait son patrimoine (*familia*) *per æs et libram*, au moyen de la mancipation, à celui qu'il avait choisi pour héritier (*emptor familiæ*). Il y avait à cela un grave inconvénient; c'est que l'héritier était connu d'avance et acquérait, du vivant même du testateur, un droit irrévocable sur son patrimoine. Aussi, dans la suite, ne mancipait-on plus l'hérédité au véritable héritier, mais à un tiers chargé de la rémanciper après la mort du testateur, à la personne inscrite sur des tablettes qu'il devait ouvrir à cette époque (*tabulæ testamentis*) (1). On retrouve des traces de ce mode de tester dans le testament du droit prétorien, notamment dans la présence des sept témoins; il y avait en effet sept personnes qui figuraient dans la mancipation, outre le testateur : le *libripens*, l'acheteur et les cinq témoins. Il en est de même de la prohibition faite à l'héritier de figurer comme témoin; en effet, comme primitivement l'héritier était lui-même l'*emptor familiæ*, il ne pouvait être en même temps témoin (2).

21. Tels sont les cas dans lesquels la mancipation était le seul et unique moyen de translation qui pût être employé.

(1) L'acte par lequel le testateur déclarait que le nom de l'héritier était écrit sur ces tablettes s'appelle la nuncupation.

(2) Ducaurroy, Instit. expl., l. II, t. X, n°s 530 et suiv.

Nous allons maintenant étudier un mode de translation applicable tant aux *res mancipi* qu'aux *res nec mancipi*.

§ 2. *De la cessio in jure.*

22. La *cessio in jure* est un mode d'aliénation qui s'opère sous la forme d'une revendication par l'acquéreur, en présence du magistrat, non contredite par le vendeur. Les parties se présentaient devant le magistrat (*in jure*), comme s'il existait réellement entre elles une contestation au sujet de la propriété de la chose qui faisait l'objet de leur contrat. Là, l'acquéreur touchant la chose, la revendiquait en prononçant la formule usitée dans la procédure de l'action de la loi *per sacramentum* : « *Hanc ego rem ex jure Quiritium meam esse aio.* » Le magistrat interrogeant ensuite le vendeur, lui demandait s'il revendiquait de son côté. Jusque-là tout se passait comme dans un véritable procès, et si le vendeur eût également revendiqué la chose, le magistrat n'avait plus qu'à renvoyer les parties devant le juge, pour trancher le litige. Mais voici où la *cessio in jure* diffère de l'action *sacramenti* : Le vendeur au lieu de revendiquer à son tour garde le silence, et par cet acquiescement tacite se retire (*cedit*) du procès. Le magistrat alors, donnant gain de cause à l'acheteur, lui attribue (*addicit*, *de addicere*, attribuer en disant le droit) la chose (1).

(1) Pellat, Exposé des principes génér. du droit de propriété, p. 21 ; Ortolan, Expl. histor., II, n° 318, p. 212 et 213.

23. Ce mode d'aliénation était applicable aux *res mancipi* aussi bien qu'aux *res nec mancipi* (1). Il semble donc que la *cessio in jure* dût être d'un usage plus fréquent que la mancipation. Il n'en était rien cependant; car la nécessité de se transporter chez le magistrat en rendait l'emploi plus difficile; au lieu que la mancipation (pour les *res mancipi*) ou la tradition (pour les *res nec mancipi*) n'exigeaient aucun déplacement. — Toutefois, il y avait des cas où la *cessio in jure* était absolument indispensable. Les choses incorporelles, en effet, n'étant susceptibles ni de la mancipation (puisqu'elles étaient *res nec mancipi*), à l'exception des servitudes rurales, ni de la tradition (car on ne peut pas les saisir), la *cessio in jure* était le seul moyen par lequel on pût les aliéner. C'est, en effet, par la *cessio in jure* qu'on cédait la liberté (lorsqu'on opérait l'affranchissement par la vindicte) (2), l'usufruit, la tutelle légitime, et qu'on réclamait la qualité de père pour effectuer l'adoption (V. n° 17) (3).

(1) Cependant les fonds provinciaux, quoique *res nec mancipi*, n'en étaient pas susceptibles (Gaius, Inst., II, [illegible]), par ce motif que, étant la propriété du peuple romain, nul particulier n'aurait pu en revendiquer le domaine exclusif. — Par la même raison (Gaius, II, 46), l'usucapion ne leur était pas non plus applicable. Mais ils étaient susceptibles de tradition, celle-ci ayant pour effet immédiat de transférer la possession, et comme effet secondaire seulement la propriété, dans les cas où cela était possible. Or, rien ne s'opposait à ce qu'on eût la possession d'un fonds provincial, à titre de fermier, par exemple, ou d'usufruitier. (Gaius, II, 7; Pellat, Droit de propriété, p. 44, 45 et 46.)

(2) Ulp. Reg., 19, 11.

(3) Quant aux créances, elles ne pouvaient être cédées même par la *cessio in jure*, par cette raison que l'obligation étant un rapport entre deux personnes déterminées, qui astreint l'une d'elles à

Disons quelques mots du rôle de la *cessio in jure* dan chacun de ces cas :

24. 1° *Affranchissement par la vindicte.* — Lorsqu'un homme libre se trouvait par erreur en état d'esclavage, tout citoyen pouvait revendiquer sa liberté. Une fiction de ce procès conduisit à l'affranchissement des véritables esclaves. Le maître qui voulait affranchir son esclave, se présentait devant le magistrat ; là, un ami (ou le licteur), *assertor libertatis*, faisait semblant de revendiquer la liberté de cet esclave, comme s'il était injustement retenu dans la servitude. Le maître ne contestant pas, le magistrat le déclarait libre (1).

25. 2° *Constitution de l'usufruit.* — L'usufruitier et le propriétaire se présentant devant le magistrat, le premier affirmait qu'il avait le droit d'user et de jouir du fonds dont on voulait lui concéder l'usufruit. Le propriétaire gardant le silence, ou répondant négativement à la demande du magistrat s'il soutenait le contraire, celui-ci déclarait que le droit d'user et de jouir appartenait au prétendu usufruitier (2).

faire quelque chose en faveur de l'autre, l'une des parties ne peut disparaître sans que ce rapport lui-même ne disparaisse. La créance se trouvait donc plutôt éteinte que transférée. On parvenait cependant à la céder d'une façon indirecte, en autorisant le cessionnaire à exercer l'action au nom du cédant, sauf à en garder le profit pour lui-même (*procurator in rem suam*).

(1) Le nom de affranchissement par la vindicte vient de ce que le demandeur touchait l'esclave avec une espèce de baguette (*vindicta*) représentant la lance, symbole du droit de propriété, lequel dans les premiers temps dérivait principalement du droit de conquête. (Gaius, IV, § 16, *in fine.*)

(2) Gaius, Inst., II, 29, 30 ; Pellat, Principes du droit de propriété, p. 55.

26. 3° *Tutelle légitime.* — Il ne s'agit point ici de la tutelle des impubères, laquelle ayant une durée limitée et devant cesser dans un délai peu éloigné, la puberté, était peu onéreuse, et ne pouvait point être cédée pour ce motif. C'est de la tutelle légitime des femmes qu'il est question. — On sait qu'à Rome les femmes *sui juris* étaient pendant toute leur vie, à cause de la faiblesse de leur sexe, soumises à la tutelle de leurs agnats, ou de leurs patrons, quand c'étaient des affranchies. Or, cette tutelle devant durer pendant toute la vie de la femme, il était permis aux agnats et aux patrons de s'en décharger en la cédant *in jure* à un autre tuteur appelé *cessicius tutor* (1).

27. 4° *Adoption.* — Nous avons montré au numéro 17 comment les trois mancipations étaient insuffisantes pour faire passer un enfant d'une famille dans une autre; le nouveau chef de famille l'ayant seulement *in mancipio*, à titre d'esclave, il fallait qu'il réclamât sur lui la qualité de père, par la *cessio in jure.*

28. Avant de passer à la *tradition*, il est essentiel de faire deux remarques importantes relativement à la mancipation, à la *cessio in jure*, et aux effets de tous les actes solennels en général.

La première, c'est que ces deux modes de translation étant des actes solennels du droit civil, soumis

(1) Ortolan, Explic. histor., II, n° 237, p. 189. — Plus tard on permit aux femmes de s'affranchir complétement de cette tutelle, en se laissant vendre fictivement à un tiers qui les affranchissait, du consentement de leur tuteur. C'est encore un des cas où l'on avait recours à la mancipation.

à des principes stricts et rigoureux, leurs effets doivent être déterminés moins par la volonté des parties que par les formules et les solennités dont elles se seront servies, lors même que ces formalités ne répondraient qu'imparfaitement à leur intention, ou qu'elles ne répondraient même pas du tout au but qu'elles voulaient atteindre.

C'est ce qui résulte d'un texte de Pomponius (loi 66, liv. VIII, sur Quintus Mucius, Dig., *de jure dotium*). Il suppose que l'usufruit d'un fonds, dont la femme n'avait point la nue propriété, avait été constitué en dot, au moyen de la *cessio in jure*, par le propriétaire. Le divorce étant intervenu, le mari, obligé de restituer la dot à sa femme, devrait, ce semble, lui céder l'usufruit par une nouvelle *cessio in jure*. Mais, comme elle n'est pas nue propriétaire, et que l'usufruit ne saurait être cédé à un étranger, l'auteur se demande quels vont être les effets de cette *cessio in jure*. Si on ne s'attachait qu'à la volonté des parties, l'usufruit resterait au mari, celui-ci n'ayant pas eu l'intention de le restituer au nu propriétaire. Néanmoins, dit Pomponius, l'usufruit ira rejoindre la nue propriété, la *cessio in jure* pouvant produire, sinon tous les effets légaux résultant des formalités employées, au moins celui résultant du silence du mari, silence impliquant son intention d'abdiquer l'usufruit. En effet, si l'on décompose les formalités de la *cessio in jure*, on y voit trois actes différents : 1) Affirmation du cessionnaire, la femme dans l'espèce, que l'usufruit lui appartient. Cette affirmation ne peut produire aucun effet par suite de l'incessibilité de l'usufruit à un étranger. — 2) Acquiescement exprès ou tacite du mari (*cessio*) : cet effet peut avoir lieu. — 3) Sentence du magistrat confirmant la renonciation du mari et la prétention de la femme. Elle n'aura d'effet qu'en ce qui concerne la renonciation du mari.

Pomponius propose donc l'expédient suivant, pour empêcher que l'usufruit ne retourne au nu propriétaire : le mari louera l'usufruit à la femme moyennant un salaire insignifiant, un écu, par exemple, la dot devant être restituée gratuitement.

29. Cette manière d'envisager les effets de la *cessio in jure* n'était pas partagée par tous les jurisconsultes. Gaius, notamment, pensant que la volonté des parties ne doit pas être scindée, et que la forme ne doit pas l'emporter sur le fond, n'attribuait, dans l'espèce de Pomponius, aucun effet à la *cessio in jure* (1).

Mais, dans une autre espèce, il semble partager le point de vue de Pomponius. C'est ainsi qu'en examinant les effets de la cession juridique d'une hérédité faite par l'héritier légitime ou testamentaire, après l'adition, il arrive aux conséquences suivantes : comme après l'adition, il n'y a plus d'hérédité, chose incorporelle, mais des choses corporelles, des créances et des dettes, la cession juridique aura pour effet : 1) de transférer la propriété des objets corporels au cessionnaire. 2) Quant aux créances, comme elles sont incessibles, même par la cession juridique, elles ne passeront pas au cessionnaire; mais la renonciation expresse ou tacite du cédant

(1) Gaius, Inst., II, § 30; Pellat, Textes sur la dot, p. 302 et suiv.

pouvant produire son effet, les débiteurs seront libérés. C'est, comme on voit, la manière de Pomponius d'envisager les effets de la *cessio in jure.* 3) Enfin, relativement aux dettes, comme le débiteur ne peut les éteindre en les cédant, et que le cessionnaire ne peut pas non plus les acquérir, l'obligation subsistera (1).

30. Partant de la même idée, Ulpien décide (2) que, lorsque le *tutor cessitius*, c'est-à dire l'étranger à qui le tuteur légitime d'une femme a cédé juridiquement la tutelle, la cède à son tour à un autre étranger, celui-ci n'acquiert rien, et la tutelle retourne au tuteur légitime. — De même, lorsqu'un esclave commun est affranchi par la vindicte, c'est-à-dire au moyen d'une vendication fictive de la liberté par l'un de ses maîtres seulement, cet esclave ne devient pas libre; mais l'affranchissant ayant renoncé à son droit de propriété, l'autre maître demeure seul et unique propriétaire, malgré l'intention contraire de son copropriétaire (3).

31. La deuxième observation à faire sur les modes solennels de translation est celle-ci : Ces modes ne peuvent être affectés d'aucune condition, ni d'un terme (4).

La propriété se trouve toujours transférée purement et simplement. On était propriétaire selon le droit romain primitif, ou on ne l'était pas; mais on

(1) Gaius, Inst., II, §§ 35 et 36; Ulp., Fragm., XIX, 12-15. — Pellat, Principes du droit de propriété, p. 101, note 1.
(2) Fragm., XI, 7.
(3) Ulp., Fragm., I, 18; Pellat, loc. cit.
(4) Ortolan, II, n° 544, p. 373; Pellat, loc. cit., p. 61 et suiv.

ne pouvait jamais l'être sous condition ou jusqu'à un certain temps, ou enfin à partir d'une certaine époque. — Cela tenait à la nature même des formes usitées. En effet, nous avons vu que la cession juridique consiste en une revendication fictive; or, un procès ne pouvant exister que sur un droit actuel, le cessionnaire doit affirmer que tel fonds *est* à lui, et non pas qu'il *aura* tel fonds. De même, dans la mancipation, l'acheteur dit : « Ce fonds *a été* acheté par moi pour tel prix... » et non pas : « Ce fonds *m'appartiendra* à partir de telle époque. » — Il y a cependant une exception pour le droit d'usufruit, qui pouvait être constitué jusqu'à une certaine époque, ou à partir d'un certain temps, toutes les fois que la nature du mode de translation le permettait, comme dans le legs. C'est que l'usufruit étant un droit essentiellement temporaire, on voyait moins d'obstacles à l'apposition d'un terme ou d'une condition. Les servitudes, au contraire, étant perpétuelles de leur nature, et attachées au fonds dont l'existence est également perpétuelle, un terme ou une condition étaient inutilement apposés, même dans le legs (1). Mais le préteur adoucissant les rigueurs du droit civil, accordait en pareil cas une exception de dol pour repousser celui qui revendiquait la servitude avant le terme ou la condition (2).

Lors, au contraire, qu'un terme (*dies ad quem*) était stipulé au moment de la translation de propriété, le nouveau propriétaire n'en restait pas moins tel

(1) Papin, l. 4, Dig., de servitutibus.
(2) Pellat, loc. cit., p. 64 et 65.

après l'arrivée de ce terme, en vertu du droit civil; mais il se trouvait obligé, par suite de cette stipulation, à retransférer la propriété à son ancien maître (1).

§ 3. *De la tradition.*

32. La tradition est la transmission de la possession d'une chose, dans le but d'en transférer la propriété. — C'est un mode de translation du *droit des gens*, permis par conséquent même aux étrangers. — Mais il n'est applicable qu'aux *res nec mancipi*. La tradition d'une chose *mancipi* n'en conférait aucun droit de propriété; et à l'époque de Gaius et d'Ulpien elle la mettait simplement *in bonis;* mais après le temps requis pour l'usucapion, le domaine quiritaire était acquis comme si la chose avait été transférée primitivement par un moyen du droit civil (2).

33. Les fonds provinciaux, bien que *res nec mancipi*, n'étaient cependant point susceptibles de tradition, du moins lorsqu'elle avait pour but la translation de la propriété. La raison, c'est qu'ils sont dans le domaine exclusif du peuple romain; aucun particulier ne pouvait donc se les approprier. — Toutefois, comme la tradition a pour effet immédiat de transférer la possession, et comme conséquence médiate seulement la transmission de la propriété, lorsque rien ne s'y oppose, la possession se trouvait acquise en pareil cas (3).

(1) Ortolan, loc. cit.
(2) Gaius, II, §§ 41, 42 et 43.
(3) Pellat, Principes du droit de propriété, p. 46.

34. Pareillement, les choses incorporelles, telles que l'usufruit, les servitudes, n'étaient pas non plus susceptibles d'être acquises par la tradition, quoiqu'elles fussent des *res nec mancipi* (1). En effet, étant insaisissables, comment auraient-elles pu être livrées ? (2)

Ce principe a été même poussé si loin, qu'on défendit aux propriétaires de retenir la jouissance d'une chose *nec mancipi* dont ils faisaient la tradition (3). — M. Ducaurroy (*Inst. expl.*, 5ᵉ éd., 1836, nº 432, t. I, p. 339) est d'un avis contraire. Il estime qu'une servitude personnelle ou réelle peut être constituée par une rétention faite au moment de la tradition. Qu'est-ce en effet, dit-il, que retenir un usufruit par exemple, ou une servitude ? C'est aliéner simplement la nue propriété, ou la pleine propriété moins la servitude. Or, la tradition, mode du droit des gens, n'étant point soumise comme les modes du droit civil à des principes rigoureux, la volonté des parties doit avoir tout son effet. — Bien que ce raisonnement soit conforme à la logique des principes, nous n'hésitons pas à nous rallier à l'opinion contraire de M. Pellat (4), surtout en présence du texte de Paul (5) ainsi conçu : « In re nec mancipi per traditionem *deduci* ususfructus non potest... civili enim actione *constitui* potest, non traditione... »

(1) Ducaurroy, Inst. expl., l. II, t. 1, p. 306, nº 396, note 1.
(2) Plus tard on admit à leur égard une espèce de quasi-tradition résultant de l'exercice de ces droits avec la tolérance du propriétaire.
(3) Paul, Fragm. Vat., § 47.
(4) Principes du droit de propr., p. 58, note 3.
(5) Loc. cit.

35. La tradition est un fait qui met une chose au pouvoir d'une autre personne, afin que celle-ci en puisse disposer comme l'aurait pu l'ancien propriétaire. Mais pour que ce résultat soit atteint, il ne suffit pas que la chose soit susceptible de tradition ; il faut encore que le but que les parties voulaient atteindre ne soit pas réprouvé par le droit civil. Il peut en effet arriver qu'on n'ait point, pour des raisons de morale ou d'ordre public, la capacité d'aliéner une chose vis-à-vis de certaines personnes, ou même à l'égard de toutes.

C'est ainsi que le droit civil prohibe les donations entre époux (1), de peur que l'un d'eux, n'abusant de l'affection de l'autre, ne lui extorque son patrimoine. De même encore il est défendu au mari (d'après la loi Julia) d'aliéner le fonds dotal pendant le mariage, afin qu'en cas de divorce ou de mort de son époux, la femme retrouvant sa dot intacte, puisse conclure un nouveau mariage. Pareillement les pupilles ne peuvent rien aliéner sans l'autorisation de leurs tuteurs.

Ces prohibitions sont, il est vrai, communes aux autres modes de translation ; mais il y a ceci de particulier à la tradition : c'est que si la tradition ne produit aucun effet quant à la translation de la propriété, la possession du moins se trouvera acquise, parce que c'est un état de fait qu'une prohibition du droit civil ne peut empêcher (2).

(1) Ulp., l. 3, § 10, Dig., de don. inter vir. et uxor.
(2) Paul, l. 1, § 4, Dig., de adq. vel am. poss. ; Pellat, Principes du droit de propr., p. 16.

36. Nous avons vu que l'effet immédiat de la tradition est la transmission de la possession, et que ce n'est que secondairement que se produit l'effet de droit, la translation de la propriété. Ce dernier résultat dépend donc de l'intention des parties, d'une part de transporter le domaine, d'autre part de l'acquérir, qui a présidé à la tradition, et dont celle-ci n'est que l'exécution (1). En un mot la tradition doit avoir une *juste cause* (2).

On entend par *juste cause*, un fait quelconque du droit civil (*justum*), c'est-à-dire un contrat, entraînant comme conséquence la volonté de transférer la propriété (3).

Tels sont, par exemple, la vente, la donation, la constitution de dot, le *mutuum* ou prêt de consommation, le payement ; par opposition au gage, au dépôt, au commodat, qui n'entraînent pas la translation de la propriété (4).

36 *bis*. Mais il peut arriver que l'une des deux parties ait l'intention de transporter la propriété pour telle cause, et que l'autre entende l'acquérir pour une cause différente. Cette erreur n'empêchera pas la translation de la propriété, pourvu que les divers contrats que les parties avaient en vue aient pour effet chacun de transférer la propriété. Qu'on suppose par exemple que, me croyant obligé en vertu d'un testament à vous livrer un fonds, vous pensiez l'ac-

(1) Ducaurroy, Inst. expl., l. II, t. I, n° 396, p. 306.
(2) Paul, l. 31, Dig., de acq. rer. dom. (XLI, 1.)
(3) Ortolan, II, n° 418, p. 306.
(4) Ducaurroy, loc. cit.

quérir en vertu d'une stipulation. Cette dissidence sur les causes (*dissidentia circa causam dandi atque recipiendi*) n'empêchera pas que le payement ne soit valable (1).

Toutefois il importe de distinguer : Lorsque les parties sont d'accord sur la cause immédiate de la tradition, le payement dans l'espèce (*solvendi causa*), et que leur erreur ne porte que sur la cause médiate, l'obligation que ce payement devait éteindre (l'une croyant devoir en vertu d'un testament, et l'autre croyant que l'objet lui est dû en vertu d'une stipulation), comme ce payement est valable dans tous les cas, quelle que soit l'obligation d'où il résulte, l'objet sera valablement transféré. — Lors, au contraire, que les parties sont en désaccord sur la cause immédiate de la tradition, l'une voulant faire une donation, et l'autre pensant recevoir à titre de prêt (*mutuum*), nous estimons, conformément à l'opinion d'Ulpien (2) contre l'avis de Julien (3), que la propriété ne sera pas transférée. — La tradition en un mot, doit avoir pour fondement, pour cause, une affaire *in concreto* valable, et non le simple consentement, tout nu, *in abstracto ;* or, comme dans la deuxième espèce, ni la donation ni le prêt ne sont valables, faute du concours des volontés, la tradition n'ayant plus de base sera inefficace (4).

(1) Le même, loc. cit., n° 395 *fine ;* Jul., l. 36, Dig., de acq. rer. dom. (XLI, 1.)

(2) L. 18, pr. Dig., de rebus creditis. (XII, 1.)

(3) Loc. cit., *in fine*.

(4) Pellat, Textes choisis des Pandectes, p. 117 et suiv. (Edit. 1866.)

Du reste, quelle que soit l'opinion qu'on adopte, on sera en définitive conduit au même résultat. Si en effet on admet avec Julien qu'il y a translation de la propriété, comme cette dation est sans cause, celui qui est devenu propriétaire sera obligé de restituer la chose par la *condictio sine causa*. Selon Ulpien, au contraire, il sera soumis à la *rei vindicatio;* mais, comme on voit, le résultat pratique sera le même dans les deux cas. Peut-être même Ulpien, sans être en désaccord avec Julien sur la validité de la translation, a-t-il voulu par ces mots « *magisque nummos accipientis non fieri* (*puto*), » exprimer le peu d'efficacité de cette translation. C'est l'explication proposée par Vinnius (1) et adoptée par Pothier (2). Cette décision est, en effet, conforme au génie d'Ulpien qui, en général, admet plus facilement que ses collègues la translation de la propriété. Mais l'opinion contraire nous paraît plus conforme à la logique et aux vrais principes. La tradition n'est pas par elle-même translative de la propriété, puisqu'elle intervient également dans le gage, le dépôt ou le commodat. Si elle a pour effet de transférer la propriété, c'est qu'elle est l'exécution d'un contrat impliquant la volonté d'aliéner. Or, dans notre deuxième exemple, il n'y a pas de contrat faute du concours des volontés, l'une des parties voulant faire une donation et l'autre croyant recevoir un prêt. Dans la première espèce au contraire, les parties sont d'ac-

(1) Select. quæst., l. II, c. 35.

(2) Pand., de adq. rer. dom., n° 58. — V. Pellat, Textes choisis, p. 126, note 1.

cord sur le payement; elles ne sont divisées que sur l'obligation que ce payement doit éteindre. Il y a donc concours de volontés; seulement comme ce concours est le résultat d'une erreur, celle des parties qui s'est trompée peut intenter la *condictio sine causa*.

Tout ceci peut se formuler par cette règle générale : L'*animus dominium transferendi et adquirendi* devant présider à la tradition, celle-ci transfère la propriété toutes les fois que l'erreur des parties laisse subsister cet *animus* (1).

37. Il n'y aura donc pas translation de propriété, quoique nous soyons d'accord sur la cause, si vous livrant le fonds Cornélien, vous croyez recevoir le fonds Sempronien; à moins que d'accord sur l'identité de l'objet, nous ne nous soyons trompés que sur le nom (2).

38. De même il n'y aura pas translation, si l'une des parties avait en vue une cause translative et l'autre une cause excluant le transport de la propriété; l'une, par exemple, donnant à titre de dépôt à l'autre qui croit recevoir un prêt (3).

39. De même enfin, bien que les parties soient d'accord sur la cause et sur l'objet matériel, il n'y aura point transport de la propriété, si celui qui livre se trompe sur le *droit* de propriété lui-même, un tuteur par exemple croyant livrer la chose de son pupille, ou un procureur celle de son mandant, tandis que c'est sa propre chose (4).

(1) Pellat, Textes choisis, p. 128.
(2) Ulp., l. 34, Dig., de adq. vel am. possessione.
(3) Ulp., l. 18, § 1, Dig., de rebus creditis.
(4) Ulp., l. 35, Dig., de adq. rer. dom.

40. Paul (1) cite dans le même ordre d'idées l'exemple suivant : Vous m'avez fait donation d'une chose que j'ignorais m'appartenir, et je vous donne ordre de la livrer à un autre. La propriété ne sera pas transférée, parce que je voulais faire passer à ce tiers non pas ma chose, mais la vôtre que vous m'aviez offerte.

40 *bis*. Il semble qu'il y ait contradiction entre ces deux textes et un texte de Marcellus, la loi 49, Dig., *Mandati* (XVII, 1). Marcellus suppose les deux espèces suivantes :

Propriétaire d'un esclave que j'ignore m'appartenir, je vous le vends comme mandataire d'un tiers qui le possède de bonne foi, et que je considérais comme le vrai propriétaire. L'effet immédiat de la vente étant de produire des obligations, et non de transférer la propriété, rien n'empêche que je ne sois tenu de l'obligation de garantie résultant de la vente. De sorte que lorsque, découvrant mon erreur, je voudrai revendiquer mon esclave, je serai repoussé par l'*exceptio rei venditæ et traditæ*. Mais comme ce n'est pas ma propre chose que j'ai cru vendre, je ne serai point tenu de restituer le prix à mon mandant, et j'aurai en outre l'action *mandati contraria* pour me faire indemniser du tort que me cause l'exécution du mandat.

Dans la deuxième espèce ce n'est plus le mandataire qui est propriétaire, mais le mandant qui fait vendre un esclave qu'il croyait avoir acquis par succession d'un tiers possesseur de bonne foi, et qui lui

(1) Paul., l. 15, § 2, Dig., de contrahenda emptione. (XVIII, 1.)

appartenait déjà. Lorsqu'il voudra revendiquer cet esclave, il sera repoussé par l'*exceptio doli*, parce que c'est par sa volonté que l'esclave a été vendu et livré. Mais il aura l'*actio mandati directa* pour exiger le prix de son mandataire.

Il semble, avons-nous dit, qu'il y ait contradiction entre ce texte et ceux de Paul (1) et d'Ulpien (2). Selon Marcellus, en effet, la propriété n'est point transférée, puisque le propriétaire, mandant ou mandataire, conserve dans les deux cas la *rei vindicatio*, mais comme cette action se trouve paralysée par une exception, le résultat sera le même que s'il y avait eu translation de propriété. Selon Ulpien et Paul, au contraire, le mandataire ne se verra point repoussé par une exception.

Pour concilier ces textes, on a dit que dans l'exemple cité par Ulpien, le mandataire n'a point vendu lui-même, mais simplement *livré* sa chose en exécution de la vente déjà faite par son mandant. Dans l'espèce rapportée par Marcellus, au contraire, le mandataire n'a pas seulement *livré*, mais *vendu* par ordre de son mandant; il est donc naturel que, malgré son erreur, il soit soumis à l'obligation de garantie qu'il a promise à l'acheteur (3).

41. Lorsque la transmission de la propriété a été empêchée, ainsi que nous venons de le voir, par suite d'une erreur sur la cause, sur l'objet matériel, ou sur le droit, celui qui a eu l'intention d'aliéner, perdra-

(1) L. 15, § 2 de contr. empt.
(2) L. 35, de acq. rer. dom.
(3) Pellat, Textes choisis, p. 132 à 139.

t-il néanmoins sa chose, qui deviendrait ainsi une *res nullius* appartenant au premier occupant ?

On pourrait en effet dire avec Celsus, sur une question analogue, la translation de la possession (1), que le propriétaire a voulu se dessaisir de sa chose, non pas *à condition* qu'elle serait transférée, mais *parce qu'il* croyait la transférer ; la translation étant non point la *cause*, la condition, mais le *motif* de son dessaisissement. Or l'erreur sur le motif ne vicie point le contrat. Mais Celsus a évidemment confondu la tradition, mode du droit des gens, où tout doit se régler selon l'intention des parties, avec la *cessio in jure*, mode solennel, où nous avons vu effectivement que celui qui aliène pouvait se trouver dépouillé de son droit de propriété, contrairement au but et à l'intention des parties, et quoique le cessionnaire ne s'en trouvât point investi. Nous déciderons donc avec Ulpien (2), que la propriété ne s'éloignera pas de l'aliénateur toutes les fois qu'elle ne pourra pas être acquise au cessionnaire.

42. Après avoir examiné quelles sont les conditions qui doivent présider à la tradition, voyons comment elle s'opère : Nous avons dit qu'elle consistait dans la remise de la possession, afin de mettre la chose au pouvoir du nouveau propriétaire et de rendre ainsi la translation visible aux yeux de tous par le fait qui constitue l'exercice légal et normal du droit de propriété.

Ce n'est que par cette remise de la possession que

(1) L. 18, § 1, Dig., de adq. vel am. poss. (XLI, 2.)
(2) L. 34, Dig., de adq. vel am. poss. (XLI, 2.)

s'opérera le transport de la propriété; la simple convention ne suffit point (1). Cependant il ne faut pas s'attacher trop rigoureusement à ce principe. « Si la tradition est nécessaire, dit M. Ducaurroy (2), c'est uniquement pour donner la possession, et il serait au moins superflu de vous livrer une chose que vous avez entre les mains; il ne vous manque alors que la volonté de propriétaire. » Si donc, pendant que vous détenez une chose, à titre de locataire, par exemple, le propriétaire consent à vous la vendre ou à vous en faire donation, cette chose vous appartiendra désormais, sans qu'il soit besoin de tradition (3).

En un mot, il n'est point nécessaire, pour qu'il y ait translation de la propriété, d'une remise *actuelle* de la chose; il suffit d'une prise de possession *antérieure*, à laquelle vient se joindre la volonté d'aliéner du propriétaire. Il y a mieux. L'appréhension *effec-*

(1) Diocl. et Max. C., 20, de pact.; Ducaurroy, n° 401, l. II, t. I, p. 310.

(2) Loc. cit.

(3) De même, lorsque j'ai déposé chez vous une somme d'argent, et que nous convenons plus tard que vous pourrez vous en servir à titre de prêt, il s'opère à l'instant une conversion du dépôt en *mutuum*, sans qu'il soit nécessaire que pour opérer cette conversion vous ayez appréhendé l'argent; je pourrai donc vous répéter la somme par la *condictio*, et les risques en seront désormais pour vous. Mais il en serait autrement si les parties étaient convenues dès le principe, avant même que le dépôt ne fût effectué, que le dépositaire pourra, lorsqu'il le voudra, user de l'argent et en devenir ainsi propriétaire à titre de prêt. Dans ce cas, ce ne serait plus par la simple convention que se ferait la conversion du *depositum* en *mutuum*, mais il faudrait un acte spécial d'appréhension de la part du dépositaire, par exemple en décachetant le sac où sont renfermés les écus. (Ulp., l. 10, Dig., de reb. cred. (XII, 1). — L. 1, § 34, Dig. depositi (XVI, 3); v. Pellat, Textes choisis, p. 73 et suiv.

tive, actuelle ou antérieure, n'est même pas indispensable. Une tradition *feinte* ou *symbolique* suffira, pourvu qu'elle mette la chose à la disposition de l'acquéreur. Ainsi, par exemple, il n'est point nécessaire que je touche les marchandises qui me sont vendues et que chacune d'elles passe successivement de la main du vendeur dans la mienne; il suffira qu'il me remette les clefs du magasin où elles sont déposées, pourvu que cette remise s'effectue à peu de distance du magasin. De même, il n'est point nécessaire que je parcoure le champ que j'ai acheté et que je le foule aux pieds dans toute son étendue; car si, par exemple, le vendeur me le montre d'un point élevé, de manière que je puisse l'embrasser par la vue dans son entier, c'est comme si je le saisissais au moyen d'une *longue main*.

L'expression est de Javolenus (1).

Remarquons bien que dans ce cas, ce n'est pas par l'intention seule que je saisis la chose, puisqu'à ma volonté se trouve réuni un acte corporel, un coup d'œil embrassant la chose.

C'est sur cette expression de Javolenus, que se sont basés les commentateurs pour distinguer parmi les traditions feintes, les traditions de *longue main* et les traditions de *brève main*. Cette dernière expression est tirée d'un texte d'Ulpien (2).

43. La tradition *longa manu*, nous venons de voir en quoi elle consiste. Quant à la tradition *brevi manu*, elle a lieu, par exemple, lorsque j'ordonne à mon dé-

(1) L. 79, Dig., de solut.
(2) Fr. 43, § 1, de jur. dot.

biteur de payer à Titius ce qu'il me devait. En pareil cas, dit Ulpien, deux traditions se confondent en une seule, comme si le débiteur me remettait d'abord ce qu'il me doit, et que je le livre ensuite à Titius. L'opération peut se représenter par un triangle : l'argent, au lieu de suivre deux côtés du triangle, pour aller du débiteur au créancier et de celui-ci à Titius, n'en suit que le troisième, en allant directement du débiteur à Titius (1).

De même dans l'exemple rapporté au n° 42, c'est comme si je vous avais rendu la chose que vous m'aviez louée, et que vous me l'eussiez livrée ensuite à titre de vente. — De même encore, lorsque nous convenons que la chose que je vous ai vendue, je la retiendrai en usufruit ou à bail, ou en gage (pour la créance du prix par exemple), on suppose qu'après vous l'avoir livrée, vous me l'avez donnée en usufruit ou à bail. C'est ce qu'on appelle la clause de *constitut.*

44. Les auteurs modernes ont fortement critiqué cette distinction en traditions symboliques ou feintes et tradition réelle, de même que celle en traditions de longue ou de brève main, qui en effet ne se trouve énoncée nulle part, dans aucun texte des jurisconsultes romains.

Nous estimons avec M. Troplong que cette critique, fondée jusqu'à un certain point, n'est cependant pas à l'abri de tout reproche.

Nous concéderons d'abord à l'école moderne que

(1) Pellat, Textes choisis, p. 104.

dans la tradition symbolique qui s'opère, par exemple, au moyen d'une remise des clefs du magasin où sont déposées les marchandises, la clef n'est pas la représentation des marchandises; autrement elle les représenterait partout, dans n'importe quel endroit, et non pas seulement lorsqu'elle est remise près du magasin. Si dans ce dernier cas la remise des clefs équivaut à tradition, c'est qu'elle permet à l'acheteur de s'emparer des marchandises, et d'en disposer en toute circonstance, selon ses besoins. D'ailleurs, si la clef était la représentation des marchandises au moins près du magasin, une clef peinte sur du papier suffirait. — De même, lorsque j'ordonne à mon débiteur de remettre à Titius ce qu'il me doit, deux traditions se confondent en une seule; mais il n'y a pas moins une tradition réelle, quoique plus courte. — Nous avons vu également que dans l'exemple où le propriétaire vend sa chose au locataire, la tradition est inutile puisque le locataire a déjà l'objet en sa possession. Il n'y a donc pas à imaginer de fiction là où la tradition réelle elle-même est superflue. — Enfin il est également inutile de supposer deux traditions dans la clause de *constitut*, car nous ne possédons pas seulement par nous-mêmes, mais encore par nos usufruitiers, nos locataires, etc. L'acheteur qui, dans l'espèce, possède par son vendeur a donc réellement acquis la possession, et par elle la propriété (1).

Nous sommes d'accord avec les auteurs modernes

(1) Ducaurroy, Inst. expl., l. I, t. I, p. 312 et 313, n° 403; Ortolan, Expl. histor. des Instit., II, p. 308 et 309, note 1.

sur tous ces points; mais il n'en est pas moins vrai que le droit romain admet des traditions symboliques. « L'erreur des commentateurs anciens, dit M. Troplong, est d'avoir vu la fiction là où elle n'était pas, et de ne pas l'avoir aperçue là où elle était. » Ainsi, dans la remise des clefs, la fiction gît non point dans la clef, mais dans ce fait que la remise devant avoir lieu près du magasin, elle permet à l'acquéreur de s'y introduire et de s'emparer des marchandises. De même, lorsque mon vendeur me présente le champ du haut d'une tour, afin que je puisse l'embrasser d'un seul coup d'œil, niera-t-on qu'il y ait là un fait symbolique, et assimilera-t-on cet acte à celui de parcourir le champ et d'en prendre possession en le labourant? La simple volonté, hors de la présence de l'objet, n'aurait sans doute point suffi pour appréhender la chose, mais lorsqu'à la pensée se réunit un acte corporel, tel qu'un geste ou un coup d'œil, il y a appréhension matérielle quoique symbolique et fictive. C'est ce qui résulte clairement d'un texte de Paul (1) : « Non est enim *corpore et tactu* necesse apprehendere possessionem, sed etiam *occulis et affectu* (2). »

Quant à la tradition *brevi manu*, on a pu voir que les interprètes l'ont appliquée faussement à des espèces où la tradition était complétement inutile. Cependant il est des cas où cette idée de deux traditions se confondant en une seule trouve une application

(1) L. 1, § 21, Dig., de acq. possessione.
(2) Troplong, Vente, I, p. 437 et suiv., nos 268 à 271 ; Ortolan, loc. cit.

utile. C'est précisément dans l'exemple rapporté par Ulpien, où il se sert de cette expression *brevi manu* à laquelle les commentateurs ont donné une extension que la nature des choses ne comportait pas. — Ulpien suppose une acceptilation faite à un futur mari par son créancier, dans le but de lui constituer une dot. Le mariage venant à manquer, le mari ne sera point libéré. Néanmoins si le créancier lui a fait remise de la dette à tout événement, en vue de faire une donation à la femme, celle-ci aura contre le mari une *condictio sine causa ob rem dati re non secuta*. Pour comprendre comment la femme a pu acquérir cette *condictio* par une personne non soumise à sa puissance et dans une opération à laquelle elle est restée complétement étrangère, il faut, dit Ulpien, supposer que le débiteur a compté l'argent à sa femme par l'ordre de son créancier, et que celle-ci en a ensuite doté le futur mari. La première tradition peut elle-même se décomposer en deux autres : l'une du débiteur au créancier, l'autre du créancier à la femme. Il y a donc en tout trois traditions (1).

45. De même, lorsqu'un mari ordonne à son débiteur de payer à sa femme ce qu'il lui doit, la femme ne deviendra point propriétaire de l'argent qui lui a été compté, à cause de la prohibition des donations entre époux. Néanmoins le débiteur sera libéré envers le mari. Pour arriver à ce résultat il faut évidemment supposer deux traditions, l'une du débiteur au mari, son créancier, laquelle est parfai-

(1) L. 43, § 1, Dig. de jure dotium (XXIII, 3) ; Pellat, Textes sur la dot, p. 184 et suiv.

tement valable ; l'autre du mari à la femme, laquelle se trouve empêchée par suite de la prohibition des donations entre époux. Que si l'on n'admettait qu'une seule tradition s'opérant directement du débiteur à la femme, le débiteur ne serait point libéré, et ce serait lui qui aurait la *rei vindicatio* contre la femme (1).

46. C'est encore en vertu du même principe qu'Ulpien décide (2) que lorsqu'un étranger voulant faire une donation au père donne une dot à sa fille, cette dot est profectice, comme s'il l'avait d'abord livrée au père, et que celui-ci l'eût remise au gendre (3).

47. Citons enfin l'exemple suivant : Je donne ordre à mon débiteur de payer celui qui se fait passer faussement pour le mandataire de mon créancier. Ce payement peut se décomposer en deux, l'un de mon débiteur à moi, que rien n'empêche de valoir ; l'autre par lequel je fais passer les écus au faux procureur. Celui-ci n'en deviendra point propriétaire, et j'aurai contre lui l'action de vol (*furti*), ainsi que la *condictio furtiva* ou la *rei vindicatio* (4).

§ 4. *De l'usucapion.*

48. Quelquefois la tradition elle-même était insuffisante à transférer la propriété d'une chose, quoi-

(1) Ulp., l. 3, § 12, Dig., de donat. inter vir. et uxor. (XXIV, 1.) — Contra : Africain, l. 38, § 1, Dig., de solutionibus et liberationibus.
(2) L. 5, § 2, de jur. dot. (XXIII.)
(3) Pellat, Textes sur la dot, p. 58.
(4) Ulp., loc. cit. ; Pellat, Textes choisis des Pandectes, p. 97 et s.

que cette chose fût une *res nec mancipi* par elle-même susceptible de tradition. C'est ce qui avait lieu lorsqu'on voulait aliéner une chose dont on n'était point propriétaire. Alors, en effet, la propriété de cette chose n'était point acquise à l'acquéreur; mais le droit civil venant à son secours lui en attribuait le domaine, lorsqu'il l'avait possédée, c'est-à-dire lorsqu'il en avait eu l'usage pendant un certain laps de temps. D'après le droit des gens au contraire, la possession aurait été insuffisante, en pareil cas, pour faire acquérir la propriété.

49. L'usucapion, qui dans la législation des Douze Tables portait le nom de *usus* (*usus auctoritas*) (1), c'est-à-dire acquisition de la propriété par l'autorité de l'usage, est donc un mode d'acquérir du droit civil par une possession continuée pendant un certain temps, un an pour les meubles et deux ans pour les immeubles.

A l'époque des Douze Tables, lorsqu'on ne reconnaissait encore qu'un seul domaine, l'usucapion n'avait lieu que dans un seul cas, celui où l'on avait reçu de bonne foi une chose soit *mancipi*, soit *nec mancipi*, d'une personne qui n'en était pas propriétaire. Plus tard, lorsque sous Gaius et Ulpien le domaine se dédoubla en domaine *ex jure Quiritium* et

(1) Le mot *auctoritas* vient de *auctor* (*augere*, augmenter, produire), l'auteur, le créateur d'un droit. Appliqué à la transmission de la propriété, *auctoritas* signifie la garantie contre toute éviction que procure cet auteur; *usus auctoritas* désigne par conséquent la garantie contre l'éviction que procure l'usage, lequel est ici l'*auctor*, le générateur du droit. (Ortolan, loc. cit., note 2, p. 233 et n° 211, p. 179.)

domaine selon le droit des gens (propriété *in bonis*), l'usucapion trouva une nouvelle application, mais propre seulement aux *res mancipi*. C'est lorsqu'on avait reçu du véritable propriétaire une chose *mancipi* par la simple tradition, sans mancipation préalable ou cession juridique. Dans ce cas la chose était simplement *in bonis*, parmi les biens de l'acquéreur; mais après le temps requis pour l'usucapion elle entrait définitivement dans le domaine romain (1).

50. L'usucapion n'était pas applicable aux immeubles des provinces, c'est-à-dire situés hors de l'Italie. La raison, on la connaît : c'est que ces immeubles étant dans le domaine du peuple romain, aucun particulier ne pouvait en avoir la propriété exclusive; d'ailleurs ils ne participaient pas du droit civil. Mais on pouvait en avoir la possession, et le préteur par ses édits introduisit pour ces fonds provinciaux une usucapion particulière connue sous le nom de *præscriptio longi temporis*, accordée au bout de dix ans entre présents et de vingt ans entre absents.

Cependant il faut bien se garder de croire que cette prescription fût absolument de la même nature que l'usucapion, sauf le temps requis. Des différences saillantes les séparaient en effet : 1) l'usucapion faisait acquérir le domaine par l'usage (*capio usu*) au bout d'un an pour les meubles et de deux ans pour les immeubles. Après ce laps de temps, on était propriétaire et on pouvait revendiquer la chose contre tout détenteur. — La prescription, au contraire, ne

(1) Gaius, II, §§ 11, 12 et 13.

faisait point acquérir la propriété; elle permettait seulement de repousser l'action du propriétaire intentée après dix ou vingt ans, et de se maintenir ainsi en possession; mais on n'avait point d'action en revendication; selon le droit civil du moins, car le droit prétorien accorda une espèce d'action en revendication prétorienne connue sous le nom d'*action publicienne* (1). — 2) L'usucapion n'empêchait pas les charges dont la chose était grevée du chef du précédent propriétaire, de subsister sur cette chose (2). — La prescription, au contraire, permettait de repousser même ceux qui avaient des droits réels de gage ou d'hypothèque, sur la chose (3). On ne faisait exception que pour les servitudes qui pouvaient être exercées malgré la prescription, et ne se perdaient que par le non-usage. — 3). Enfin la prescription, à la différence de l'usucapion (4), était interrompue par l'action du propriétaire, et ne pouvait point s'accomplir pendant le procès, à partir de la *litis contestatio* (5).

51. Les choses corporelles étant seules susceptibles de possession, il semble que les choses incorporelles soient exclues de l'usucapion. Mais nous trouvons dans Gaius (6) l'expression « *maxime* » ce qui

(1) Code Just., 7, 39, 8.
(2) Dig., 41, 3, 44, § 5, f. Papin.
(3) Dig., 44, 3, 12, f. Paul.
(4) Dig., 41, 4, 2, § 21, f. Paul ; 41, 6, 2, f. Marcellus; Ulp. 6, 1, 17, f. et Gaius 18, f.
(5) Cod. 7, 33, 10, Diocl. et Max. — V. Ortolan, Expl. histor. des Inst., p. 358 et 359, n° 516, II; Ducaurroy, Inst. expl., l. II, t. IV, n° 463.
(6) Fr. 9, de usurp.; Fr. 13, § 1, Dig., de adq. rer. dom.

veut dire que l'usucapion s'appliquait principalement, mais non point exclusivement aux choses corporelles. — Il y avait, en effet, primitivement un petit nombre de choses incorporelles, susceptibles d'être usucapées. Gaius (1) cite notamment l'hérédité; et dans Paul (2) nous voyons que les servitudes pouvaient être constituées par l'usucapion. Mais la loi Scribonia (portée en 720) abolit l'usucapion pour ces dernières. Toutefois le préteur maintint dans leur jouissance ceux qui avaient exercé une servitude pendant un certain laps de temps, *longo tempore* (3), notamment les servitudes urbaines, et la servitude d'aqueduc (4).

52. Outre l'usucapion ordinaire et la *præscriptio longi temporis*, il y avait une espèce particulière d'usucapion connue sous le nom d'*usureceptio*. Elle avait lieu lorsque celui qui avait mancipé ou cédé *in jure* sa chose, avec la clause de fiducie (*cum fiducia*, c'est-à-dire en recevant l'engagement de celui qui acquérait la chose, de la lui rendre dans un cas déterminé) venait à la posséder pendant une année; dans ce cas il en recouvrait la propriété (*recipere usu*) par cette possession.

53. Revenons à l'usucapion, et voyons quelles en sont, outre le temps requis (un an pour les meubles, deux ans pour les immeubles), les autres con-

(1) Gaius, II, Inst. 54.
(2) Fr. 4, § 29, de usurp.
(3) Ulp., Fr. 5, § 3, de itin.
(4) Ulp., Fr. 10, si serv. vind.; Scævola, Fr. 26, de aq. et aq. pluv.; Paul, Fr. 20, de serv. præd. urb. — Ducaurroy, n° 465, l. II, t. VI. (Inst. expl.)

ditions : Il ne suffit pas qu'on ait possédé une chose susceptible d'usucapion pendant un certain laps de temps. Il faut encore qu'on l'ait possédée en vertu d'une *juste cause*, c'est-à-dire qu'on l'ait reçue en vertu d'un contrat ou d'un fait juridique indicatif de l'intention d'aliéner, et non réprouvé par le droit civil.

On peut donc usucaper une chose parce qu'on la possède *pro emptore* (comme acheteur), *pro donato* (à titre de donataire), *pro dote* (à titre de dot), *pro soluto* (par suite d'un payement), *pro legato* (par suite d'un legs), etc. Les dénominations de ces genres de possessions en indiquent suffisamment les caractères. Nous ne nous arrêterons qu'à une espèce particulière de possession connue sous le nom de possession *pro suo*. On désigne ainsi tous les cas où l'on possède à titre de propriétaire, mais en vertu d'un titre qui n'a pas, en droit, de dénomination spéciale. Supposons, par exemple, qu'un fiancé ait reçu une dot avant le mariage. Comme il n'y a pas de dot sans mariage, l'usucapion *pro dote* ne commencera à courir qu'à partir de l'époque où le mariage aura été contracté. Cependant si la dot avait été livrée au futur mari, dans l'intention qu'il en devienne immédiatement propriétaire, le fiancé pourra usucaper la chose même avant le mariage ; mais alors l'usucapion ne courra plus à titre de dot, mais *pro suo*, le mari la possédant comme sienne, sans titre spécial (1). — Il y aurait encore usucapion *pro*

(1) Pellat, Textes sur la dot, p. 75 à 77.

suo, même après le mariage, si ce mariage n'était pas valablement contracté. — L'usucapion *pro dote*, comme l'usucapion *pro suo*, mettra le mari à l'abri de la revendication de l'ancien propriétaire; seulement dans le premier cas il sera obligé de rendre, après le divorce, l'argent dotal à sa femme; tandis que dans le cas de l'usucapion *pro suo*, il ne sera pas obligé de le rendre, puisqu'il ne l'a pas usucapé comme argent dotal (1).

54. La juste cause elle-même ne suffit point pour fonder l'usucapion, si celui qui a reçu la chose n'a point ignoré, au moment où il la recevait, que celui qui la lui livrait n'en était pas propriétaire, et ne pouvait point la transférer. En un mot il faut être de *bonne foi*, pour usucaper. — Cette bonne foi n'est requise qu'au moment où la possession commence, parce que c'est à ce moment qu'on serait devenu propriétaire, si le vice qu'on ignorait n'eût pas existé (2).

55. On a prétendu (3) que la *bonne foi* n'était pas une condition distincte de la juste cause; celle-ci ne serait exigée que comme preuve de la bonne foi. Mais ceux qui ont émis cette opinion ont sans doute confondu l'erreur sur l'*intention d'aliéner* résultant de la juste cause, avec l'erreur sur le *pouvoir d'aliéner*, constituant la bonne foi. La première était sans doute suffisante dans le cas où une chose *mancipi* avait été l'objet d'une simple tradition faite par le

(1) Pellat, loc. cit., p. 310 et suiv.
(2) Dig., 41, 3, 15, § 3; 43, pr.; 45, § 1.
(3) Ducaurroy, Inst. expl., t. I, n° 475 et 477.

véritable propriétaire. Mais lorsqu'une chose, *mancipi* ou *nec mancipi*, a été aliénée *a non domino*, l'erreur sur l'intention d'aliéner ne suffit plus pour justifier la bonne foi de celui qui a reçu la chose; il faut encore qu'il ait cru que l'aliénateur avait le *pouvoir* de la transférer (1).

56. Mais ne pourra-t-on jamais usucaper, lorsque l'erreur porte simplement sur l'*intention d'aliéner?* En d'autres termes, faut-il qu'il y ait une juste cause véritable, ou bien suffit-il d'une cause existant simplement dans l'opinion de celui qui a cru acquérir (cause *putative*)?

On est généralement d'accord pour décider qu'une erreur plausible sur l'existence d'une juste cause n'empêchera point l'usucapion. Par exemple, lorsque mon mandataire auquel j'ai donné l'ordre d'acheter une chose m'annonce faussement qu'il vient de l'acquérir pour mon compte, et me la livre (2). En pareil cas mon erreur est excusable. Mais une erreur grossière qu'on aurait pu éviter en prenant des informations ne servirait point à l'usucapion.

57. Une autre condition de l'usucapion, c'est que la chose ne soit pas entachée d'un vice qui l'empêcherait d'être acquise par l'usage. — Les choses sacrées ou religieuses, les biens du fisc, les immeubles dotaux, les biens des pupilles, etc., ne sont donc point susceptibles d'usucapion. Il en est de même des choses volées, si ce sont des meubles, ou occupées par violence, si ce sont des immeubles, à moins

(1) Pellat, Principes de la propr., p. 18 et 19, note 2.
(2) Dig., 41, 4, 11, f. Afric.

qu'elles aient été purgées de ce vice par leur retour entre les mains du véritable propriétaire (1).

58. Telles sont les conditions requises pour l'usucapion. Ajoutons-y comme dernière condition l'absence d'interruption (*usurpatio*) de la possession. L'interruption est ou bien *naturelle*, lorsque celui qui possédait perd la chose par un événement quelconque, par exemple quand il est expulsé de l'immeuble, ou quand le champ est inondé; ou bien *civile*, lorsque le véritable propriétaire intente une action en revendication.

59. Nous verrons, quand nous serons arrivés à l'époque de Justinien, quelles sont les modifications peu considérables du reste, que cet empereur a introduites dans cette matière.

§ 5. *De l'adjudication.*

60. Nous avons vu précédemment la propriété transférée *in jure*, par une sentence du magistrat (*cessio in jure.*) Ici la propriété est transférée *in judicio*, par une sentence du juge qui attribue le domaine non plus en disant le droit, mais en jugeant, c'est-à-dire qui l'adjuge (*adjudicare*).

Ce pouvoir de transférer la propriété par jugement lui était donné dans certains procès particuliers. Ces procès, au nombre de trois, sont ceux en fixation de limites (*finium regundorum*), en partage d'une hérédité (*familiæ erciscundæ*), et en partage d'une chose

(1) Gaius, II, 45-51.

commune (*communi dividundo*). Ainsi, par exemple, dans l'action *finium regundorum*, il peut arriver que l'une des parties prétendant que sa propriété va jusqu'à tel endroit, l'autre jusqu'à tel autre, le juge fixant définitivement les limites attribue en réalité à l'un une portion du terrain appartenant à l'autre, moyennant une indemnité à payer par le premier. — De même, dans l'action en partage d'une hérédité ou d'une chose commune, lorsqu'un des objets indivis est difficilement partageable, le juge peut attribuer à l'un la nue propriété et à l'autre l'usufruit, ou à l'une des parties la pleine propriété moyennant une soulte ou indemnité qu'elle devra payer à l'autre.

61. On s'est demandé si le juge n'a ce pouvoir que lorsqu'il est saisi d'une action légitime (*judicium legitimum*), c'est-à-dire dans une instance introduite à Rome ou dans un rayon d'un mille autour de Rome, entre plaideurs tous citoyens romains et devant un seul juge (*unus judex*), également citoyen romain?

Il résulte d'un texte de Paul, formant le § 47 des *Vatic. Fragm.* ainsi conçu : « Item potest constitui et familiæ erciscundæ vel communi dividundo judicio legitimo, » que l'usufruit du moins ne peut être adjugé que dans un *judicium legitimum*. — Quant à la propriété, l'affirmative peut se tirer d'un autre texte de Paul (L. 44, § 1, Dig., *fam. erc.*) : « Adjudicationes prætor tuetur exceptiones aut actiones dando. » On ne comprend, en effet, cette protection du préteur que lorsqu'on suppose que la propriété n'a pu être acquise, probablement parce qu'elle a été adjugée non plus dans un *judicium legitimum*, mais dans un *judicium imperio continens* (1).

62. L'adjudication est un moyen de translation commun aux choses *mancipi* et aux choses *nec mancipi*. Le dernier mode de translation auquel nous allons passer, est également commun aux *res mancipi* et *nec mancipi*.

§ 6. *De l'acquisition de la propriété en vertu de la loi.*

63. Ulpien cite comme exemples d'une pareille acquisition le legs *per vindicationen* (sous la loi des Douze Tables), et le *caducum*, c'est-à-dire certaines dispositions de la loi par lesquelles elle attribue à une personne qu'elle favorise, ou au fisc, un bien laissé par testament ou autrement, qui échappe au véritable bénéficiaire soit par suite de la caducité de la disposition, soit par quelque autre cause de déchéance, telle que l'indignité (*ereptorium*).

64. L'ancien droit reconnaissait quatre espèces de legs auxquels il attribuait des effets différents selon la formule dont s'était servi le testateur. Ce sont : 1) le legs *per vindicationem*, lorsque le testateur s'était exprimé dans les termes suivants : « Hominem Stichum do lego » ou « capito, sumito, sibi habeto. » On l'appelle *per vindicationem* parce que, dit Gaius, immédiatement après l'adition de l'héritier, le légataire devient propriétaire de la chose léguée et peut la revendiquer (*vindicare*) par la seule vertu de la loi, et

(1) Pellat, Principes du droit de propr., p. 56, note 5.

sans aucun fait de sa part. Cependant il y avait divergence entre les Sabiniens et les Proculéiens, sur l'époque où le légataire devenait ainsi propriétaire. Les premiers décidaient que le légataire devenait propriétaire même à son insu, par le fait seul de l'adition faite par l'héritier, sauf à répudier le legs s'il le préfère. D'après les Proculéiens au contraire, le légataire est obligé d'accepter le legs, pour en devenir propriétaire. Jusque-là la chose léguée est une *res nullius* (1).

Ce legs, par la nature même de sa formule et de ses effets, ne pouvait s'appliquer qu'à une chose dont le testateur avait la propriété *ex jure Quiritium* au moment de la confection du testament et à l'époque de la mort.

65 2) Le legs *per damnationem*, ainsi conçu : « Heres meus damnas esto dare, etc... » Le légataire ne devient pas propriétaire ; il n'acquiert qu'une créance à la chose léguée, une action personnelle pour forcer l'héritier de lui donner la chose. — Ce legs peut s'appliquer tant à la chose appartenant au testateur qu'à celle appartenant à son héritier ou à celle d'autrui.

66. 3) Le legs *sinendi modo*, formulé en ces termes : « Heres meus damnas esto sinere Lucium Titium sumere illam rem sibique habere. » Ici l'héritier n'est point obligé à livrer la chose ; il doit simplement s'abstenir et la laisser prendre. Le légataire ne deviendra propriétaire que par cette prise de pos-

(1) Gaius, II, 195, 200.

session. — Ce legs, applicable même aux choses de l'héritier, ne pouvait point s'appliquer à la chose d'autrui. Il offre donc plus de latitude que le legs *per vindicationem*, et moins que celui *per damnationem*.

67. 4) Enfin le legs *per præceptionem* par lequel le testateur ordonne au légataire de prélever certaine chose : « Titius fundum Cornelianum præcipito. » Prélever, c'est prendre avant tout partage. Ce legs ne peut donc être fait qu'à une personne ayant le droit de provoquer le partage de la succession, c'est-à-dire à un héritier (1), et n'a d'autre effet que d'autoriser le juge qui reçoit l'action *familiæ erciscundæ* à adjuger hors part la chose léguée à l'héritier légataire; jusque-là elle est commune à tous les cohéritiers, dans le système des Sabiniens du moins. Mais selon les Proculéiens, le legs *per præceptionem* produit absolument le même effet que le legs *per vindicationem*, et peut s'adresser même à un étranger, *præcipito* étant synonyme de *capito*. Si l'on admet cette dernière opinion, la propriété sera acquise au légataire, *lege*, en vertu de la loi.

68. Un autre cas d'acquisition par la loi, c'est le *droit d'accroissement*, c'est-à-dire le droit qu'ont les colégataires auxquels une même chose a été léguée, de recueillir la part de celui d'entre eux qui vient à défaillir. Il faut, à cet égard, distinguer entre les différentes espèces de legs. S'agit-il d'un legs *per vindicationem*, l'accroissement aura lieu, que la même

(1) Gaius, Inst., II, 216-222.

chose ait été léguée à plusieurs, soit *conjunctim*, c'est-à-dire par une seule et même disposition (« Je lègue à Titius et à Seius l'esclave Stichus »), soit *disjunctim*, c'est-à-dire par des dispositions séparées (« Je lègue à Titius l'esclave Stichus; je lègue à Seius le même esclave Stichus »). En effet, comme ce legs donne au légataire un droit de propriété sur la chose, par sa formule même, la chose appartient en totalité à chacun des légataires. Ce n'est que par suite de leur concours que la chose se partage entre eux (*concursu res divisa est*). Ce concours venant à cesser par la défaillance de l'un d'entre eux, celui qui reste garde la chose en totalité. Mais si cette chose leur avait été léguée par la même disposition, mais séparément, *conjunctim verbis tantum* (« Filio et Seio fundum æquis partibus do lego »), par la nature même de cette formule, aucun accroissement n'aurait lieu, chacun des légataires n'étant propriétaire que d'une partie de la chose.

S'agit-il d'un legs *per damnationem*, l'accroissement n'aura jamais lieu, ce legs ne transférant jamais aux légataires qu'un droit de créance à la chose; or, les créances existant en commun, se divisent par leur seule nature.

69. La loi Papia Poppæa rendue sous Auguste attribua les dispositions caduques, non plus en exécution des formules du testament, mais en vertu de sa seule autorité aux héritiers et aux légataires compris dans le même testament, et qui avaient des enfants. Cette acquisition nouvelle, distincte de l'ancien droit d'accroissement, portait le nom de *jus caduca vindi-*

candi, et s'exerçait dans l'ordre suivant : 1) Les légataires conjoints, c'est-à-dire appelés à un legs par une seule et même disposition (*re et verbis, verbis tantum*), ayant des enfants. 2) A défaut des légataires conjoints, ou si aucun d'eux n'avait des enfants, les héritiers qui sont pères. 3) Les légataires *patres*, même non conjoints. 4) Enfin, à défaut de toute personne ayant des enfants, le fisc.

La loi Papia fit exception pour certaines personnes, notamment les descendants et les ascendants du testateur, jusqu'au troisième degré, à qui elle permit de jouir de l'ancien droit. C'est ce qu'on appelle le *jus antiquum in caducis*.

DEUXIÈME PARTIE

Epoque de Justinien.

70. Justinien supprima toute distinction entre les *res mancipi* et les *res nec mancipi*, de même qu'entre les fonds provinciaux et les fonds italiques. La mancipation applicable seulement aux choses *mancipi* devint dès lors inutile, et la différence entre le domaine *ex jure Quiritium* et la propriété *in bonis* disparut également.

Quant à la *cessio in jure*, elle conserva encore son utilité à l'égard des choses incorporelles, notamment pour constituer l'usufruit (*Inst.*, § 3, *de usufr.*).

A l'égard de toutes autres choses corporelles sans distinction, les modes d'aliénation restés en usage sont : la tradition, l'usucapion, l'adjudication et le legs. La tradition fut maintenue avec tous les effets qu'elle produisait déjà, mais sur les *res nec mancipi* seulement, dans le droit antérieur. Quant à l'usucapion, la distinction entre les *res mancipi* et *nec mancipi*, et celle entre le *dominium ex jure Quiritium* et la propriété *in bonis* n'existant plus, l'usucapion était sans objet lorsqu'on la considérait comme moyen de transformer le domaine *in bonis* en domaine *ex jure Quiritium* sur une chose *mancipi* aliénée au moyen de la simple tradition par le véritable propriétaire. Mais elle avait encore son utilité lorsqu'une chose *mancipi* ou *nec mancipi* avait été livrée *a non domino*. Quant au délai de l'usucapion, il est porté à trois ans pour les meubles (jadis un an), et à dix ans entre présents et vingt ans entre absents pour les immeubles (jadis deux ans) (1). Ce mode d'acquisition, borné primitivement aux immeubles situés en Italie, est étendu à ceux des provinces (Justin., C. 12, *de præscr. long. temp.*). Justinien a ainsi fondu ensemble l'ancienne usucapion et la *præscriptio longi temporis*. Le nom lui-même d'usucapion a disparu pour emprunter celui de la prescription ; celle-ci, en un mot, produit tous les effets de l'ancienne usucapion et réciproquement, chacune de ces deux institutions empruntant à

(1) La prescription court entre présents, lorsque le propriétaire et le possesseur sont domiciliés dans la même province, sans avoir égard à la situation de l'immeuble ; elle court entre absents, lorsque le possesseur et le propriétaire n'ont pas leur domicile dans la même province. (Constit. 12, Code Just., l. 7, t. 33.)

l'autre ses effets et ses caractères. L'adjudication reste comme la tradition, ce qu'elle était auparavant. Quant aux legs, ils avaient déjà subi des modifications avant Justinien. La première résulte du Sén.-Cons. Néronien rendu sur la proposition de Néron (817 (?) de R.; 64 de J.-C.). Il dispose que lorsqu'une chose aurait été léguée par une formule qui ne lui était point appropriée, le testateur ayant légué, par exemple, *per vindicationem* une chose dont il n'avait point la propriété *ex jure Quiritium*, ou *sinendi modo* une chose n'appartenant ni au testateur ni à l'héritier, ou enfin *per præceptionem* à une personne qui n'était pas héritière (dans l'opinion des Sabiniens du moins), le S.-C. Néronien, disons-nous, décida que ce legs, nul selon le droit civil, vaudrait *optimo jure*, comme s'il avait été fait *per damnationem*, ce dernier pouvant s'appliquer à toutes espèces de choses. Mais le sénatus-consulte maintint les anciennes formules toutes les fois qu'elles n'étaient pas employées mal à propos. Constantin II, Constance et Constant firent un pas en avant; ils supprimèrent la nécessité des anciennes formules, mais en ce sens seulement qu'un legs vaudra *per vindicationem* ou *per damnationem*, etc., non point selon la formule dont se sera servi le testateur, mais selon ce qu'il aura voulu; dans l'expression de cette volonté il n'est plus soumis à des termes sacramentels, pourvu qu'il ait clairement manifesté son intention. Enfin Justinien supprima la distinction entre les quatre classes de legs. Tous les legs produisent les mêmes effets; dans tous, quels que soient les termes dont s'est servi le testateur, le légataire acquiert immédiatement la propriété en vertu de la loi, comme dans l'ancien legs *per vindicationem*. Il a l'action réelle en revendication, et en outre une action hypothécaire et une action personnelle comme dans l'ancien legs *per damnationem*. Il faut cependant se garder de pousser trop loin l'assimilation entre tous les legs. Tous, sans doute, ont la même nature, en ce sens que leurs effets ne sont plus subordonnés à une classification juridique et à des formules. Mais il est impossible de ne point tenir compte de la nature des choses. Ainsi, il est évident que le legs de la chose d'autrui ne transférera point la propriété, de même que celui d'une chose indéterminée, ou d'une créance. En un mot, tous les legs ne sont assimilés qu'en ce sens qu'ils produiront tous les effets, et donneront tous les droits que comporte la nature de la chose léguée (1).

(1) Ortolan, Expl. histor. des Inst., II, n° 844, p. 565.

DROIT FRANÇAIS

DE LA TRANSLATION DE LA PROPRIÉTÉ

(COMMENTAIRE DE LA LOI DU 23 MARS 1855.)

INTRODUCTION HISTORIQUE

1. Le législateur romain, partant de cette idée essentiellement matérialiste qu'on ne peut s'approprier une chose par le seul accord des volontés, exigeait pour la translation de la propriété un acte extérieur et matériel d'exécution, la tradition.

Dans certains cas la tradition elle-même ne suffisait pas. Il fallait pour les *res mancipi* l'emploi de certaines formalités solennelles propres à frapper les yeux et à rendre la translation de la propriété plus évidente et plus palpable.

A cette époque voisine de la barbarie, où l'écriture n'était pas encore assez répandue, et où la morale et l'équité n'avaient pas encore rapproché les hommes et adouci leurs rapports, il fallait frapper les sens et fixer la mémoire à l'aide de formalités destinées à rappeler aux contractants l'importance de leurs actes civils. Ce système avait un grand avantage, celui de rendre manifeste et publique aux yeux de tous la transmission de la propriété, et d'empêcher ainsi le cédant d'aliéner deux fois la même chose à deux personnes différentes.

Toutefois, ce serait une erreur d'en conclure que le législateur romain avait songé à l'intérêt des tiers en organisant le système de translation de la propriété que nous venons d'exposer. « Le crédit put en profiter, dit M. Troplong (1); mais ce n'est pas pour lui qu'avaient été originairement introduites dans le droit les formalités extérieures qui étaient l'âme de ce système (2). »

Cela est si vrai, ajoute-t-il, que « lorsque le droit voulut simplifier ses formes pesantes, il affaiblit la publicité de la tradition, au lieu de la développer pour l'avantage des tiers; il admit les traditions feintes... Peu importait que cette tradition feinte produisît des effets moins manifestes et moins patents pour les tiers; il suffisait qu'elle fût moins gênante pour les parties contractantes. »

2. Si du droit romain nous passons au droit germanique, nous y voyons encore la translation de la propriété accompagnée de ces formalités et de ces symboles grossiers qui frappent l'imagination et rendent la bonne foi et l'équité attentives à l'importance des obligations contractées de part et d'autre.

(1) Commentaire de la Loi du 23 mars 1855, sur la Transcription, nº 3, p. 14.
(2) Contra : M. Jourdan, Thémis, t. V, p. 481.

Là nous voyons le vendeur livrant à l'acheteur une motte de gazon, symbole de la terre; une branche d'arbre représentant ses produits; et une baguette, un couteau ou un glaive, signes du droit de disposer de la chose et même de la détruire. Puis il s'éloigne de l'objet vendu, pour en laisser la libre disposition à l'acquéreur (1).

3. Le droit féodal, en changeant les conditions de la propriété, en modifia également le mode de translation.

Les Francs s'étaient partagé par la voie du sort les terres conquises. On désigne sous le nom d'*alleux* (du saxon *alod*, c'est-à-dire *lot*) les terres ainsi partagées. D'un autre côté, les rois francs avaient concédé, à titre de récompense, à leurs leudes, des terres, à charge de service militaire et de fidélité. Ces concessions, en devenant héréditaires, prirent le nom de *fiefs* (*feodum*, de *fee*, salaire; et *od*, propriété). Les possesseurs d'alleux étaient libres de toute obligation, sauf le service militaire. Mais beaucoup d'entre eux craignant, à ces époques de violence et d'anarchie, de perdre leurs propriétés, étaient venus mettre leurs biens et leurs personnes sous la protection d'un seigneur. Cet usage de *recommander* ses biens au seigneur se généralisa particulièrement au nord de la Loire, et bientôt les alleux disparurent complétement. Dans ces pays, le seigneur était à peu près dispensé de justifier ses prétentions. On admettait cette maxime : « Nulle terre sans seigneur. » Au delà de

(1) Formules de Marculfe, appendix, Form. XIX, XX.

la Loire, il existait encore des alleux à côté des fiefs, et le seigneur devait prouver son droit. La maxime disait : « Nul seigneur sans titre. »

4. Le seigneur ayant le domaine direct de toutes les terres situées dans sa souveraineté, son vassal ne pouvait transmettre le fief à une autre personne qu'avec son consentement. Le vendeur se dessaisissait de la chose entre les mains de son suzerain, et celui-ci en investissait ensuite l'acquéreur qu'on lui désignait. C'est ce qu'on appelait le *vest* et le *dévest*, a *dessaisine-saisine*, la *déshéritance* et l'*adhéritance*, *devoirs de loi*, *mise de fait*, etc., selon les différentes coutumes (1).

5. L'ensaisinement du nouveau propriétaire était constaté par écrit sur un registre tenu par un officier public (2). Cette formalité s'appelait le *nantissement*.

6. La mutation de la propriété n'était parfaite entre les parties que lorsque le seigneur ou l'officier commis par lui avait investi solennellement l'acquéreur. La tradition à elle seule ne suffisait pas ; mais l'acheteur avait une action personnelle pour forcer le vendeur à l'ensaisiner (3).

7. La formalité du nantissement ne servait primitivement qu'à constater les droits du seigneur. L'intérêt des tiers y était complétement étranger.

(1) Grand Coutumier, l. II, ch. de Saisine en censive. — Cout. de Troyes, art. 144. — Cout. d'Artois, ch. 24, § 5-12. — Institutes cout. de Loisel, l. V, tit. 4, règle 8. — Beaumanoir, ch. 6, n° 4.

(2) Cout. de Péronne, art. 261. — Dumoulin sur Paris, tit. 1, § 1, Glos. 1, n° 30.

(3) Bouteiller, Somme rurale, l. I, ch. 67, p. 397.

Mais plus tard on les admit à en profiter. Ce qui le prouve, c'est que l'ensaisinement fut étendu même aux alleux (1). Un placard de Charles-Quint, du 10 février 1538, qui l'introduisit en Flandre, dit positivement que le nantissement avait pour objet « en établissant l'impossibilité d'aliéner ou de charger aucun héritage sans le secours du nantissement, de prévenir les fraudes et les stellionats (2). » Mais ce n'était que par rapport aux tiers que le nantissement était nécessaire pour parfaire la mutation, et l'acquéreur avait absolument les mêmes droits, lorsqu'il n'y avait pas de tiers intéressés (3).

8. Les coutumes de Bretagne avaient pour consolider la propriété à l'égard des tiers, un système particulier connu sous le nom d'*appropriement* ou *appropriance*. Celui qui avait acheté un immeuble d'un possesseur *saisi par an et jour*, et qui avait été lui-même mis en possession, pouvait s'*approprier* l'héritage en faisant, après sa prise de possession, trois bannies ou proclamations du contrat et de sa prise de possession par trois dimanches consécutifs, après l'issue de la grand'messe, dans la paroisse où l'immeuble acquis était situé. Après la certification de ces bannies par un jugement des prochaines audiences rendu dans la

(1) Cout. du Hainaut, ch. CVI, art. 2. — Seulement le seigneur y était remplacé par deux francs-alloëtiers. — V. Merlin, Répert. V° Franc-alloëtier.

(2) V. encore un placard de l'archiduc d'Autriche, du 16 sept. 1673, applicable à la France. — Cout. de Vermandois, art. 119 et 120. — Art. 117 de celle de Reims, et 145 de celle d'Amiens. — Un arrêt du parlement de Paris, du 29 nov. 1699.

(3) Note de Dumoulin sur l'art. 119 de la Cout. de Vermandois.

huitaine, aucune opposition de ceux qui prétendaient avoir un droit sur l'héritage n'était plus recevable; l'acquéreur était définitivement approprié (1) et l'immeuble purgé de tous les droits réels.

9. L'appropriement n'était pas nécessaire entre le vendeur et l'acquéreur; la tradition suffisait même à l'égard des tiers, qui n'avaient pas de droits préexistants (2). Cette formalité n'était donc point un élément essentiel de la vente, comme le *vest* et le *dévest*; mais elle avait, de même que le nantissement, pour but de consolider la propriété. Cependant la tradition réelle et effective était indispensable; seulement elle n'était pas solennelle comme dans les pays de nantissement (3).

10. Revenons aux coutumes du *vest* et du *dévest* :

Ces formalités étant gênantes pour la transmission de la propriété, les jurisconsultes essayèrent d'y remédier. Le signal de l'émancipation fut donné par la coutume de Paris. Déjà, au XIVe siècle, on avait admis à l'égard du bail à cens une exception à la règle sur la saisine. On disait alors : « *En accensement ne prend saisine qui ne veut* (4). » Cette exception devint la règle, et, au XVIe siècle, nous voyons la saisine devenue purement facultative, même pour les contrats de vente et de donation; seulement, la taxe seigneuriale devait toujours être payée, quand même

(1) Cout. de Bretagne, art. 269. — D'Argentré, Traité des Appropriances, préface, n° 1.

(2) Cout. générales du pays et duché de Bretagne, titre des appropriances, t. II, p. 79, édit. de Poullain du Parc.

(3) M. Troplong, Transcr., n° 10.

(4) Grand Cout. de Charles VI, p. 140.

la formalité de la saisine n'avait pas été remplie (1).

La coutume de 1580 (art. 82) fit un pas de plus en décidant que la taxe ne serait payée au seigneur que lorsque la saisine était demandée (2). Dès lors, la saisine tomba en désuétude et disparut de la pratique du XVIe siècle. Cependant, la dessaisine-saisine, le vest et le dévest, continuèrent à figurer dans les formules du style notarial. Il ne resta plus que la tradition non solennelle pour opérer la translation du droit de propriété. Mais, ainsi qu'il arrive dans toutes les réformes, on alla trop loin, et l'intérêt des tiers fut trop négligé dans cette réaction contre des formalités gênantes, il est vrai, pour les parties, mais qui avaient leur utilité vis-à-vis des tiers. On voit, en effet, reparaître tous les modes de tradition feinte et symbolique du droit romain, notamment la clause du constitut possessoire. — Quant au nantissement, supprimé par Louis XV en vertu de l'édit de juin 1771 pour la purge des hypothèques, il continua à subsister pour les actes d'aliénation (3). Ajoutons que, pour les donations, il y avait une formalité spéciale, l'insinuation, et que les créanciers, les acquéreurs à titre onéreux, les donataires postérieurs, les légataires et même les héritiers du donateur pouvaient se prévaloir du défaut d'insinuation, bien que celle-ci ne fût point nécessaire entre le donateur et le donataire.

11. C'est dans cet état de choses qu'éclata la Ré-

(1) Cout. de 1510, art. 56. — Dumoulin, note sur l'art. 56 de la cout. de Paris. Richebourg, t. III.

(2) V. Laferrière, Hist. du droit français, t. VI, p. 392 et 393.

(3) Art. 35 de l'édit de juin 1771 ; et déclaration du 23 juin 1772. V. Merlin, Répert., V° Nantissement, p. 457 et 458.

volution de 1789. Le nantissement, confié aux justices seigneuriales, devait naturellement périr dans le naufrage du régime féodal, aboli dans la nuit du 4 août 1789. Cependant, comme on ne pouvait méconnaître l'utilité pratique du nantissement, on le remplaça provisoirement par la transcription des contrats au greffe du tribunal du district de la situation des biens (art. 3 du décret du 19 sept. 1790). Mais cette disposition était purement locale et ne s'appliquait qu'aux pays de nantissement. Dans les autres parties de la France, la tradition fut la seule condition de la translation de la propriété. La loi du 9 messidor an III et celle du 11 brumaire an VII remplacèrent les dispositions transitoires du décret du 19 septembre 1790 par un système hypothécaire nouveau applicable à toute la France. La loi du 11 brumaire an VII est ainsi conçue dans son article 26 concernant la translation de la propriété immobilière : « Les actes translatifs de biens et droits susceptibles d'hypothèques doivent être transcrits sur les registres du bureau de la conservation des hypothèques, dans l'arrondissement duquel les biens sont situés. — Jusque-là, ils ne peuvent être opposés aux tiers qui auraient contracté avec le vendeur et qui se seraient conformés aux dispositions de la présente loi. »

12. Remarquons tout d'abord que cette loi n'exige la transcription que pour les actes translatifs de droits réels *susceptibles d'hypothèque;* elle ne s'applique pas, par conséquent, aux droits réels non susceptibles d'hypothèque. La loi de 1855, ainsi que nous le ver-

rons, a réparé cette omission. — Notons ensuite que, tout en se rapprochant du *vest* et du *dévest*, en ce qui concerne la publicité des mutations à l'égard des tiers, la transcription en diffère en ce qu'elle n'est pas une formalité essentielle entre les parties contractantes (1).

13. Sous l'empire de cette loi, comme dans les principes du nantissement, entre deux acquéreurs successifs d'un même immeuble, celui-là était préféré qui avait fait transcrire le premier son contrat d'acquisition, bien qu'il fût le dernier en date. En droit romain, c'est par la tradition que la propriété se trouvait acquise. Entre deux acquéreurs successifs, celui-là était propriétaire qui avait le premier reçu la tradition, fût-il d'ailleurs le second en date.

CHAPITRE I

DE LA TRANSLATION DE PROPRIÉTÉ D'APRÈS LE CODE NAPOLÉON.

14. Le Code Napoléon est venu à son tour renverser les principes de la loi du 11 brumaire an VII, en consacrant, dans l'article 1583, au titre de la *Vente*, cette règle, que la propriété est transférée par le seul consentement, indépendamment de la tradition et de la transcription, non-seulement entre les parties, mais même à l'égard des tiers. Voici les

(1) M. Troplong, Transcr., n° 21.

termes de cet article : « Elle (la vente) est parfaite *entre les parties*, et la propriété est acquise de droit à l'acheteur *à l'égard du vendeur*, dès qu'on est convenu de la chose et du prix, quoique la chose n'ait pas encore été livrée ni le prix payé. »

15. Ces termes semblent, il est vrai, restreindre l'innovation qu'ils consacrent aux rapports du vendeur et de l'acheteur ; mais, avant de réfuter les objections qu'on a voulu tirer de ces mots : « Elle est parfaite *entre les parties*, et la propriété est acquise à l'acheteur *à l'égard du vendeur*..., » nous devons justifier le nouveau système qui attache le transport de la propriété à la seule puissance du consentement :

16. On comprend qu'à Rome, où l'individualité était moins inviolable, sa volonté moins respectée et moins libre, on ait enchaîné cette dernière par toutes sortes de formalités et d'entraves, et qu'on ne lui ait pas attribué cette puissance et cette prépondérance qu'elle a chez les nations libres et éclairées. Il fallait, pour se faire respecter, qu'elle fût manifestée par un fait extérieur, matériel. Mais, à mesure que la civilisation se perfectionne, les rapports, en se multipliant, exigent plus de célérité dans les affaires et une plus grande confiance entre les hommes, la rapidité des transactions rendant tout contrôle de la moralité des contractants à peu près impossible. La volonté s'épure par suite et se dégage des liens qui l'enveloppaient ; il suffit qu'elle se montre pour qu'elle se fasse respecter. Elle n'a plus besoin d'un fait extérieur pour se manifester ; car, comme le dit très-bien M. Troplong, elle est elle-même un fait

moral investi d'une vertu d'exécution. « Qu'est-ce, dit cet auteur, qu'un fait physique en lui-même, tel, par exemple, qu'une prise de possession ? Rien, évidemment, sans le concours de la volonté qui lui donne un sens et une moralité. Au contraire, sans le concours du fait, la volonté engendre des droits ; elle les transforme et les modifie. Que l'homme retire de sa chose la volonté qu'il a de la posséder, aussitôt elle cesse de lui appartenir, sans qu'il ait besoin de se livrer à un fait symbolique pour exprimer son abdication... Là où la volonté a à elle seule une énergie assez forte pour abdiquer la propriété, la logique veut qu'elle suffise pour l'acquérir (1). » M. Toullier fait observer de son côté que, depuis que la propriété et la possession, confondues à l'origine, sont devenues, dans l'état civil, deux choses distinctes et indépendantes, « si celui qui a perdu la possession n'en conserve pas moins la propriété, il peut transférer le droit qu'il a conservé, et tel qu'il l'a conservé. Sa volonté, suivie de l'acceptation du cessionnaire, suffit pour opérer cette translation, sans qu'il soit nécessaire de transférer en même temps la possession qu'il a perdue (2). »

La raison et la logique sont donc d'accord pour proclamer la translation de la propriété par le seul consentement.

17. On a cependant cru voir des traces de l'ancien système dans quelques textes du Code (3). On a d'a-

(1) Traité de la Vente, t. I, n° 40, p. 56.
(2) M. Toullier, t. IV, n° 56.
(3) Jourdan, Thémis, t. V.

bord invoqué l'article 1238, qui dit que « pour payer valablement, il faut être propriétaire de la chose donnée en payement, et capable de l'aliéner. » — Si, dit-on, la propriété était transmise par le seul effet des obligations (art. 1138 et 711), le débiteur se trouverait dépouillé de son droit de propriété au moment même du contrat; dès lors, il ne pourrait plus être propriétaire de la chose qu'il donne en payement. — On a fort judicieusement répondu que l'article 1238 se réfère sans doute à l'hypothèse d'un payement fait en vertu d'une obligation qui n'est point par elle-même translative de la propriété, telle que la vente d'une chose indéterminée. D'ailleurs, cet article se sert de l'expression *donnée*, c'est-à-dire *aliénée*, et non de l'expression *livrée* en payement (1).

On s'appuie en second lieu sur l'article 1303, qui porte que, lorsque la chose due est mise hors du commerce ou perdue, sans la faute du débiteur, il est tenu de céder ses droits ou actions en indemnité à son créancier. — Or, dit-on, si la convention de donner était par elle-même translative de la propriété, l'action en indemnité appartiendrait de droit au créancier, et le débiteur ne pourrait plus la lui céder. — Nous répondrons avec M. Troplong (loc. cit.) (2) qu'il y a là une inadvertance du législateur,

(1) MM. Troplong, Vente, t. I, n° 46; Delvincourt, t. II, p. 530. — M. Toullier, tout en se rangeant à cette opinion, voit une antinomie entre l'art. 1138 et l'art. 1238. (T. V, n° 6, et t. VII, n°s 6 et suiv.)

(2) V. encore MM. Toullier (t. VII, n° 476); Mourlon (Répét. écr. sur le Code Nap., t. II, n° 1479); Valette; Bug. sur Pothier (t. II, p. 366).

qui a sans doute perdu de vue l'innovation qu'il venait de faire aux anciens principes, et que l'article 1303 ne saurait prévaloir contre les termes si explicites des articles 711, 1138 et 1583.

Quant à l'article 1867 portant que lorsque l'un des associés a promis de mettre en commun la propriété d'une chose, la perte survenue *avant que la mise soit effectuée* opère la dissolution de la société, on peut dire que ces mots « *avant que la mise soit effectuée* » sont synonymes de ceux-ci : « *avant que la propriété soit transférée* », et se réfèrent comme l'article 1238 au cas où la convention n'est pas par elle seule translative (1).

18. Il est donc incontestable qu'entre les parties du moins la mutation s'opère, sous l'empire du Code Napoléon, par le seul effet de la convention. Toutefois, nous l'avons fait pressentir en répondant aux objections de nos adversaires, ce principe comporte quelques restrictions. Il est, en effet, des conventions non translatives de la propriété. Ce sont celles qui ont pour objet une chose qui n'est pas déterminée dans son espèce, mais seulement *in genere;* ou la chose d'autrui que le débiteur se propose d'acquérir; ou enfin lorsque les parties sont convenues expressément que la propriété ne sera transférée qu'à partir de telle époque.

19. Revenons maintenant à la question posée plus haut (n° 15) : La propriété transmise entre les

(1) MM. Toullier, t. VII, n° 458; et Mourlon, Rép. écr., t. III, n° 912.

parties par le simple consentement, l'est-elle également vis-à-vis des tiers ?

Ces mots de l'article 1583 : « La vente est parfaite *entre les parties*, et la propriété acquise de droit à l'acheteur, *à l'égard du vendeur*... », ces mots, avons-nous dit, semblent restreindre l'effet translatif de la convention aux parties contractantes. Mais la lecture des débats législatifs qui ont préparé la rédaction de cet article suffit pour montrer qu'une pareille interprétation serait complétement erronée. Les expressions qu'on nous oppose ont, en effet, un sens historique :

Sous l'empire de la loi du 11 brumaire an VII, la convention ne transférait à l'acheteur qu'une propriété relative, opposable seulement au vendeur et aux tiers qui, sans avoir contracté avec ce dernier, s'étaient emparés de la chose. Vis-à-vis des tiers qui, depuis le contrat, avaient traité avec le vendeur, il n'était saisi de la propriété que par la *transcription* du contrat. — Les rédacteurs du Code ont reproduit ce système quant aux donations d'immeubles (article 939). Au titre « *des obligations* », lorsqu'il fut question de régler l'effet de l'obligation de donner, on discuta sur l'article 1138 si la transcription serait également exigée pour les mutations à titre onéreux. La transcription avait ses partisans et ses adversaires. La discussion fut très-vive de part et d'autre ; mais chacun persistant dans son opinion, on renvoya la solution au titre « *de la vente* » ou « *des hypothèques* », et l'on rédigea l'article 1140 : « Les effets de l'obligation de donner un immeuble sont réglés au titre « *de la vente* » ou « *des hypothèques et privilèges* ». — L'accord ne s'établit pas davantage au titre « *de la vente* ». On inséra alors dans l'article 1583 ces mots : « *à l'égard du vendeur* », pour exprimer qu'on réservait la question de savoir si l'acquéreur devenait également propriétaire *vis-à-vis des tiers*, par le seul consentement. — Au titre « *des hypothèques* », la commission de rédaction du Conseil d'Etat proposa un projet d'article (art. 91 du projet de loi), par lequel se trouvait maintenu l'article 26 de la loi de brumaire an VII, qui ne permettait d'opposer les actes translatifs aux tiers qu'à partir de la transcription. Mais cette proposition trouva dans M. Tronchet un adversaire acharné qui la représenta comme désastreuse, contraire aux principes, et n'ayant qu'un intérêt fiscal. Vainement M. Treilhard s'opposa à la suppression de cet article. On perdit de vue, dans la discussion, le point principal pour s'attacher à des questions secondaires, et l'article proposé disparut par suite d'un oubli ou d'un malentendu, peut-être même à la suite d'un escamotage effectué par les adversaires de la transcription (1).

20. Il est donc certain que, sous l'empire du Code Napoléon, la propriété est transférée par le seul consentement même *à l'égard des tiers*. La transcription, dans ce système, n'est plus qu'une formalité préliminaire de la purge des priviléges et hypothèques (art. 2181); c'est un avertissement aux créanciers

(1) M. Troplong, Privil. et hypoth. Préface, p. XXXVIII et XXXIX, et t. IV, n° 894.

inscrits de se faire connaître, afin qu'ils puissent par l'examen des clauses du contrat se renseigner sur les mesures propres à faire valoir leur droits. — L'aliénation à elle seule suffit, indépendamment de la transcription, à purger les hypothèques non inscrites. C'est ce qui résulte clairement d'un avis du Conseil d'Etat, du 11 fructidor an XIII, ayant pour but de mettre fin aux prétentions de la régie de l'enregistrement d'inscrire des hypothèques tant qu'il ne serait pas intervenu de transcription. — Ainsi, selon l'autorité elle-même chargée d'interpréter le Code civil, l'aliénation, indépendamment de la transcription, transfère à l'acheteur une propriété absolue, puisqu'elle arrête le cours des inscriptions. — Le vendeur, dépouillé de son droit de propriété, ne peut plus le transférer à un autre : *Nemo plus juris in alium transferre potest quam ipse habet* (1). Cette maxime se trouve littéralement reproduite dans l'article 2182 : « Le vendeur ne transmet à l'acquéreur que la propriété et les droits qu'il avait lui-même sur la chose vendue. » — On nous oppose, il est vrai, l'article 2198 qui exige, pour qu'un immeuble soit affranchi des charges inscrites omises par le conservateur dans son certificat, que l'acquéreur ait requis ce certificat depuis la transcription. — Or, dit-on, si la date du contrat arrêtait le cours des inscriptions, l'article 2198 n'exigerait pas que la transcription précède le certificat. Il lui aurait suffi d'exiger que le certificat fût délivré depuis la vente.

(1) L. 54, D. de R. J.

— Nous répondons que cet article ne parle pas d'inscriptions *nouvelles* omises dans le certificat, mais uniquement des inscriptions déjà existantes au moment de l'aliénation (1). — Enfin ce qui achève de lever tous les doutes, c'est que l'article 834 du Code de procédure, promulgué trois ans après le Code civil, permet aux créanciers non inscrits avant l'aliénation de s'inscrire encore dans la quinzaine de la transcription. Il résulte manifestement de cet article que la transcription n'est qu'un simple avertissement aux créanciers d'avoir à s'inscrire, c'est-à-dire une simple formalité préliminaire de la purge. — Voilà pour la translation de la propriété des immeubles.

21. Quant aux meubles, l'article 1141 semble consacrer un principe différent. Il ne soumet point, il est vrai, les mutations mobilières à la transcription; mais il semble dire que la vente d'un meuble non suivie de la tradition ne transfère à l'acheteur qu'une propriété relative, non opposable aux tiers : « Si la chose qu'on s'est obligé de donner ou de livrer à deux personnes successivement, est purement mobilière, celle des deux qui en a été mise en possession réelle est préférée et demeure propriétaire, encore que son titre soit postérieur en date, *pourvu que la possession soit de bonne foi.* » Mais les articles 711 et 1138 consacrant cette règle que la convention de donner transfère la propriété, sans qu'il soit besoin de tradition, à l'égard de tous, ne distinguent nullement entre les meubles et les immeubles. L'acheteur

(1) M. Troplong, Priv. et Hyp., t. IV, n° 897.

acquiert donc une propriété absolue, même en matière mobilière. Seulement sa propriété peut lui être enlevée par l'effet de la prescription instantanée, sans laps de temps, dont parle l'article 2279 : « En fait de meubles, la possession vaut titre. » — Voilà pourquoi l'article 1141 (*in fine*) exige que la possession du deuxième acquéreur soit *de bonne foi*. Si, en effet, le Code avait entendu adopter, quant aux meubles, la théorie romaine de la tradition, il n'eût point exigé la bonne foi du second acheteur.

22. Remarquons, en terminant, que les aliénations de meubles corporels sont seules exemptes de la publicité. Les cessions de créances sont, en effet, soumises à une publicité spéciale : Le cessionnaire n'est saisi à l'égard des tiers que par la signification du transport faite au débiteur, ou par son acceptation dans un acte authentique (art. 1690).

CHAPITRE II.

LOI DU 23 MARS 1855 SUR LA TRANSCRIPTION.

23. Sous l'empire du Code Napoléon, entre deux acheteurs successifs d'un même bien, le premier en date l'emporte et demeure propriétaire.

Ce système est loin d'être à l'abri de la critique. Il est au contraire plein de funestes conséquences et conduit aux résultats les plus désastreux. Quelques exemples vont les mettre en lumière :

21. Voici, par exemple, un acheteur qui se présente pour acquérir un immeuble. Il vérifie soigneusement les titres de son vendeur, les trouve en règle, achète et paye. Puis, tout à coup, quand il se croit propriétaire incontestable, surgit un acquéreur précédent, dont le titre était resté secret, et qui n'avait pas encore été mis en possession. Il revendique l'immeuble, et le Code Napoléon lui donne gain de cause (1). Rien de tout cela ne serait arrivé si, à l'exemple de la loi de brumaire an VII, le titre du premier acheteur n'avait pu être opposé au deuxième acquéreur qu'à partir du moment où il serait rendu public.

Ou bien le vendeur s'est réservé l'usufruit de l'immeuble aliéné. Il garde les titres de propriété et reste en possession. Aux yeux du public, qui ignore l'arrangement fait avec son acheteur, il demeure toujours le véritable propriétaire de fait et de droit. Il vend l'immeuble à un second acheteur de bonne foi, qui paye et se croit propriétaire. Hélas! il s'était endormi dans une sécurité trompeuse. En effet, à la mort du vendeur, l'usufruit s'étant réuni à la nue propriété, le premier acheteur se présente et l'évince (2).

Que sera-ce si je me rends adjudicataire d'un immeuble vendu par expropriation forcée, et qui avait déjà été aliéné à un précédent acquéreur! Celui-ci pourra faire annuler toute la procédure de

(1) Arrêt de Toulouse, du 28 déc. 1821. — Nîmes, 11 juin 1807; Angers, 11 nov. 1818.
(2) Cass. du 25 juin 1816. Journal du Palais, t. 48, p. 358.

l'expropriation et faire tomber la plus solennelle de toutes les ventes ! (1)

Ce n'est pas tout. Il peut exister des servitudes non apparentes sur un immeuble, qu'on me vend sans me déclarer les charges qui le grèvent. Peu importe, je serai obligé de les subir, et je n'aurai qu'une propriété démembrée, quand je croyais au contraire acquérir une propriété exempte de toute charge !

Je devrai également, toujours en vertu des principes du Code Napoléon, respecter et exécuter un bail de vingt, de trente ans, alors que j'avais peut-être acheté une maison d'habitation dans le seul but de la transformer en usine, à l'usage de mon industrie !

Enfin, c'est un prêteur, qui ne consent à se dessaisir de son argent qu'en stipulant de l'emprunteur, pour sûreté de sa dette, une hypothèque sur un de ses immeubles. Mais cet immeuble avait été acheté quelques jours auparavant, et le créancier se voit privé de sa garantie, sans que rien ne lui ait révélé le danger auquel il s'exposait ! Admettons même que le débiteur ait été encore propriétaire de l'immeuble offert en gage. Mais il a pu en diminuer la valeur par des servitudes qu'il a tenu secrètes. Et lorsque le créancier viendra réaliser son gage, il se trouvera en présence d'une sûreté insuffisante (2).

25. On voit par ces exemples que, sous l'empire

(1) Cass., 18 mai 1810.
(2) Cass., 15 oct. 1810. — V. M. Troplong, préface des Privil. et Hyp., p. XL et suiv.

du Code Napoléon, la propriété immobilière devait se vendre le plus souvent au-dessous de sa valeur réelle, et les emprunts se faire à des conditions usuraires. Les transactions en devenaient plus difficiles; on se portait plus volontiers vers le commerce et l'industrie, au détriment de l'agriculture.

Frappés de ces inconvénients, les jurisconsultes les plus éminents ne tardèrent pas à les signaler à l'attention du législateur. M. Troplong entre autres y consacra, en 1833, toute son éloquence. — En 1841 M. Martin (du Nord), alors garde des sceaux, ayant consulté les tribunaux sur les réformes à introduire dans le régime hypothécaire, vingt-deux cours sur vingt-sept furent d'avis de rétablir la transcription. — En 1850 le gouvernement soumit à l'Assemblée législative un projet de loi rétablissant la publicité des aliénations. L'Assemblée paraissait disposée à voter le projet; mais les événements politiques l'en empêchèrent. Ce n'est qu'en 1855 que le projet abandonné en 1850 fut repris et les efforts des jurisconsultes couronnés de succès par le rétablissement de la *transcription*.

26. Voici, en résumé, les dispositions de la *loi du 23 mars* 1855 :

Elle soumet à la transcription tout acte entre-vifs (ou jugement en tenant lieu) translatif de propriété immobilière ou de droits réels susceptibles d'hypothèque, de même que tout acte constitutif d'antichrèse, de servitude, d'usage et d'habitation. Elle y assujettit également les actes de renonciation à des droits de même nature; les baux d'une durée de plus de dix-huit ans, et tout acte ou jugement constatant, même pour un bail de moindre durée, quittance ou cession d'une somme équivalente à trois années de loyers ou fermages non échus. Telles sont les dispositions des articles 1 et 2. L'article 3 ajoute que « jusqu'à la transcription, les droits résultant des actes ou jugements énoncés aux articles précédents, ne peuvent être opposés aux tiers qui ont des droits sur l'immeuble et qui les ont conservés en se conformant aux lois. »

27. Avant de passer à l'étude de ces articles, nous devons répondre aux critiques dont la nouvelle loi a été l'objet :

On lui a reproché tout d'abord d'être un retour à la féodalité (1), c'est-à-dire aux formalités de dessaisine-saisine.

Nous répondrons avec M. Troplong (2) que dans la dessaisine-saisine il faut avoir soin de distinguer deux éléments bien différents : d'abord l'élément féodal, consistant dans l'investiture du seigneur, qui affectait gravement l'indépendance de la propriété en rappelant à l'acheteur qu'il ne pouvait acquérir la chose qu'avec l'agrément du seigneur venant compléter la volonté du vendeur. Vient ensuite un deuxième élément, le nantissement, c'est-à-dire la publicité de l'aliénation dans l'intérêt des tiers. Cette dernière formalité n'a rien qui rappelle la féodalité ; c'est une institution favorable au crédit, digne de

(1) Discours de M. Lequien au Corps législatif, séance du 13 janv. 1855.
(2) Transcr., n° 21.

figurer dans toute législation libérale. Or c'est cette dernière seulement qu'on retrouve dans la nouvelle loi. Tout le reste a été retranché.

28. On a ensuite reproché à la loi de 1855 d'être incomplète, les mutations à cause de mort n'étant pas soumises à la transcription. — Nous répondrons, sous l'article 1, à cette seconde objection.

29. Un reproche plus grave qu'on fait à la loi de 1855, c'est qu'elle garantit bien la publicité des actes translatifs, mais non leur validité. On voudrait que la transcription couvre tous les vices du contrat, ainsi que cela existe en Allemagne. En réponse à cette critique, M. Troplong fait observer avec raison que, pour que la transcription fût une garantie de la validité de l'aliénation, il faudrait qu'il y eût chez nous, comme chez les Allemands, un tribunal hypothécaire chargé de vérifier préalablement toutes les prétentions que les tiers auraient à faire valoir sur la propriété de l'immeuble. Or, les affaires entraînant souvent les intéressés loin de leur domicile, ce tribunal ne statuerait pas toujours en parfaite connaissance de cause. De là des lenteurs et par suite des entraves à la libre circulation des biens. Ces inconvénients sont moindres en Allemagne, parce que les biens y sont pour ainsi dire immobilisés par suite des substitutions, droits d'aînesse, retraits féodal et lignager, etc., qui pèsent sur eux et en empêchent le morcellement. Les domaines étant moins fractionnés, leurs mouvements moins fréquents sont plus faciles à constater. Mais chez nous la propriété foncière est plus divisée, et les mutations plus fré

quentes se refusent à l'application d'un système qui entraverait leur circulation et qui ferait peser sur la petite propriété des frais de procédure épuisant leur valeur et éternisant les procès (1).

30. Enfin quelques jurisconsultes ont pensé que la loi devrait soumettre à la transcription, non-seulement les actes translatifs, mais encore les actes *déclaratifs* de la propriété, tels que les jugements et les partages. — Quant aux jugements, comme ils ne font que reconnaître et fixer un droit qui était originairement incertain, ils s'appuient nécessairement sur un titre antérieur qui a dû être transcrit; la transcription du jugement ferait dès lors double emploi, et nécessiterait des frais inutiles. — Nous verrons cependant que certains jugements sont assujettis à la formalité. Quant aux partages, voici ce qu'on peut répondre : Il faut d'abord écarter l'intérêt des créanciers de la succession, qui conservent leurs droits malgré le partage. A l'égard des tiers qui voudraient contracter avec un des cohéritiers, s'ils traitent avec lui avant le partage, ils savent qu'il ne pourra leur concéder que des droits conditionnels subordonnés à l'événement du partage. S'ils ne traitent avec lui qu'après le partage, ils ne manqueront pas de se faire représenter les titres(2). Il y a mieux. Les créanciers auxquels l'un des cohéritiers a pu conférer une hypothèque sur sa part indivise, puisent dans l'article 882 du Code civil un droit qui

(1) M. Troplong, Transcr., nos 26 et suiv.

(2) Rapport de M. de Vatimesnil à l'Assemblée nationale de 1850, p. 84.

rend la transcription complétement inutile ; ils n'ont qu'à former opposition en vertu de cet article, à ce qu'il soit procédé au partage hors de leur présence. Dès lors, étant appelés à surveiller leurs droits, il leur sera facile d'empêcher qu'on fasse tomber l'immeuble hypothéqué dans un autre lot que celui de l'héritier avec lequel ils ont traité (1).

31. Ces raisons ne manquent pas de force. Nous regrettons toutefois avec M. Mourlon (2), que la loi n'ait pas cru, relativement aux tiers du moins qui ne traitent avec les héritiers qu'après le partage, devoir soumettre ce dernier à la transcription.

Quel est, en effet, le but de cette formalité? C'est d'apprendre aux tiers que la personne avec laquelle ils traitent n'a plus aucun droit sur l'immeuble qui fait l'objet du contrat. Or, avant le partage chaque cohéritier avait sur chacun des objets composant la masse héréditaire un droit divis mais conditionnel, subordonné au partage, qu'il pouvait aliéner ou hypothéquer (art. 2125). Ce droit, il va le perdre par suite du partage, sans que rien n'en instruise les tiers! Qu'on veuille bien considérer, du reste, à combien de distinctions arbitraires et ridicules conduit le système de la clandestinité des partages.

32. Supposons, par exemple, que l'un de deux cohéritiers cède sa part à un étranger. La transcription est jugée utile et équitable dans ce cas. Or, par

(1) Rapport de M. Debelleyme sur la loi de 1855. (Dalloz, Recueil périod., année 1855, 4, 27, n° 30 ; et Répert., V° Transcr., nos 47 et suiv.) — M. Troplong, Transcr., n° 45.

(2) Traité théor. et prat. de la Transcr., t. I, nos 158 et suiv.

quelle raison la considérerait-on comme une formalité vaine et destituée de toute utilité, lorsque ce même héritier cède sa part à son cohéritier? Dans l'un et l'autre cas l'intérêt des tiers à savoir que la faculté de disposer du cédant vient de subir une modification, n'est-il pas absolument identique? — Encore si dans le cas de cession faite à son cohéritier, le sort des tiers était toujours absolument réglé de la même façon! Mais il n'en est rien. Ils sont, au contraire, traités différemment suivant que le cédant aura ou non stipulé un prix. Ce sera un partage dans le premier cas, une donation dans le second! — Un cohéritier renonce à la succession. Il semble qu'il devrait faire transcrire au cas où il a stipulé un prix de son cohéritier, puisque la loi elle-même voit dans cette opération une acceptation tacite de la succession (art. 780), partant un acte de disposition. Erreur! La renonciation, dans l'espèce, ayant pour objet, en même temps que pour effet de faire cesser l'indivision, c'est un partage qui échappe à la transcription! — L'un de trois héritiers a vendu sa part aux deux autres; c'est une cession qui devra être transcrite. Dans l'hypothèse inverse, ce sera un partage dispensé de la formalité! Enfin, chose curieuse, on soumet à la transcription les cessions successives de parts indivises faites par plusieurs cohéritiers au profit d'un seul, et on permet de tenir secrète la dernière seulement, parce qu'elle fait complétement cesser l'indivision! Les tiers ont-ils donc moins intérêt à connaître celle-là que les précédentes?

33. Quoi qu'il en soit, la loi est formelle. Elle dispense de la transcription les partages et les actes qui en tiennent lieu.

Parmi ces derniers nous n'hésiterons pas à ranger avec M. Mourlon, malgré l'opinion contraire de la majorité des auteurs et l'état actuel de la jurisprudence, la cession de part faite par l'un de trois héritiers, par exemple, aux deux autres, ce qui ne met fin à l'indivision que par rapport au cédant. — Déjà, en effet, dans l'ancien droit on était tombé d'accord que rien n'obligeait les associés à ne sortir de communauté *qu'en la rompant avec tous.* « Cela ne fait que diminuer le nombre des copropriétaires, dit Guyot, *mais il n'y a point changement de propriétaire.* » Pothier est du même avis (1). En effet, la cession en question n'est le plus souvent dans l'intention des parties que *le premier acte du partage*, ayant pour but de l'*élaguer*, comme dit Guyot (2), afin d'écarter un partageant difficultueux et de réduire le partage principal à plus de simplicité. Le partage, en un mot, est une opération unique mais complexe embrassant tous les actes nécessaires pour la commencer, la suivre et l'achever (3).

Dès lors, si l'opération principale est *déclarative*, pourquoi considérerait-on comme *translatifs* les actes qui ne sont que des parties d'un même tout, et qui doivent en conséquence emprunter sa nature ? — Tel est, avons-nous dit, l'avis qui avait prévalu dans

(1) Traité des Fiefs, partie I, ch. V, § 3.
(2) Des licitations, ch. III, sect. III, § 1.
(3) Mourlon, Traité théor. et prat., t. I, n° 181.

l'ancien droit. Or, dans cette matière, les rédacteurs du Code ont presque entièrement copié Pothier; et l'on ne trouve point dans les travaux préparatoires la moindre trace d'une de ces discussions vives et ardentes qui marque qu'on ait eu l'intention d'innover sur ce point dans l'article 888. Bien plus, M. Treilhard dit formellement au Conseil d'Etat que la section avait pensé « que le premier acte que les héritiers font entre eux *tend toujours à partager la succession*... (1). »

34. On nous objecte que l'article 883 a un caractère *exceptionnel*, car il fait échec au principe que les hypothèques et les droits réels constitués par le propriétaire d'une chose la suivent partout où elle passe. Or, c'est une règle élémentaire que les dispositions exceptionnelles ne s'étendent point par induction ou analogie d'un cas à un autre. — On ajoute que les deux dispositions de cet article sont intimement liées entre elles, et se servent de cause l'une à l'autre. Si, dit-on, chaque héritier est réputé avoir toujours été *étranger* aux biens qui ne tombent pas dans son lot, c'est parce que chacun des autres cohéritiers auxquels ils sont échus est censé en avoir eu dès l'origine la *propriété exclusive*. Or, lorsque l'indivision subsiste à l'égard des cohéritiers du cédant, on ne peut plus dire que chacun d'eux *est réputé avoir été propriétaire exclusif* des biens cédés. Le partage qu'ils en feront plus tard ne saurait avoir pour conséquence

(1) Fenet, t. 12, p. 82.

de modifier les effets que la cession a produits, en vertu de sa nature primitive (1).

Voici notre réponse ; elle est simple : L'article 883 n'est nullement, comme on le croit, une disposition *exceptionnelle*. Les héritiers reçoivent en réalité du défunt, sur chacun des objets de la succession une propriété exclusive et divise, quoique subordonnée à la condition que le partage fera tomber ces biens dans leur lot. Notre article n'est donc qu'une application du droit commun de la propriété *conditionnelle*. — En second lieu les deux dispositions de ce même article ne sont pas tellement connexes qu'il ne puisse pas arriver quelquefois que le partage ne soit en réalité *translatif* d'une part tout en restant *déclaratif* à un autre point de vue. Ne voyons-nous pas ce résultat se produire notamment dans l'hypothèse où l'un de deux héritiers reçoit la succession entière, à charge de céder à l'autre un immeuble à lui propre ? Le premier tient tout du défunt, et l'autre reçoit tout du chef de son cohéritier. On peut d'ailleurs dire, sans violer l'article 883, que si le cédant est censé n'avoir jamais eu la propriété des biens cédés à ses cohéritiers, c'est parce que les cessionnaires sont réputés en avoir toujours eu *seuls* la propriété *indivise*. Le partage qu'ils en feront plus tard ne changera donc rien à la nature du premier acte, puisque dans leur intention cet acte n'était lui-même qu'un partage préliminaire. Enfin on peut invoquer en faveur de notre

(1) MM. Aubry et Rau, t. IV, p. 399, note 8, anc. édit. — Dutruc, du Partage des success., n° 38.

système les termes mêmes de l'article 888. Il ne dit pas : « Tout acte qui fait cesser l'indivision entre *tous*, ou entre *les* héritiers, est un partage... » mais : « Tout acte qui fait cesser l'indivision *entre héritiers*... (1). »

35. Ainsi l'acte qui ne fait cesser l'indivision *qu'en partie* constitue un partage, dispensé à ce titre de la transcription.

Mais il en serait autrement s'il résultait des circonstances que cet acte n'avait pas pour *objet* de faire cesser l'indivision; par exemple, si la cession était limitée à une fraction de la part du cédant. En effet, le nombre des copartageants n'en serait pas diminué (2).

36. Quant aux partages d'ascendants, s'ils sont faits par acte de dernière volonté, ils seront dispensés de la transcription à titre de mutations par décès. — Que si au contraire ils ont lieu par *actes entre-vifs*, ils sont sujets à la formalité, de même que les donations ordinaires.

37. Après avoir ainsi tracé les limites de la loi de 1855, et réfuté les critiques plus ou moins fon-

(1) M. Mourlon, Traité théor. et prat., t. I, nos 185 et suiv.

(2) M. Mourlon, loc. cit., n° 197. — Mais l'acte par lequel le cessionnaire viendrait ensuite à acquérir l'autre fraction de la part du cédant constituerait un partage. Il en serait ainsi même au cas où un étranger, après avoir acquis la part d'un des cohéritiers, se rendrait cessionnaire des parts des autres. Sans doute ce n'est pas *au même titre* qu'il a acquis la part du cédant; mais cette part une fois acquise, le titre successif de son auteur a passé sur sa tête, et les cessions subséquentes constituaient dès lors des opérations de partage. (M. Flandin, Transcr., n° 209. — Cass. du 27 janv 1857.)

dées qu'on peut lui adresser, abordons l'étude de ses articles.

ART. 1.

L'article 1 porte : « Sont transcrits au bureau des hypothèques de la situation des biens : 1° Tout acte entre-vifs translatif de propriété immobilière ou de droits réels susceptibles d'hypothèque; — 2° Tout acte portant renonciation à ces mêmes droits; — 3° Tout jugement qui déclare l'existence d'une convention verbale de la nature ci-dessus exprimée; — 4° Tout jugement d'adjudication, autre que celui rendu sur licitation au profit d'un cohéritier ou d'un copartageant. »

38. Ce qui frappe tout d'abord à la lecture de cet article, c'est qu'il ne parle que des actes *entre-vifs*. Les successions et les testaments ne sont donc pas assujettis à la transcription. C'est un des principaux reproches qu'on a faits à la loi du 23 mars 1855. C'est le moment d'y répondre. Parlons d'abord des successions *ab intestat*.

Ce qui a empêché le législateur de les soumettre à la transcription, c'est qu'il leur manque un des éléments essentiels de cette formalité. Il n'existe pas d'acte qu'on puisse transcrire (1). — On a pensé ensuite que la transcription ferait échec à cette maxime célèbre : *le mort saisit le vif*. La succession est du reste un événement public, qui a dû frapper

(1) Rapport de M. Persil, en 1849.

d'autant plus vivement l'attention des tiers, qu'elle donne lieu à des déclarations pour le payement des droits de mutation (1). — A cela on a répondu que la rétroactivité attachée à la transcription sauvegarderait la maxime *le mort saisit le vif*. Mais cette objection laisse debout cet autre argument, qu'il manque un acte à transcrire.

Il en est différemment des successions testamentaires. Là nous trouvons un acte qu'on peut faire transcrire. Mais il y a d'autres raisons pour les affranchir de cette formalité. — Ne serait-ce pas, en effet, porter atteinte à la dernière volonté du testateur que de soumettre la validité des legs à une formalité que le légataire négligerait d'accomplir ? Celui-ci peut d'ailleurs ignorer l'existence du testament que les héritiers, jaloux de la préférence qu'on lui accorde, ne manqueront pas de tenir secret. Que devient dès lors ce palliatif d'un délai accordé au légataire pour faire transcrire, afin de ne pas tenir trop longtemps la propriété en suspens ? Très-souvent il n'apprendra l'existence du testament que longtemps après le délai, quand il n'est plus temps pour remplir la formalité (2).

39. Le législateur a donc bien fait, suivant nous, de ne pas soumettre les mutations par décès à la transcription.

Signalons toutefois une anomalie que présente le système qui a prévalu : La succession est-elle *immobilière*, l'intérêt des légataires prime celui des tiers

(1) M. Troplong, Transcr., n° 36.
(2) M. Troplong, loc. cit., n° 37.

qui, dans l'ignorance du legs, ont cru valablement traiter avec les héritiers. Est-elle au contraire *mobilière*, la règle : « *En fait de meubles possession vaut titre* » (art. 2279) met les légataires à la merci de la mauvaise foi des héritiers. — La volonté du testateur est donc plus ou moins respectée selon la nature des biens légués (1).

40. La transcription ne s'applique qu'aux actes entre-vifs translatifs de propriété *immobilière* (art. 1 et 2) ou de droits réels *susceptibles d'hypothèque*. Les *meubles* en sont donc affranchis. Il n'y a d'exception que pour les quittances ou cessions d'une somme équivalente à trois années de loyers ou fermages (art. 2) (2).

41. Parmi les immeubles on doit évidemment ranger, la loi ne distinguant pas, les actions de la banque de France et des canaux du Midi, d'Orléans et de Loing, lorsqu'elles ont été immobilisées en vertu des décrets du 16 janvier 1808, article 7, et des 10 et 16 mars 1810, article 13 (3).

42. Quant aux rentes sur l'Etat, elles peuvent être immobilisées par suite de la constitution d'un majorat ; mais comme dans ce cas elles sont inaliénables, la transcription n'a point d'objet. — Il en est de même lorsqu'elles sont achetées par la caisse d'amortissement (4).

(1) M. Mourlon, Traité théor. et prat. de la Transcr., n° 3 (t. I).
(2) Dalloz, Répert., V° Transcr., n° 53.
(3) MM. Troplong, Transcr., n° 80 ; Rivière et Huguet, Questions sur la Transcr., n° 135 ; Dalloz, loc. cit., n° 56 ; Mourlon, Revue prat., t. I, p. 109, n° 23.
(4) Dalloz, loc. cit., nos 57 et 58. — Loi du 28 avril 1816, art. 109.

43. A l'égard des actions ou intérêts dans les compagnies de finance, de commerce ou d'industrie, il est à remarquer que l'article 529 du Code civil les considère comme meubles, tant que dure la société, encore que des immeubles dépendent des entreprises. La cession de ces actions n'est donc pas sujette à transcription.

44. *Quid*, de l'acquisition de la dernière action, après l'achat successif de toutes les autres? On devra donner, selon nous, la même solution que pour les cessions précédentes, bien que la dernière opère, de fait, la dissolution de la société. Dumoulin fait, en effet, remarquer (1) qu'il faut estimer la nature d'une aliénation plutôt par rapport à celui qui aliène que par rapport à l'acquéreur. Or, ce que le cédant a aliéné c'était bien un droit mobilier (2).

45. Mais il en serait différemment de l'acquisition non plus successive, mais simultanée de toutes les actions. Il y aurait alors un véritable transport du fonds social, c'est-à-dire une vente immobilière s'il y a des immeubles dépendant de l'entreprise (3).

46. On devra donner la même solution que sur les actions dans une entreprise, à l'égard de la vente d'une récolte sur pied ou d'une coupe de bois tenant encore au sol, ou enfin d'une maison à démolir. Ces ventes ne transfèrent à l'acheteur qu'une simple

(1) Cout. d'Orléans, Introduction au tit. 1, n° 157.

(2) Dalloz, Rép., V° Transcr., n° 165. — MM. Flandin, Transcr., n° 271; Mourlon, Traité théor., etc., n° 216, 6°, p. 137 (I), note 1,

(3) MM. Riv. et Huguet, Quest., n° 134. — Conf. M. Flandin. loc. cit., n° 272.

créance, c'est-à-dire un droit personnel pour obliger le vendeur à séparer les fruits du sol, à couper les arbres, etc. C'est une vente de meubles *futurs*, meubles qui conservent leur caractère immobilier tant qu'ils sont adhérents au sol. On objectera peut-être que le bail, qui confère au preneur le droit de faire non pas une, mais plusieurs récoltes, est opposable aux tiers, tandis que la vente d'une seule récolte ne le serait pas! Mais on ne peut pas conclure par analogie de l'une à l'autre, car elles sont régies par des règles différentes. En effet, si la vente d'une récolte unique était opposable aux tiers, ceux-ci auraient le droit de la méconnaître pour le tout, à défaut de transcription, tandis que le bail même, non transcrit leur sera opposable pour dix-huit ans (art. 3) (1).

47. Les constructions faites sur un immeuble par une personne autre que le propriétaire, par exemple par un locataire ou un usufruitier, ne donnent à celui-ci que le droit de les enlever à la fin du bail, à moins que le propriétaire ne veuille les conserver, auquel cas le constructeur a droit à une indemnité pécuniaire (art. 555, C. civ.). Ces constructions appartenant au propriétaire, le locataire n'a que le droit d'en jouir; si donc il cède son bail, il n'opère pas de mutation de propriété, et la formalité de la transcription ne sera point nécessaire (2). Lorsque le propriétaire offre une indemnité, c'est comme s'il avait fait faire lui-même les constructions; il ne les ac-

(1) M. Mourlon, Traité théor. et prat., n° 11 *in fine* (t. I).
(2) MM. Mourlon, loc. cit., n° 13; Dalloz, Rép., n° 62. — Contra : M. Flandin, de la Transcr., n° 32.

quiert donc pas; c'est la loi elle-même qui les lui a attribuées par accession (*quod solo inædificatur solo cedit*). Cette indemnité ne saurait donc être considérée comme le prix d'une vente (1).

48. Aux termes de la loi du 21 avril 1810, article 8, les mines sont considérées comme des immeubles distincts de la propriété de la surface et susceptibles d'hypothèques. Mais il importe de faire des distinctions à l'égard des cessions dont ces mines peuvent être l'objet. Est-ce la propriété de la mine elle-même qui est cédée? c'est un acte donnant lieu à la transcription. Si au contraire on n'a concédé que le droit d'extraire des matériaux, ces derniers étant des meubles, c'est une vente mobilière échappant à la transcription. Et il en serait ainsi alors même qu'on aurait vendu le droit d'exploiter une mine jusqu'à entier épuisement. M. Mourlon (2) voit dans cet acte une cession de la mine elle-même; mais il n'en serait ainsi, fait observer avec raison M. Flandin (3), que s'il avait été convenu qu'après l'épuisement de la mine, l'acheteur resterait propriétaire du tréfonds.

Quelle que soit l'opinion qu'on adopte sur ce point, il ne saurait être douteux que la vente d'une certaine quantité de matériaux ne soit une vente de *meubles*.

49. A la différence des mines, la loi ne considère pas les minières et les carrières comme une propriété distincte de la propriété de la surface. La vente du

(1) M. Ducruet, Etudes sur la Transcr., n° 16. — Conf. M., Flandin, n° 31.

(2) Traité théor. et prat. de la Transcr., n° 12.

(3) Transcr., n°s 17 et suiv.

droit d'exploiter une minière, même pour un temps indéfini, constitue donc une vente mobilière. Toutefois, si un propriétaire avait concédé à son voisin le droit d'extraire de son fonds des matériaux pour l'utilité du fonds de ce dernier, une servitude réelle serait alors constituée, et la transcription deviendrait nécessaire (art. 2, 1°) (1).

De même si le droit d'extraction avait été vendu, non pour un prix unique, mais moyennant une redevance annuelle, ce serait un bail qui devrait être transcrit, s'il était fait pour plus de dix-huit ans (art. 3) (2).

50. Quant à la redevance que le concessionnaire d'une mine est obligé de payer au propriétaire de la surface, la loi du 21 avril 1810 (art. 18 et 19), l'affecte avec la surface, aux hypothèques des créanciers du propriétaire. Il y aura par conséquent lieu à la transcription, au cas où elle serait aliénée conjointement avec la superficie (3).

51. Les actes sous seing privé sont admis à la transcription tout comme les actes authentiques. Ce n'est cependant pas sans hésitation qu'on s'y est décidé. M. Debelleyme, dans son rapport, formule les objections qui ont été présentées au sein de la commission.

On a reproché aux actes sous seing privé d'être mal rédigés, pleins d'obscurités et d'irrégularités aux-

(1) M. Mourlon, loc. cit.
(2) M. Mourlon, loc. cit.
(3) Dalloz, Rép., n° 68. — Conf. M. Flandin, n° 16.

quelles la transcription donnerait une apparence de valeur tendant à tromper les tiers.

L'original de l'acte sous seing privé peut d'ailleurs être perdu, et la transcription d'un acte faux, loin d'être une garantie, serait au contraire pleine de périls. Pour remédier à ces inconvénients, on a proposé le dépôt préalable de l'acte sous seing privé, chez un notaire. Mais ce dépôt ne garantirait que la perte de l'acte, et non ses irrégularités. Un acte faux ou altéré pourra être tout aussi bien déposé chez un notaire, que transcrit. Enfin le dépôt chez un notaire ne serait une garantie pour les tiers, que si l'on donnait au notaire le droit de rectifier l'acte; mais alors ce serait la conversion de l'acte sous seing privé en acte authentique, conversion qui ne pourrait avoir lieu qu'avec le concours de toutes les parties; la partie intéressée serait donc à la merci du mauvais vouloir de l'autre.

L'acte authentique mieux rédigé et plus régulier, moins sujet aux altérations, présente, il est vrai, plus de garanties. Mais n'admettre à la transcription que les actes authentiques, c'était porter atteinte à la liberté des conventions et à la facilité des transactions; c'était surtout faire une innovation à ces grands principes du Code Napoléon, dont la loi de 1855 a, selon la déclaration constante de ses auteurs, pour but de combler les vides plutôt que d'en changer un seul mot ou un seul article (1).

(1) Rapport de M. Debelleyme.

CHAPITRE III

DES ACTES TRANSLATIFS DE PROPRIÉTÉ.

§ 1. *De la vente.*

52. Quels sont les actes qu'on doit considérer comme *translatifs de propriété?*

53. En premier lieu se présente la *vente*, qui est comme le type et le modèle des actes translatifs. Elle est en principe soumise à la transcription. Toutefois, si elle intervenait entre cohéritiers, pour faire cesser l'indivision, elle serait, à titre de partage, dispensée de la transcription. La loi de 1855 s'explique formellement sur ce point, lorsqu'il s'agit d'un jugement d'adjudication sur licitation entre cohéritiers (art. 1, 4°) (1).

54. A l'égard des *promesses de vente*, il faut distinguer entre la promesse réciproque de vendre et d'acheter, et la promesse unilatérale. Lorsqu'il s'agit d'une promesse réciproque, la propriété se trouve immédiatement transférée du vendeur à l'acheteur. L'article 1589 du Code Napoléon dit en effet: «La promesse de vente *vaut vente*, lorsqu'il y a consentement réciproque des deux parties sur la chose et sur le prix.» M. Troplong (2) est d'un avis contraire. Sui-

(1) M. Troplong, Transc., n° 50.
(2) Sur l'art. 1589.

vant lui, l'article 1589 s'explique historiquement. Dans l'ancien droit, dit-il, on n'avait jamais contesté qu'il n'y eût une différence entre la vente et la simple promesse de vente. Seulement, relativement à cette dernière, on se demandait si, en cas de refus de l'une des parties d'exécuter sa promesse, l'autre ne pouvait obtenir que des dommages et intérêts, ou si, au contraire, elle pouvait demander à la justice la *formation de la vente*. C'est pour mettre fin à cette controverse qu'on a rédigé l'article 1589. Ce qui le prouve c'est qu'on y a reproduit cette expression « vaut vente, » par laquelle on exprimait dans l'ancien droit l'idée que la formation du contrat était assurée par la voie judiciaire. M. Troplong a perdu de vue que, dans l'ancien droit, la vente n'était que productive d'obligations; on pouvait dès lors attribuer à la promesse de vente les mêmes effets, et dire qu'elle *vaut vente*, sans avoir besoin de rien ajouter pour expliquer dans quel sens elle valait vente. Mais aujourd'hui que la vente est translative de la propriété, ce serait un oubli étrange du législateur, que de n'avoir pas ajouté de phrase explicative marquant la différence des deux conventions. Les rédacteurs du Code ont sans doute pensé que du moment que l'on pouvait toujours obtenir l'exécution du contrat, il valait mieux le déclarer formé de plein droit. Ce n'est pas le seul cas, du reste, où ils ont dispensé les parties d'une instance sans objet. C'est ainsi que, dans l'article 1251, 3°, ils ont admis la subrogation de plein droit, là où elle était autrefois subordonnée à une réquisition (1). — Quant à la promesse de vente *unilatérale*, la simple *pollicitation* ne donne jamais lieu à transcription, car il n'y a pas de lien de droit, celui qui a fait la pollicitation pouvant la révoquer tant qu'elle n'est pas acceptée. Lorsqu'il y a promesse acceptée sans promesse réciproque, M. Mourlon distingue entre la promesse d'*acheter* et la promesse de *vendre*. Nous admettons avec lui que la première n'est pas translative de propriété. En effet, le propriétaire n'ayant rien *promis* et n'ayant fait que *stipuler*, il ne saurait y avoir mutation, même conditionnelle. Que s'il y a promesse de *vendre*, nous donnerons encore la même décision. M. Mourlon y voit une vente conditionnelle, subordonnée au consentement de l'acheteur. Nous ne saurions souscrire à ce résultat. En effet, pour qu'il y ait vente, même conditionnelle, il faut le concours des volontés, de vendre d'une part et d'acquérir de l'autre. La condition n'est qu'un fait extrinsèque qui suspend l'effet du contrat sans l'empêcher d'exister (2).

55. Une vente, au lieu d'être pure et simple, peut avoir été contractée sous une *condition* suspensive ou résolutoire. La transcription est-elle nécessaire en pareil cas? — Il ne saurait y avoir doute lorsque la vente est affectée d'une condition résolutoire, celle-ci n'empêchant pas qu'il y ait translation de la propriété, du jour même de la vente (C. Nap., 1183).

(1) MM. Mourlon, Transcr., I, n° 38; Duranton, XVI, n° 51; Duvergier, I, n° 124; Zachariæ, II, p. 483. — Contra : Marcadé, sur l'art. 1589.

(2) MM. Dalloz, Rép., n° 82; Troplong, Transcr., n° 52; Flandin, Transcr., n° 61. — Contra : M. Mourlon, n° 39.

Lorsque la condition est suspensive, on pourrait hésiter en présence de l'article 1182, qui dit que jusqu'à l'accomplissement de la condition la chose est aux risques du débiteur; d'où il semble résulter qu'il en reste propriétaire. Mais l'article 1179, qui attache un effet rétroactif à la condition accomplie, lève tout doute à cet égard. Le vendeur, en effet, n'a pu conférer aux tiers que des droits subordonnés au cas où la condition viendrait à défaillir, et réciproquement l'acheteur a pu, dès le contrat, constituer des droits subordonnés à l'accomplissement de la condition. Si donc l'acquéreur ne se hâtait pas de transcrire dès le jour du contrat, mais seulement au moment où la condition s'accomplit, il pourrait arriver que dans sa rétroactivité, celle-ci rencontre des transcriptions qui viendraient primer la sienne (1).

56. Si, pendant que la condition est encore en suspens, l'acheteur vend son droit conditionnel, le cessionnaire devra-t-il faire transcrire? — Nul doute, puisqu'il y a translation d'un droit que l'acheteur pouvait grever d'hypothèques. On a dit que ce que l'acheteur cède, ce n'est pas un droit de propriété conditionnelle, mais un droit éventuel (2), c'est-à-dire une créance. Mais du moment que la loi admet qu'une vente peut être faite sous une condition, elle dit implicitement que les effets qu'une vente produit purement et simplement, elle les produira condition-

(1) MM. Troplong, n° 54 (Transcr.); Flandin, Transcr., n° 87; Mourlon, n° 14 (Revue prat., t. I, p. 87); Dalloz, Rép., n° 91; Riv. et Huguet, Quest., n° 106.

(2) MM. Riv. et Huguet, Quest., nos 107 et 108.

nellement. Or la vente pure et simple rend l'acquéreur *propriétaire*, en même temps que *créancier* (art. 1583). D'un autre côté, l'article 2125 porte qu'on peut grever d'hypothèques un immeuble sur lequel on a un droit suspendu par une condition. Or, l'article 2124 vient de dire qu'on ne peut consentir une hypothèque que sur un immeuble dont on est *propriétaire*. Donc celui qui achète un immeuble sous condition en acquiert la *propriété conditionnelle;* dès lors il peut la céder à un tiers (1).

57. Lorsqu'une vente est *rescindable* pour cause de lésion, ou *annulable* pour cause d'incapacité, d'erreur, de dol ou de violence, le vendeur conserve la propriété suspensive, puisque l'acheteur n'a acquis qu'une propriété révocable. On devra donc faire transcrire l'acte par lequel il cède son action en nullité ou en rescision. — On objecte que ce qui est cédé, dans l'espèce, ce n'est point l'*immeuble*, mais l'*action*. — Je réponds que l'action n'est que le moyen de se procurer l'immeuble; elle ne saurait donc exister séparément (2). Les jurisconsultes romains l'ont si bien senti qu'il ont exprimé ce résultat de l'action par le brocard suivant : *Qui actionem habet ad rem recuperandam, rem ipsam habere videtur* (Paul, I, 15, Dig., *de regul. juris*). — Il en est du reste ainsi de toute action en revendication. Si, en effet, l'action réussit, ce ne sera que par la cession de cette action que la propriété aura été transférée de l'ancien propriétaire au nouveau. « Ce n'est pas assu-

(1) M. Mourlon, Traité théor. et prat. de la Transcr., I, n° 15.
(2) M. Mourlon, loc. cit., n° 16.

rément par le jugement, dit M. Troplong (1), car le jugement n'est que déclaratif. » A quoi servirait-il d'ailleurs au cessionnaire de gagner son procès, s'il en devait ensuite perdre un second contre un tiers acquéreur qui aurait transcrit dans l'intervalle de la cession au jugement?

58. La vente avec *faculté de rachat* est subordonnée à la condition du *réméré*. Le vendeur demeure en effet propriétaire conditionnel de l'immeuble qu'il peut hypothéquer ou aliéner sous la condition de l'exercice du réméré. Lors donc qu'il cède ce droit, il importe que les tiers en soient avertis par la voie de la transcription.

59. Il semble qu'on doive donner la même décision relativement à l'acte par lequel un vendeur non payé cède son *droit de résolution* pour défaut de payement du prix. Il n'en est rien cependant; car ce qui est cédé en pareil cas, c'est la créance du prix, dont l'action en résolution n'est qu'un accessoire, une garantie pour assurer le payement. Or la cession d'une créance est régie par l'article 1690; elle a sa publicité propre. — Dans le système opposé on arrive du reste au même résultat. En effet, lorsque le cessionnaire a notifié la cession au débiteur, le cédant ayant perdu la propriété de la créance même *à l'égard des tiers*, se trouve par là même dessaisi de l'action en résolution; car celle-ci ne peut appartenir qu'au titulaire de la créance; à moins que, pour être logique, on ne dise que l'action en résolution n'appar-

(1) Transcr., n° 56.

tient plus à personne ; mais personne n'ira jusque-là (1).

60. La vente dont le prix est laissé *à l'arbitrage d'un tiers* (art. 1592, C. Nap.) est conditionnelle, subordonnée à la détermination du prix. En conséquence, elle devra être transcrite le jour même du contrat (2). — Si les parties n'ont pas désigné l'arbitre dans l'acte même la vente ne sera pas nulle pour défaut de lien, au cas où l'une des parties refuserait de concourir à la désignation de l'arbitre ; autrement il faudrait dire que toutes les conventions qui ont un *fait* pour objet sont nulles. L'autre partie n'aura sans doute pas le droit de choisir elle-même cet arbitre, mais elle pourra en demander la nomination par la voie de justice. L'article 1157 s'oppose d'ailleurs à ce qu'on prête aux parties l'intention d'avoir voulu faire un acte inutile ; il est plus naturel de supposer que le recours à la justice était sous-entendu dans leur convention (3). — Dans le système de M. Troplong, la vente ne devenant valable que par la désignation de l'arbitre, la transcription ne sera nécessaire qu'à partir de ce moment.

61. Lorsque deux choses sont vendues sous une *alternative*, il y a en réalité deux ventes conditionnelles, ayant chacune pour objet l'une des deux choses, et affectée de cette condition que le choix du

(1) M. Mourlon, Transcr., n° 18.
(2) MM. Flandin, Transcr., n° 90 ; et Mourlon, *id.*, n° 35.
(3) MM. Mourlon, Transcr., n° 36 ; Flandin, *id.*, n° 99 ; Duvergier, De la Vente, I, n° 153 ; — Contra : Troplong, Vente, n° 157 ; Duranton, 16, n°s 113 et 114 ; Marcadé, sur les art. 1591 et 1592 ; Aubry et Rau, III, p. 232, note 19.

débiteur portera sur cette chose. Le *payement* ne fait que réaliser cette condition (1). — Il y a cependant cette différence avec la condition suspensive ordinaire, c'est que la défaillance de celle-ci fait complétement disparaître la vente, tandis que l'acquéreur sous alternative n'en devra pas moins le prix, lors même que les deux immeubles viendraient à périr (art. 1193) (2).

62. Une vente nulle ou sujette à rescision est susceptible d'être *ratifiée*. La ratification a un effet rétroactif. Celui qui confirme un acte annulable reconnaît par là même que cet acte était valable dès le principe. Néanmoins la ratification ne peut préjudicier aux droits des tiers. L'incapable, par exemple, qui, devenu majeur, a aliéné une seconde fois l'immeuble qu'il avait déjà vendu en état de minorité, est censé avoir cédé son action en nullité au deuxième acquéreur. Tels sont les principes du Code Napoléon. Mais depuis la nouvelle loi, il ne suffit pas qu'un tiers ait acquis des droits sur l'immeuble avant la ratification, pour que le premier acheteur soit tenu de les respecter; il faut encore qu'il les ait fait transcrire. Il suit que l'acquéreur qui a acheté en vertu d'un acte annulable a intérêt à faire transcrire son contrat dès sa passation et avant toute ratification (3). Quant à la ratification elle-même, il ne sera

(1) M. Mourlon, Transcr. n° 37. — Contra : M. Bigot-Préameneu, au Conseil d'État.

(2) MM. Flandin, Transcr., n°s 108 et suiv.; Duranton, 11, n° 160; Toullier, 6, n° 173; Pothier, Vente, n° 312.

(3) MM. Flandin, loc. cit., n° 115; Troplong, Transcr., n° 174; Riv. et Huguet, Quest., n° 214.

pas nécessaire de la faire transcrire, car cet acte n'étant qu'une renonciation à une action en nullité n'est pas translatif (1). Il faut néanmoins excepter le cas où il y aurait ratification d'un contrat absolument nul, pour défaut de consentement par exemple. Ce serait alors moins une ratification qu'une nouvelle convention (2).

63. Lorsqu'une vente a lieu par l'intermédiaire d'un mandataire, soit du vendeur, soit de l'acheteur, il ne sera pas nécessaire de faire transcrire en même temps que la vente la procuration; car ce n'est pas elle, mais la vente qui transfère la propriété (3). Il suffit donc qu'on en fasse mention dans l'acte de mutation. Les tiers avertis pourront alors examiner par eux-mêmes si la procuration est valable ou non.

64. Il peut arriver que le mandataire ait acheté en dehors de ses pouvoirs. Il y a alors plusieurs cas à distinguer :

Premier cas : Le mandataire a déclaré au vendeur que la procuration ne lui donnait le droit d'acheter que pour 10,000 francs, mais qu'il consent à acheter pour 15,000, et qu'il espère obtenir la ratification de son mandant. Ce dernier ne sera point obligé puisque le mandat n'a point été exécuté; ni le mandataire, car il n'a rien promis en son nom personnel. Quant au vendeur il se trouve obligé. Lors donc que la ratification surviendra les choses se pas-

(1) M. Troplong, loc. cit., *in fine*.
(2) MM. Riv. et Huguet, loc. cit.
(3) En ce sens : Cass., 27 nivose an VII, sous l'empire de la loi de brum. an VII; Merlin, Quest. de droit, V° Transcr., § 4, p. 474 et 475.

seront comme si le mandataire avait eu dès le principe des pouvoirs suffisants (*rati habitio mandato æquiparatur*). La ratification aura par suite un effet rétroactif, et cela même à l'égard des tiers, car l'article 1338 portant que les ratifications ne peuvent point nuire aux tiers, ne s'applique qu'aux actes par lesquels on confirme une convention annulable ou rescindable ; or la vente, dans notre espèce, est parfaitement valable, quoique conditionnelle. Remarquons toutefois que, en vertu de la loi nouvelle, si la vente n'avait pas été transcrite le jour même du contrat, la ratification ne rétroagirait qu'à la date de la transcription (1).

Deuxième cas : Le mandataire n'a point averti le vendeur de l'insuffisance de ses pouvoirs. Si le mandant ratifie, même solution que dans l'hypothèse précédente. Le mandant refuse-t-il de ratifier, le mandataire devra des dommages et intérêts au vendeur, à moins qu'il ne préfère prendre le marché pour lui-même. Dans ce dernier cas, la mutation ne s'opérera que pour l'avenir, à partir de la transcription de la nouvelle vente, car ce n'était pas envers le mandataire, mais envers le mandant, que le vendeur avait entendu précédemment s'obliger.

Troisième cas : Supposons, à l'inverse, un mandataire agissant non plus au nom de l'acheteur, mais du vendeur, et vendant par exemple pour 10,000 francs ce qu'il devait vendre pour 15,000. L'acheteur sera obligé. Quant au vendeur, il ne

(1) M. Mourlon, Traité théor. et prat. de la Transcr., nº 28.

le sera qu'à partir de la ratification. Jusque-là, en effet, il n'a pu être obligé ni comme mandant, ni en vertu de la gestion d'affaire, car l'opération, loin de lui être utile, n'a pu que lui nuire. L'acheteur ne saurait d'ailleurs trouver dans l'acte de vente aucun titre qui lui permette de faire transcrire avant la ratification. Comment, en effet, le *negotiorum gestor* aurait-il pu lui transmettre un droit quelconque sur un immeuble qui ne lui appartenait pas ? (1) L'acte de ratification devra en conséquence être transcrit en même temps que l'acte de vente.

Quatrième cas : Enfin, lorsque le mandataire achète en son propre nom, sans faire connaître son mandat, tous les effets de la vente s'opèrent en sa personne ; mais la propriété passe immédiatement de son patrimoine dans celui du mandant, en vertu de la procuration qui l'oblige à lui transférer la propriété qu'il vient d'acquérir (art. 711, C. civ.). Bien que ces deux mutations soient transcrites en même temps, cela n'empêche pas que pendant un instant de raison, la propriété de l'immeuble a reposé sur la tête du mandataire, et qu'il ait pu être grevé de son chef des hypothèques légales non assujetties à l'inscription et des hypothèques judiciaires, si l'immeuble est situé dans le ressort du bureau où elles ont été inscrites (2).

65. On peut acheter en son propre nom, mais en se réservant, par une clause du contrat, la faculté

(1) MM. Flandin, Transc., nos 128 et suiv.; Mourlon, *id.*, no 28. — Conf. Dalloz, Rép., no 111.

(2) M. Mourlon, Traité théor. et prat. de la Transcr., no 29.

de désigner, dans un délai fixe, un tiers qui prendra le marché pour lui. C'est ce qu'on appelle faire un achat avec ***déclaration de command***. — L'effet de cette déclaration est de faire considérer le command élu, qui a accepté, comme ayant acheté directement du vendeur. Si l'acheteur a fait transcrire son titre, le vendeur étant complétement dépouillé de sa propriété, les aliénations ou constitutions d'hypothèques qu'il pourra faire dans l'avenir seront nulles à l'égard de l'acheteur et de son command. Quant à l'acquéreur, les actes qu'il fera avant l'élection du command subsisteront à l'égard de ce dernier, nonobstant toute déclaration ultérieure. Il était maître, en effet, de ne pas user de la faculté de se subroger un tiers; lors donc qu'il aliène ou hypothèque l'immeuble, il faut voir dans ces actes une renonciation tacite à son droit d'élire un command (1). — Nous réserverons toutefois le cas où l'acheteur était le mandataire du command, et avait eu soin d'avertir le vendeur qu'il traitait pour le compte d'un tiers qu'il ferait connaître ultérieurement. Il serait impossible, dans ce cas, de ne pas voir dans les aliénations ou constitutions d'hypothèques faites par l'acquéreur une violation de son mandat (2). — Le command devra faire transcrire la déclaration de command pour se mettre à l'abri des actes que l'acheteur pourrait faire dans l'avenir. C'est cette déclaration qui est pour lui l'acte translatif de propriété, bien qu'elle se rattache par

(1) MM. Flandin, Transc, n° 145; Mourlon, *id.*, n° 31; Dalloz, Rép., n° 117.

(2) M. Mourlon, loc. cit.

son effet rétroactif à l'acte de vente dont elle est le complément (1). Bien plus, il pourra la faire transcrire avant même son acceptation, la transcription n'étant, en effet, qu'un acte conservatoire. — Lorsque l'acheteur a usé de la faculté d'élire, il peut encore disposer de l'immeuble tant que le command n'a pas accepté; car l'élection n'est qu'une *offre*, qu'il est libre de retirer tant qu'elle n'est pas acceptée; mais il faut encore réserver le cas où l'acheteur est le mandataire du command.

66. Terminons cette étude des ventes conditionnelles par une observation très-importante. Lorsque la condition s'est accomplie, il n'est pas nécessaire d'en avertir les tiers par une nouvelle transcription. Celle-ci a pour but d'avertir les tiers que tel jour il a été passé entre telle et telle personne un acte qui aura pour effet de transférer la propriété d'un immeuble du vendeur à l'acheteur. Mais là se borne son objet. Cette vente est-elle valable? le vendeur était-il le véritable propriétaire de l'immeuble? avait-il le droit d'en disposer? le contrat n'était-il affecté d'aucun vice? Voilà ce que n'apprend pas la transcription. C'est aux tiers instruits par elle à se renseigner par eux-mêmes si la mutation annoncée dans le registre du conservateur s'est réellement opérée. De même, lorsqu'une vente conditionnelle est transcrite, les tiers sont avertis qu'une mutation s'opérera *peut-être*. Cela suffit pour les mettre en garde; c'est à eux à s'assurer par leurs propres in-

(1) M. Flandin, loc. cit., nº 147.

vestigations si l'événement qui formait la condition s'est réellement accompli. En un mot, on transcrit des *actes*, on ne transcrit point des *faits* (1).

§ 2. *De l'échange.*

67. L'échange n'est au fond qu'une vente dans laquelle chacune des parties est à la fois vendeur et acheteur. Il y a donc deux mutations. Il suit que, lorsque les immeubles échangés sont situés dans deux arrondissements différents, la transcription devra être faite dans chacun des bureaux respectifs de la situation.

68. MM. Rivière et Huguet (2) considèrent comme un partage, échappant par suite à la transcription, l'échange que des cohéritiers feraient, avant le partage consommé, des immeubles qui pourraient leur échoir. — M. Flandin (3), au contraire, y voit un échange ordinaire, soumis à la transcription. Selon lui, les parties ne font que reporter par la pensée la réalisation de l'échange au moment où le sort aura prononcé, c'est-à-dire où le partage sera consommé. « Tant qu'il demeure incertain, dit cet auteur, auquel des deux, de Primus ou de Secundus écherra l'immeuble A, auquel l'immeuble B, aucun échange entre eux n'est possible ; la matière manque au contrat. Que l'un des deux immeubles, en effet, échoie à Tertius, ou bien que l'immeuble A tombe à Primus

(1) M. Mourlon, Traité théor. et prat. de la Transcr., n° 34.
(2) Quest., n° 96.
(3) Transcr., n° 187.

et l'immeuble B à Secundus, voilà la convention annihilée. Jusqu'au partage donc, il n'y a encore, et il ne peut y avoir qu'une promesse d'échange. »

69. Dans tous les cas, l'échange des lots après le partage consommé serait une véritable aliénation assujettie à la transcription.

70. Il est non moins certain que, lorsqu'il n'y a que deux héritiers, l'échange qu'ils feront serait un véritable partage; car ils peuvent distribuer les biens à leur convenance.

71. Dans le cas où l'échange a réellement le caractère d'un partage, s'il est fait avec soulte, il faut user de distinctions : La soulte consiste-t-elle en valeurs héréditaires, l'opération constitue un partage pour chacun des deux coéchangistes. — Au contraire, lorsque l'un des deux cohéritiers cède à l'autre toute la succession moyennant l'abandon qu'il lui fera d'un immeuble à lui propre, l'acte a le caractère d'un partage relativement à celui qui reçoit toute la succession, puisqu'il fait cesser l'indivision. Mais, à l'égard de l'autre cohéritier qui a reçu l'immeuble non héréditaire, l'acte a un caractère translatif. Il devra, en conséquence, subir toutes les hypothèques dont son cohéritier aura pu grever l'immeuble, et faire transcrire la partie de l'acte qui concerne cet immeuble (1).

(1) MM. Riv. et Huguet, Quest., n° 98; Mourlon, Revue prat., t. VIII, n° 199, 2°; Flandin, n° 192.

§. 3. *De la dation en payement.*

72. Lorsqu'un débiteur donne à son créancier, en payement de sa dette, une chose autre que celle qu'il lui doit, il fait ce qu'on appelle une ***dation en payement*** (datio in solutum).

Cet acte a beaucoup d'analogie avec la vente. En effet, lorsque je vous donne un immeuble à la place d'une somme de 10,000 francs, c'est comme si je vous le vendais pour 10,000 francs, avec compensation entre le prix de vente dont je suis devenu créancier et la somme que je vous dois (1).

73. M. Troplong estime que, lorsqu'après la dissolution du mariage ou la séparation de biens, l'un des époux prélève des immeubles de la communauté pour se remplir de ses reprises, cette opération constitue une dation en payement, l'époux exerçant, selon lui, son prélèvement à titre de *créancier* et non à titre de *propriétaire*, par préférence aux autres créanciers.

Nous adhérons à cette solution, mais sous bénéfice de certaines distinctions. Nous distinguerons entre le mari et la femme; et, quant à cette dernière, entre le cas où elle accepte la communauté et celui où elle y renonce. — Lorsque c'est la femme acceptante qui exerce ses prélèvements, elle a le droit de les exercer tant sur les biens de la communauté que sur les biens personnels du mari (art. 1495). Agit-elle contre la

(1) M. Mourlon, Rép. écrites, t. III, n° 506.

communauté, les biens qu'on lui donne en payement, elle les reçoit sans doute à titre de *datio in solutum*; mais, comme ces biens étaient indivis auparavant, la dation en payement constitue dans l'espèce une opération de partage, dispensée à ce titre de la transcription (1). M. Troplong (2) convient que ces prélèvements font partie des *opérations du partage*; mais, dit-il, ce n'est pas *le partage même*, puisqu'ils le précèdent. — Mais, alors, ne faudrait-il pas dire aussi, pour être logique, que, lorsque l'un des héritiers a reçu du défunt des sommes d'argent à titre de don ou de prêt (art. 829), comme le rapport s'effectue alors en moins prenant, les *prélèvements* des autres cohéritiers (art. 830 et 831) ne sont pas non plus des opérations du partage, puisqu'ils le précèdent? Et cependant, ainsi que le fait observer avec raison M. Flandin (3), « le caractère de ces prélèvements est bien celui du partage, puisqu'ils tiennent lieu des objets ou des sommes que le cohéritier débiteur ou donataire devait rapporter à la masse. Pourquoi en serait-il autrement des prélèvements faits par les époux? L'article 1476 ne déclare-t-il pas applicables au partage de la communauté toutes les règles concernant le partage des successions? »

Lors, au contraire, que la femme acceptante exerce ses prélèvements *sur les biens personnels de son mari*, en cas d'insuffisance des biens de la communauté, la

(1) MM. Riv. et Huguet, Quest., n° 31; Mourlon, Traité théor. et prat. de la Transcr., I, n° 47; Dalloz, Rép., n° 182.
(2) Contrat de mar., n°s 399 et 675.
(3) Transcr., n° 294.

datio in solutum ne s'exerçant plus sur des biens indivis conserve son caractère translatif.

Enfin, renonce-t-elle à la communauté, ses reprises s'exercent toujours à titre de dation en payement, quels que soient les biens auxquels elle s'applique (1).

Quant au mari, la transcription ne sera jamais applicable à ses reprises ; car, ou bien la femme accepte la communauté, et alors les reprises du mari constituent des actes de partage ; ou bien elle renonce, et alors la communauté appartenant en totalité au mari, il ne saurait être question de prélèvements.

§ 4. *De la cession de biens.*

74. La cession de biens est judiciaire ou volontaire. — Lorsqu'elle a lieu *en justice*, l'article 1269 porte qu'elle « ne confère point aux créanciers la propriété des biens abandonnés ; elle leur donne seulement le droit de les faire vendre et d'en percevoir les revenus. » C'est une espèce de mandat par lequel un débiteur investit ses créanciers du pouvoir de transformer ses biens en argent et d'en distribuer le prix entre eux au prorata de la créance de chacun.

75. Ce mandat existe à la fois dans l'intérêt du mandataire et du mandant, qui ne peut point le révoquer par des aliénations. D'un autre côté, les créanciers étant *saisis* de leur gage, ont sur les biens

(1) M. Mourlon, loc. cit.

de leur débiteur un droit réel opposable aux tiers. Il semble donc que, par cela même que le débiteur est dépouillé du droit de disposer de ses biens, la cession judiciaire doive être transcrite, sinon d'après les termes, au moins d'après l'esprit de la loi de 1855. — Cela paraîtrait d'autant plus raisonnable que l'antichrèse est assujettie à la transcription (art. 2, n° 1). Or la cession de biens est même plus qu'un nantissement, puisqu'elle donne aux créanciers le droit de réaliser leur gage. — Enfin, on peut encore tirer en faveur de ce système un argument d'analogie de l'article 678 du Code de procédure, aux termes duquel la saisie ne désinvestit le débiteur du pouvoir d'aliéner qu'à partir de la transcription de la saisie. Or, qu'est-ce que la cession judiciaire, si ce n'est une espèce de saisie.

Malgré ces raisons, nous suivrons l'avis de M. Mourlon (1), qui dispense la cession de biens judiciaire de la transcription. En effet, s'il fallait faire transcrire tout acte qui enlève à un propriétaire son pouvoir de disposer, il faudrait également soumettre à cette formalité les jugements d'*interdiction* ou de *déclaration de faillite*, etc. Où s'arrêterait-on dès lors? La déclaration de faillite n'a-t-elle pas aussi de l'analogie avec l'antichrèse? Et cependant, jamais quelqu'un a-t-il songé à l'assujettir à la transcription? Ajoutons que la cession de biens est d'ailleurs soumise à un mode de publicité qui lui est propre, l'insertion dans un tableau placé dans cer-

(1) Transcr., I, n° 70.

tains endroits publics (art. 903, C. de pr.), ce qui fait de la transcription une formalité vaine et sans objet.

76. La cession de biens *volontaire* n'a d'autre effet que ceux résultant des stipulations du contrat passé entre le débiteur et ses créanciers (art. 1267). — Ainsi, a-t-il été convenu que le débiteur sera libéré totalement ou en partie moyennant l'abandon de ses biens en toute propriété, ce sera une véritable *dation en payement.* — Si, au contraire, la cession ne confère aux créanciers que le droit de faire vendre les biens du débiteur et d'en percevoir les revenus jusqu'à la vente, elle sera, à l'instar de la cession judiciaire, dispensée de la transcription. — Enfin, on a pu convenir que les créanciers n'auront que le droit de percevoir les revenus et de les imputer sur ce qui leur est dû, avec faculté de les faire vendre si, à l'époque convenue, ils ne sont pas intégralement payés. C'est alors un nantissement, dont la cession ne sera que l'accessoire, un complément; la transcription sera nécessaire. Faisons cependant remarquer avec M. Flandin (1) qu'une pareille convention sera très-rare; car « la cession de biens est plus qu'un indice, c'est la certitude de l'insolvabilité du débiteur; et, en pareil cas, ce que les créanciers ont de mieux à faire, c'est de réaliser le gage au plus vite en en faisant opérer la vente, pour s'en partager le prix. L'article 1269 dit bien que les créanciers percevront les revenus jusqu'à la vente; mais c'est la

(1) Transcr., n° 171.

nécessité des choses, en dehors de toute convention, qui le veut ainsi. »

§ 5. *Des contrats de mariage et de société.*

77. 1° *De la communauté.* — Il n'y a que les meubles qui tombent en communauté. Cependant les époux peuvent y faire tomber un ou plusieurs immeubles par la clause dite d'*ameublissement.* On distingue l'*ameublissement déterminé, sans aucune limitation de somme*, et l'*ameublissement indéterminé*, qui s'applique à la généralité des immeubles, ameublis seulement *jusqu'à concurrence d'une certaine somme.*

78. Le premier, dit l'article 1507, a pour effet « de rendre l'immeuble ou les immeubles qui en sont frappés, biens de la communauté, comme les meubles mêmes. » — Or la communauté forme en droit un être moral dont l'existence est distincte de celle des époux. Il y a, par suite, translation de la propriété de l'immeuble, et matière à transcription. — Nous réserverons toutefois le cas où l'immeuble ameubli aura été aliéné dès avant le mariage. — La communauté n'a alors aucun intérêt à faire transcrire, parce qu'elle devra respecter cette aliénation, bien qu'elle n'ait pas été elle-même transcrite. En effet, les aliénations, *quoique non transcrites*, conservent leur plein et entier effet à l'égard de l'aliénateur et de tous ceux qui, à un titre quelconque, comme la communauté, succèdent à son obligation personnelle. Mais il faut se garder de

croire, avec M. Troplong (1), que l'obligation de garantie de l'époux aliénateur tombe dans la communauté, *sans récompense;* car cet époux étant tenu de garantir à son tour la communauté contre toute éviction, cette nouvelle obligation met *à sa charge exclusive* les dommages et intérêts que la communauté devra payer à l'acquéreur (2).

Mais si l'immeuble ameubli n'a pas été aliéné avant le mariage, la communauté aura intérêt à faire transcrire la clause d'ameublissement. Il est vrai que, pendant le mariage, le mari a le droit de disposer en maître des biens de la communauté. Il semble donc que, lorsque c'est par lui que l'immeuble a été ameubli, la transcription soit inutile, son pouvoir d'aliéner n'ayant subi aucune modification. — Cela est vrai, en principe. Mais il se peut qu'après la dissolution de la communauté, le mari ou ses héritiers disposent de l'immeuble, avant que le partage soit effectué; le droit indivis de la femme sur cet immeuble serait alors compromis, si la clause d'ameublissement n'avait pas été transcrite. — Sans doute le partage qui fera tomber cet immeuble dans son lot sera dispensé de cette formalité; mais s'il en est ainsi, c'est que remontant au jour du contrat de mariage, il n'est que déclaratif d'un droit *antérieurement acquis* en vertu de la clause d'ameublissement (3).

79. L'intérêt pour la communauté à faire tran-

(1) Transcr., n° 65.
(2) M. Mourlon, Traité théor. et prat. de la Transcr., n° 49.
(3) MM. Flandin, Transcr., n° 277; Mourlon, loc. cit.

scrire devient encore plus évident lorsque c'est la femme qui a ameubli un de ses immeubles. Qu'on suppose, en effet, que *durant la communauté* le mari aliène cet immeuble *à titre gratuit*. Cette donation sera valable ou nulle (art. 1423) à l'égard de la femme, selon qu'elle aura ou n'aura pas été transcrite avant la transcription de la clause d'ameublissement, les donataires pouvant opposer le défaut de transcription au même titre que les acquéreurs à titre onéreux (1).

80. Passons à l'*ameublissement indéterminé*. — S'il porte sur tous les immeubles, il n'a pas pour effet de rendre la communauté immédiatement propriétaire; mais celle-ci a un droit de propriété au moins conditionnelle, en vertu de l'article 1508, qui « oblige l'époux qui a consenti l'ameublissement à comprendre dans la masse, lors de la dissolution de la communauté, un ou plusieurs de ses immeubles dans la limite de la somme par lui promise (2). » — Que si l'on ne voit dans cet apport qu'une *dation en payement*, on devra encore exiger la transcription de l'acte qui en sera dressé (3).

81. Il en sera de même de l'ameublissement limitant la somme à un ou plusieurs immeubles seulement. — On objectera que si le mari peut hypothéquer, dans ce cas, l'immeuble jusqu'à concurrence de la somme promise, il ne peut cependant l'aliéner.

(1) M. Mourlon, loc. cit.
(2) MM. Dalloz, Rép., n° 174; Flandin, Transcr., n° 282. — Contra : Troplong, Transcr., n° 67.
(3) M. Mourlon, loc. cit.

— Nous répondrons que s'il en est ainsi c'est que la communauté n'est propriétaire que pour partie; elle est dans l'indivision avec le conjoint; voilà pourquoi le mari ne peut aliéner sans le concours de sa femme (1).

Ceci ne s'applique, du reste, qu'à l'ameublissement fait par la femme. — Si c'est, au contraire, le mari qui l'a consenti, il a la même capacité d'aliéner que par le passé; la transcription n'a point d'objet.

82. 2° *Des remplois.* — Lorsque durant la communauté le mari a vendu un immeuble propre de sa femme, l'acte par lequel il achète un autre immeuble, pour remplacer celui qu'il vient d'aliéner, constitue ce qu'on appelle un *remploi.* L'acte doit contenir cette déclaration *que l'acquisition est faite des deniers provenus de l'immeuble vendu par la femme et pour lui servir de remploi.* — Cette déclaration doit être formellement acceptée par la femme (art. 1435).

83. On se demande si cette acceptation ne produit son effet qu'à sa date, partant si elle doit être transcrite, ou si elle rétroagit au jour même de l'acquisition.

Deux hypothèses peuvent se présenter :

Première hypothèse. — Le mari a déclaré au vendeur qu'il achetait *au nom et pour le compte de sa femme,* avec les deniers provenant de l'immeuble vendu, et pour lui servir de remploi, sans qu'il ait acheté pour lui-même en cas de refus de sa femme.

(1) Dalloz, Rép., V° Transcr., n° 175, et Traité du contrat de mariage, n° 2774.

— Dans ce cas, le mari a agi comme *negotiorum gestor* de sa femme. Il n'a, par conséquent, acquis aucun droit sur l'immeuble pour son propre compte. Comment, dès lors, pourrait-il l'aliéner ou l'hypothéquer valablement ? — Il suit que l'acceptation de la femme rétroagira à la date du contrat de vente, dont la transcription suffira. Bien plus, même en l'absence de toute transcription, la femme n'a rien à craindre de son mari, puisque la propriété de l'immeuble n'a jamais résidé sur sa tête (1).

84. *Deuxième hypothèse* : Le mari a acheté non plus au nom de la femme, mais en son propre nom, avec déclaration que l'acquisition a été faite avec les deniers provenus de l'aliénation d'un des propres de la femme, et pour lui servir de remploi. Quel sera l'effet de cette déclaration ? Trois systèmes sont en présence :

Premier système. — Le mari acquiert pour lui seul la propriété de l'immeuble. La femme, en effet, n'a pas été partie au contrat, ni par elle-même ni par son mari. Le vendeur qui ne la connaît pas, n'a pas entendu traiter avec elle. — Quant à ces énonciations de l'origine du prix d'acquisition et du motif qui a fait agir le mari, elles ne sont qu'une *offre de revente* que le mari fait à sa femme, ou si l'on préfère, une *dation en payement*. Cette offre, il peut la révoquer tant qu'elle n'a pas été acceptée ; c'est même ce qu'il est censé faire en aliénant ou en hypothéquant l'immeuble. En un mot, il y a deux ventes successives,

(1) MM. Mourlon, Transcr., n° 54; Flandin, *id.*, nos 303 et suiv.

l'une du vendeur au mari, l'autre du mari à la femme; et par conséquent deux actes devront être transcrits, l'acte d'acquisition et l'acte d'acceptation(1).

Deuxième système. — Le système précédent a un vice capital. En effet, quelque hâte que la femme ait mise à accepter le remploi, elle n'a pas pu empêcher que la propriété soit demeurée *pendant un instant de raison* chez le mari, et que des hypothèques légales et judiciaires aient pu grever l'immeuble de son chef. — Ce système est en outre en opposition avec la tradition, notamment avec l'opinion de Pothier (2) que les rédacteurs du Code ont sans cesse consulté, et avec celle de d'Aguesseau (27e plaidoyer). — Enfin, si le mari peut révoquer son offre, en conférant des droits au tiers, où est l'utilité de cette déclaration de l'origine des deniers et de l'emploi de l'acquisition? Cette déclaration n'a pour effet d'avertir les tiers et de les mettre en garde, que si l'on admet la rétroactivité de l'acceptation de la femme (3).

Ces inconvénients disparaîtront si l'on voit dans l'opération du mari deux achats, unis par une alternative, c'est-à-dire conditionnels; l'un du vendeur à la femme, subordonné à son acceptation, l'autre du vendeur au mari, subordonné au refus de la femme.

(1) MM. Rodière et Pont, Traité du contrat de mariage, I, nos 507 et 511; Marcadé, V, p. 473; Duranton, t. XIV, no 393; Troplong, Contrat de mar., nos 1135 et suiv.; Toullier, t. XII, no 360.

(2) Traité de la communauté, no 200.

(3) MM. Flandin, Transcr., nos 307 et suiv.; Labbé, Opuscule sur les effets de la ratification des actes d'un gérant d'affaires, 2e partie, nos 77 et suiv.

85. *Troisième système.* Les arguments qu'on fait valoir en faveur du deuxième système ne manquent pas de force. Nous croyons cependant plus exact de nous rallier au troisième système qui est celui de M. Mourlon (1). Cet auteur considère la déclaration de remploi comme une *offre* non pas d'une *datio in solutum*, mais *d'une subrogation de la femme aux effets de l'acquisition du mari.*

Sans doute, dans les rapports du mari avec sa femme, l'achat a un caractère conditionnel; mais à l'égard du vendeur, la vente est pure et simple. Il est en effet certain d'avoir un acheteur, bien que cet acheteur soit *inconnu* au moment du contrat. — Lors donc que l'immeuble vient à périr avant l'acceptation de la femme, on ne saurait en mettre les risques à la charge du vendeur, puisqu'il n'est pas un vendeur conditionnel (art. 1182). Comme la femme n'a pas encore accepté, on ne saurait non plus les mettre à son compte. — Il faudra donc les faire peser sur le mari. Comment alors concilier ce résultat avec l'incapacité d'aliéner ou d'hypothéquer au préjudice de la femme dont il est frappé dans le deuxième système? S'il a tous les inconvénients de la propriété, n'est-il pas juste qu'il en ait également les avantages, c'est-à-dire qu'il ait le droit de garder à son profit le marché qu'il a conclu, en révoquant l'offre faite à sa femme? — En un mot c'est une *offre de subrogation aux effets de son acquisition* qu'il fait à la femme; c'est une espèce de *déclaration de command*, avec

(1) Traité théor. et prat. de la Transcr., n° 59.

cette différence que le command a été désigné dès le principe. Or, on sait que la déclaration de command ne lie pas l'acheteur, tant que la personne désignée n'a point accepté. Il peut en conséquence aliéner ou hypothéquer l'immeuble, c'est-à-dire révoquer totalement ou partiellement son offre. — La femme accepte-t-elle, les choses étant encore entières, c'est comme si elle avait contracté directement avec le vendeur; son acceptation rétroagit nonobstant les hypothèques judiciaires ou légales assises sur l'immeuble du chef du mari; car elles n'impliquent pas de sa part l'intention de révoquer l'offre. — Comme il n'y a eu qu'une mutation, du vendeur à la femme, une seule transcription sera nécessaire, celle du contrat de vente, qui suffit pour apprendre aux tiers que le vendeur n'est plus propriétaire, et que le mari ne pourra leur conférer des droits que jusqu'à l'acceptation de la femme. C'est à eux à se renseigner en dehors de la transcription lequel des deux, du mari ou de la femme, est actuellement propriétaire.

Ce système est pleinement d'accord avec la tradition; il donne en outre un sens aux déclarations prescrites par l'article 1435. Enfin, par la rétroactivité de l'acceptation il fait disparaître les inconvénients du premier système.

86. Le contrat de mariage peut contenir la clause que « le mari sera tenu d'effectuer le remploi des deniers à provenir de l'aliénation des propres de la femme. » C'est le remploi *obligatoire*. — Cette clause équivalant à une acceptation anticipée de la femme, le remploi s'opère de plein droit. — Dans ce cas la

transcription du contrat d'acquisition suffira comme dans le remploi *facultatif*, encore que le contrat d'acquisition ne contienne aucune déclaration. — Le contrat de mariage a en effet sa publicité propre (art. 75, 1391 et 1394, C. Nap.); les tiers sont donc réputés connaître les différentes clauses qu'il contient (1).

87. Il en sera de même du remploi *légal*, lorsque par exemple le contrat de mariage porte que le premier conquêt remplacera le propre aliéné. C'est aux tiers à se renseigner par eux-mêmes si l'immeuble que le mari vient d'acquérir est le *premier* conquêt (2).

88. 3° *Des sociétés.* Tant qu'elle dure la société constitue, par une fiction légale, une personne morale et juridique ayant une existence distincte de celle des associés et un patrimoine particulier. — Lors donc qu'un associé promet comme apport, en toute propriété, un de ses immeubles, cet immeuble devenant la propriété exclusive de la société, il y a lieu à transcription. — La cour de cassation a néanmoins jugé qu'au point de vue fiscal il n'y aurait lieu au droit proportionnel de mutation qu'autant que par suite du partage après la dissolution de la société l'immeuble serait échu à un autre associé que celui qui en a fait l'apport (3).

Partant de là quelques auteurs en ont conclu que, même au point de vue de la transcription, ce n'est

(1) M. Mourlon, Traité théor. et prat. de la Transcr., n° 61.
(2) *Id.*, loc. cit.
(3) Cass., 23 mars 1846 (Dalloz, Rec. Pér., 1846, 1, p. 45.

point la promesse d'apport de l'immeuble qui en opère la mutation, mais le partage. — Le contrat de société, disent-ils, ne met l'immeuble en commun que pour réaliser des bénéfices (art. 1832). Il n'y aura donc transmission de la propriété que si, après la dissolution de la société, l'immeuble est attribué lors du partage à un associé autre que celui qui en a fait l'apport.

Nous répondrons avec M. Mourlon (1) que s'il y a lieu à partage, c'est apparemment parce qu'il existe une *indivision ;* par conséquent, pour prendre part à ce partage il faut être *copropriétaire* des choses à partager. Dès lors la propriété n'a pas pu continuer à reposer entièrement sur la tête de l'associé qui en a fait l'apport. Il y a donc eu dans tous les cas mutation, sinon lors de la formation de la société, du moins à l'époque de sa dissolution et avant que le partage n'ait eu lieu.

Frappés de la justesse de ce raisonnement, MM. Dupin et Troplong les éloquents défenseurs de la Cour suprême ont essayé d'un autre argument : Oui, disent-ils, il y a translation de la propriété de l'immeuble à la société, dès l'instant de sa formation; mais c'est une mutation *conditionnelle* dont l'effet est subordonné à l'événement du partage.

C'est précisément là ce que nous contestons. Nous nions qu'il y ait translation *conditionnelle* de la propriété. En effet, lorsqu'on se met en société, ce n'est point pour partager, mais pour réaliser au moyen de

(1) Traité théor. et prat. de la Transcr., I, nº 291.

l'association des capitaux des bénéfices plus considérables que ces capitaux n'en auraient produits isolément. Le partage n'est entré en aucune façon dans la pensée des associés. Comment dès lors a-t-il pu avoir pour résultat d'affecter leur contrat dans son existence ou dans ses effets ? — Que si l'on soutient que ce n'est point la société mais les associés qui sont propriétaires par indivis des immeubles mis en commun, comment alors expliquer l'article 529 qui considère le droit de chaque associé comme purement *mobilier* tant que dure la société, encore que des *immeubles* fassent partie de l'entreprise ?

En résumé, il y a, selon nous, transmission de propriété pure et simple de l'associé à la société. Ce n'est qu'après la dissolution de celle-ci que chaque associé acquiert un droit indivis, ou si l'on préfère *exclusif mais conditionnel*, sur chacun des objets compris dans la masse.

Mais, insiste M. Troplong, qu'est-ce qui empêche le partage, lorsqu'il ne rencontre plus la personne civile, « de rétroagir en toute liberté sur un passé qui dans la vérité des choses n'a pas cessé d'être un état d'indivision? Et puis, comment serait-il possible que l'effet rétroactif du partage capable d'anéantir l'indivision, c'est-à-dire un état si pur de toute fiction, respectât la fiction qui l'a précédé ? (1). »

La conclusion de M. Troplong serait très-juste s'il était vrai que la société doit être réputée n'avoir jamais existé. Elle n'existe sans doute plus comme per-

(1) Contrat de société, n° 1066.

sonne *vivante*, mais la mort ne saurait avoir pour effet d'effacer le passé des personnes qui ne sont plus; elle atteste au contraire, comme le dit très-bien M. Mourlon (1), et implique leur existence antérieure. Si la loi ne respecte pas, même dans le passé, l'indivision à laquelle a donné lieu la dissolution de la société, c'est que cet état de choses qu'elle n'a point créé est plein de dangers; car son maintien dans le passé aurait pour effet de laisser subsister les charges constituées par chacun des associés durant l'indivision. — La fiction de la personnalité civile n'offre au contraire que des avantages pour la société dont elle favorise le crédit et facilite les opérations. On comprend donc que la loi la respecte après l'avoir créée, et qu'elle ne se soit pas exposée en donnant au partage un effet rétroactif à la date du contrat à consommer la ruine d'une femme commune, par exemple, qui avait compté sur le droit mobilier de l'associé son mari, et celle des créanciers de la société qui n'avaient traité avec elle que parce qu'ils considéraient le fonds social comme leur gage exclusif (2).

89. Au lieu de la propriété un associé peut promettre comme apport un simple droit réel de jouissance sur un de ses immeubles. — Dans ce cas, point de difficulté : la transcription sera nécessaire.

89 *bis*. Mais on n'est pas d'accord sur la nature du droit que confère à la société l'engagement pris par un associé *de la faire jouir de l'immeuble*.

(1) Loc. cit., n° 295.
(2) M. Mourlon, loc. cit., n° 296.

Si on considère cet apport comme un *bail* ordinaire, il sera *quoique non transcrit* opposable aux tiers pendant dix-huit ans au moins (art. 3). — Que si on lui attribue les caractères d'un *usufruit* avec engagement personnel de l'associé, il faudra encore le faire transcrire. — Enfin, le considère-t-on comme une simple obligation personnelle n'ayant les caractères ni du louage, ni de l'usufruit, la transcription n'en sera point nécessaire, puisqu'il ne sera pas opposable aux tiers.

La nature même de la société, son crédit dont la loi se montre sans cesse jalouse, et les rapports qu'elle établit entre les associés doivent, ce semble, faire considérer l'apport en question comme un *droit réel* plutôt que comme un droit personnel. Il serait en effet contraire à l'intention des parties de laisser l'associé libre de reprendre son apport au détriment de la communauté. C'est donc un droit réel de jouissance, avec engagement additionnel de l'associé de prendre à sa charge l'entretien de l'immeuble (1).

§ 6. *De la transaction.*

90. La transaction est-elle *déclarative* ou *translative?* En d'autres termes, celui qui obtient l'immeuble litigieux l'acquiert-il de son adversaire, ou le conserve-t-il en vertu d'un droit préexistant?

Un point qui est hors de doute, c'est que relativement aux biens *non contestés* que l'une des parties

(1) M. Mourlon, Traité théor. et prat. de la Transcr., I, n° 53.

abandonne à l'autre, en retour de l'immeuble litigieux, la transaction est translative de propriété. — Citons comme exemple le cas où Primus actionné en revendication de la maison A par Secundus, lui cède pour prix de son désistement un pré qui n'a jamais fait l'objet d'un procès.

91. Il est non moins certain que si la transaction n'avait servi qu'à déguiser une *vraie vente* d'un immeuble non litigieux, elle devrait encore être transcrite.

92. Mais en ce qui concerne l'objet litigieux, la transaction est-elle *déclarative?* Faut-il dire avec Dumoulin que son effet consiste dans la suppression d'un doute qui pesait sur la propriété de l'une des parties et la tenait incertaine? (« *sola liberatio controversiæ* ») (1).

Cette opinion est, en effet, celle qui avait prévalu dans l'ancien droit. D'Argentré disait après Dumoulin : « *Transactio non est titulus, sed tituli prætensi confessio.* » Pothier à son tour s'exprime ainsi : « Lorsque l'une des parties obtient ou conserve la chose litigieuse, l'argent qu'elle paye en retour constitue non point le prix de cette chose, mais le prix du désistement de l'autre partie (2). » Et ailleurs : « La transaction étant par sa nature *de re dubia et incerta*, il demeure incertain si la partie qui, par la transaction, délaisse l'héritage à l'autre moyennant une somme d'argent qu'elle a reçue d'elle, en était propriétaire, plutôt que la partie à qui elle l'a délaissé (3). »

(1) § 33, Glos. I, n° 67.
(2) Vente, n° 646.
(3) Traité des Retraits, n° 110.

Parmi les jurisconsultes modernes, la plupart, et des plus éminents, tels que MM. Troplong, Merlin, Zachariæ, Valette, etc., se sont ralliés au même système.

Cependant, déjà dans l'ancien droit, l'opinion de Pothier et de Dumoulin avait rencontré des adversaires. Tiraqueau (1) notamment, Basnage et d'autres encore attribuaient à la transaction un caractère *translatif*, dans le cas du moins où elle avait pour résultat de déplacer la possession de l'objet litigieux. Le droit romain lui-même, en la considérant comme une *juste cause* d'usucapion, semble lui reconnaître un effet translatif (2).

93. Le premier système prend son point d'appui dans l'article 2052 du Code Napoléon, qui assimile la transaction à un jugement. Donc, dit-on, elle est comme lui déclarative d'un droit préexistant.

Mais cette analogie n'existe qu'au point de vue de la *force* de la transaction. Le législateur a entendu dire qu'elle est, de même que le jugement, à l'abri des *causes de rescision* dont s'occupent les articles 2053 à 2058. — Mais quant à ses *effets*, la transaction se sépare du jugement. Nous n'en voulons pour preuve que l'article 2048 qui la qualifie de *renonciation* à tous droits, actions et prétentions. — Et comment en saurait-il être autrement? Quoi! je reconnaîtrais que *je n'ai jamais eu aucun droit sur la maison que vous possédez*, et je me ferais payer cet aveu! La transaction ne serait autre chose qu'un

(1) Retrait lignager, § 1, Glos. 14, n° 16.
(2) L. 28, C. de usuc. pro empt.; et 29, Dig., de usurp. et usucap.

honteux *chantage* toléré par la loi. N'est-ce pas plutôt parce que, malgré la conviction que j'ai que la chose litigieuse m'appartient, mais faute de preuves suffisantes, que je vous l'abandonne, à condition que vous me payerez au moyen de quelques concessions le repos que je vous assure?

94. La transaction est donc, dans la pensée même du législateur, un acte de *renonciation*. — Mais faut-il aller plus loin et y voir une *renonciation in favorem*, c'est-à-dire translative, et donnant droit à celui au profit de qui elle est faite d'invoquer au besoin le titre incomplet qu'on lui abandonne et de le compléter par le sien?

Nous n'irons jusque-là que sous le bénéfice d'une distinction :

La transaction affecte-t-elle la forme de la cession dont il est question dans l'article 1701 du Code Napoléon, force est de lui attribuer un caractère translatif. Lors en effet que, possesseur d'un héritage litigieux, j'obtiens votre renonciation *en ma faveur*, afin que libre de ce côté je puisse mieux me défendre contre Tertius qui revendique le même héritage, il est certain que j'ai voulu compléter mon droit en achetant le vôtre. — Si, en effet, l'opération avait été simplement *extinctive* de votre droit, à quel résultat bizarre n'arriverait-on pas? Je ne vous aurais pas représenté au procès, et vous pourriez revenir contre Tertius au cas où il viendrait à triompher contre moi. Celui-ci vous répondra alors que, n'ayant aucun intérêt à lui reprendre un immeuble que vous devrez me rendre aussitôt en vertu de la transaction intervenue entre nous, et que je devrai lui rendre à mon tour en vertu de la chose jugée, l'action doit vous être déniée. Mais il ne sera pas écouté; car comment pourrait-il se prévaloir d'une transaction qui est à son égard *res inter alios acta?*

En résumé, toutes les fois qu'un objet étant contesté entre *trois* prétendants, deux d'entre eux viennent à transiger, il semble difficile de ne pas y voir une cession, cession d'un droit douteux il est vrai, mais qui était susceptible d'être hypothéqué et cédé tel quel par le renonçant. — Dans toute autre hypothèse, lorsqu'il n'y aura que *deux* prétendants en présence, ce sera une simple renonciation *extinctive.* Mais cela importe peu au point de vue de la transcription; elle devra être transcrite dans tous les cas, ainsi que nous le verrons au titre des renonciations (1).

§ 7. *Des retraits.*

95. Pothier (2) définit d'une manière générale le retrait « le droit de prendre le marché d'un autre et de se rendre acheteur à sa place. »

Le Code Napoléon ne s'étant pas expliqué sur les effets du retrait, il faut lui appliquer les règles de l'ancien droit.

M. Portalis, à propos du retrait litigieux, le qualifie une *subrogation.* Il en résulte que l'acheteur s'ef-

(1) M. Mourlon, Traité théor. et prat. de la Transcr., nos 72 et suiv.

(2) Introd. à la cout. d'Orl., tit. XVIII, no 1. — Traité des Retraits, nos 1, 122 et 123.

face devant le retrayant qui est considéré comme ayant traité directement avec le vendeur. D'où il suit que toutes les hypothèques et autres droits réels constitués par l'acheteur avant l'exercice du retrait seront résolus. Il n'y a donc point de nouvelle mutation, et la transcription ne sera pas nécessaire.

96. M. Troplong(1) exige au contraire la transcription du retrait, afin d'avertir les tiers du changement qui vient de s'opérer dans la personne de l'acheteur. Mais les raisons qu'il donne peuvent s'appliquer à toute vente conditionnelle; or, nous avons vu qu'on ne transcrit pas la condition lorsqu'elle se réalise. — D'ailleurs le droit du retrayant est écrit dans la loi même. Lors donc que les tiers sont avertis par la transcription qu'un mari vient d'acquérir pour son compte un immeuble appartenant par indivis à sa femme commune; ou qu'un héritier a vendu son droit successoral à un étranger; ou enfin qu'un droit litigieux a été cédé à un tiers par l'une des parties en cause, les tiers savent par les textes de la loi, que l'acheteur pourra être remplacé dans la suite par la femme, par le cohéritier, ou par l'adversaire du cédant. C'est à eux à rechercher en dehors de la transcription, si cette éventualité s'est réalisée. — M. Troplong est du reste obligé de déclarer éteints, même à défaut de transcription, les droits réels constitués par l'acheteur avant l'exercice du retrait; car décider autrement ce serait soumettre la faculté d'exercer le retrait au bon plaisir de l'ache-

(1) Transcr., n° 247.

teur. La transcription était du reste impossible jusqu'à ce moment. — Maintiendra-t-on au moins les droits réels établis dans l'intervalle du retrait à sa transcription? Mais voyez à quel résultat bizarre on sera conduit : voilà un acheteur dont la propriété *résoluble* avant l'exercice du retrait se transformera par l'effet de ce retrait en une propriété *définitive!* (1)

97. L'éminent jurisconsulte fait lui-même une exception pour le cas où le retrayant serait l'unique cohéritier du cédant. Dans ce cas, en effet, le retrait met fin à l'indivision et équivaut, par conséquent, à un partage. C'est aussi notre manière de voir.

98. Quant au *retrait d'indivision* (de la femme commune), le mari fera bien de transcrire, lors même que le retrait aurait pour effet de faire cesser l'indivision, car si la femme préfère lui abandonner le marché, l'acquisition aura eu *ab initio* un caractère translatif.

§ 8. *De la résolution des contrats.*

99. On distingue deux sortes de résolutions : celles qui procèdent d'une cause inhérente au contrat, *ex causa antiqua et necessaria*, comme par exemple la résolution d'une vente pour défaut de payement du prix; et celles qui dérivent d'une cause extrinsèque, *ex causa nova et voluntaria*, telle que la révocation d'une donation pour ingratitude du donataire. —

(1) M. Mourlon, Traité théor. et prat. de la Transcr., n° 65.
(2) Transcr., n° 248.
(3) M. Flandin, Transcr., n° 261.

Les premières, en faisant considérer la vente comme non existante, résolvent les hypothèques ou autres droits réels constitués par l'acheteur *medio tempore*. Les autres n'annulent le contrat que pour l'avenir.

100. En principe, la résolution a lieu en vertu d'un jugement. Toutefois les parties peuvent convenir à l'amiable d'une résolution. Nous traiterons plus loin des jugements prononçant la résolution d'un acte transcrit. Pour le moment, nous nous occuperons seulement des résolutions opérées à l'amiable.

On se demande si les actes qui les constatent doivent être transcrits? Nous répondrons, avec M. Flandin (1), que les résolutions procédant d'une cause extrinsèque sont seules sujettes à la formalité. C'est en effet une nouvelle mutation qui a lieu, puisque les aliénations faites et les hypothèques constituées *medio tempore* sont maintenues (2).

Lors, au contraire, que la résolution s'opère *ex causa antiqua*, l'immeuble rentre dans les mains du vendeur, comme s'il n'en était jamais sorti. Il n'y a donc pas lieu à transcription.

§ 9. *Des ventes administratives.*

101. L'article 1 parle sans distinction de tous les actes translatifs de propriété immobilière, sans tenir compte de la qualité de l'aliénateur ou de l'acquéreur. Les ventes administratives devront donc être

(1) Loc. cit., n° 221.

(2) Conf. MM. Troplong, loc. cit., n° 244; Riv. et Huguet, Quest., n°s 6 et suiv.; Mourlon, Revue prat., t. II, p. 190, n° 41.

transcrites comme les autres. M. Troplong (1) les dispense au contraire de la transcription.

Cette formalité, dit-il, est un *acte de méfiance* de la part de l'acquéreur vis-à-vis de son vendeur. Or les ventes de l'Etat et des départements ne pouvant avoir lieu qu'en vertu d'une loi, il n'est guère à craindre que l'Etat vende deux fois le même immeuble.

On peut répondre qu'il n'y a pas seulement l'Etat, mais les communes, les hospices, les fabriques, les communautés religieuses, etc., que M. Troplong comprend dans sa dispense. Or les établissements d'utilité publique n'inspirent généralement pas plus de confiance que les simples particuliers. Du reste, la transcription n'est pas seulement une garantie contre la *mauvaise foi ;* c'est aussi une précaution contre l'*erreur :* les administrateurs d'un département ou d'une commune n'ont pas toujours une connaissance exacte des actes de leurs prédécesseurs. Il y a mieux ; la transcription empêchera l'établissement des hypothèques judiciaires qui, comme on le sait, sont complétement indépendantes de la volonté de leurs auteurs. Elle purgera, en outre, les hypothèques conventionnelles ou judiciaires non inscrites. D'ailleurs, si on décidait que l'aliénation purgera par elle-même ces hypothèques restées secrètes, le gage hypothécaire d'une commune ou d'un établissement d'utilité publique offrirait moins de sûreté que celui d'un simple particulier, et on ébranlerait ainsi indirectement le

(1) Transcr., n° 80.

crédit de la commune qu'on veut protéger. M. Troplong s'appuie surtout sur une déclaration solennelle faite au Sénat, que les ventes administratives sont exceptées de la loi de 1855. Mais, répond avec raison M. Mourlon (1), à cette époque, les débats du Sénat n'étaient pas encore publics; les juges qui sont censés les ignorer, ne peuvent donc point en faire une base à leur décision. D'ailleurs, chacun sait que le rôle du Sénat ne consistait pas à interpréter les lois ou à les modifier, mais simplement à s'assurer si elles n'étaient point contraires à la constitution, à la morale ou à la religion. M. Troplong insiste cependant. La transcription, dit-il, est un acte *judiciaire*. Or l'interprétation des actes administratifs est de la compétence de l'administration. Sans doute; mais le débat relatif à la transcription ne s'élèvera jamais entre l'administration et un particulier, mais entre deux particuliers acheteurs successifs de l'administration.

102. Il demeure donc incontestable que les aliénations administratives n'échappent point à la transcription. Il est cependant certains actes de l'administration qui n'y seront point soumis. Ce sont ceux qu'elle fait, non comme un propriétaire ordinaire, mais en pourvoyant aux intérêts généraux. De ce nombre sont les concessions de mines, d'un chemin de fer, d'une prise d'eau, etc. Il y a dans ces différentes hypothèses, plutôt création d'un droit nouveau ayant sa publicité propre, que transmission d'un droit

(1) Traité théor. et prat. de la Transcr., I, n° 76.

existant. Ce ne sera qu'aux conventions entre particuliers relatives à ces mêmes droits que s'appliquera la loi de 1855 (1).

CHAPITRE IV

DES ACTES ENTRE-VIFS (A TITRE ONÉREUX) TRANSLATIFS DE DROITS RÉELS SUSCEPTIBLES D'HYPOTHÈQUE.

103. On range parmi les droits réels susceptibles d'hypothèque, outre l'usufruit, les droits d'emphytéose, de superficie, les concessions de mines, de chemins de fer, de canaux, et les actions immobilières.

104. Relativement à l'usufruit, on peut se demander si ce mot *translatifs*, qui s'applique au cas où un usufruitier cède son droit à un tiers, exclut celui où un propriétaire *constitue* un usufruit sur son immeuble. Le propriétaire, dira-t-on, n'était point usufruitier, car on ne peut avoir l'usufruit que d'une chose *dont un autre a la propriété*. Il n'a donc rien *transmis;* il a créé un droit nouveau. Sans doute le droit de jouissance faisait partie de son droit de propriété, mais celui qu'il a établi au profit de l'usufruitier n'est pas le même. L'usufruit, en effet, n'est pas comme le droit de jouissance du propriétaire, transmissible aux héritiers; le propriétaire a droit même

(1) MM. Bressoles, Exposé des règles sur la Transcription, n° 26; Flandin, Transcr., n° 348; Troplong, loc. cit., n° 81; Mourlon, loc. cit., n° 77.

aux *produits* qui n'ont pas le caractère de *fruits;* l'usufruitier est obligé de régler l'exercice de son droit d'après le mode de jouissance du propriétaire; celui-ci, au contraire, est libre de jouir comme il l'entend. Malgré ces différences, nous croyons que l'acte constitutif doit être transcrit. La loi exige, en effet, la transcription des actes *constitutifs* de droits réels non susceptibles d'hypothèque, tels que l'antichrèse, les servitudes réelles, l'usage et l'habitation (art. 2, 1°). Il doit en être ainsi, à plus forte raison, des actes constitutifs d'usufruit. Qu'importe que ce droit subisse des modifications dans la personne de l'usufruitier, puisque le propriétaire a en réalité aliéné une fraction, un démembrement de son droit de propriété? (1)

105. La communauté a un droit de jouissance sur les biens propres des époux; de même le mari sur les biens personnels de la femme, sous le régime exclusif de communauté, la communauté d'acquêts et le régime dotal.

On se demande si dans ces différentes hypothèses, le mari a intérêt à faire transcrire. L'affirmative paraît évidente. Le droit du mari ou de la communauté est, en effet, une espèce d'usufruit; il semble donc que la loi de 1855 doive le régir. Il est vrai que ce droit n'appartient au mari que dans le but de satisfaire aux charges du mariage, d'où il suit qu'il ne peut ni l'aliéner ni l'hypothéquer. Mais déjà nous avons vu (n° 44), que lorsqu'un droit est aliéné, il

(1) MM. Flandin, loc. cit., n° 352; Mourlon, loc. cit., n° 20.

faut apprécier sa nature, non point dans les mains de l'acquéreur, mais dans celles du vendeur ; or le droit de jouissance du mari était certainement aliénable et susceptible d'hypothèque dans les mains de la femme (1).

Ces raisons semblent péremptoires. Malgré cela nous croyons avec MM. Troplong (2) et Mourlon (3) que la transcription du contrat de mariage ne donnera pas au mari le droit d'opposer aux tiers le défaut de transcription des actes qu'ils ont passés avec la femme antérieurement au mariage. En effet, usufruitier *universel*, le mari est tenu à ce titre des obligations de la femme, et notamment de l'obligation de garantie qu'elle doit aux tiers (art. 612) pour les actes passés avant le mariage. Pour ce qui est des aliénations et hypothèques consenties par elle pendant le mariage, ou bien le mari les a autorisées, et alors il ne saurait les méconnaître ; ou, au contraire, la femme les a consenties avec l'autorisation de justice, et alors le droit du mari, même non transcrit, ne peut en éprouver aucune atteinte (art. 1555, arg.).

En ce qui concerne le régime dotal, la dot est-elle à titre universel, on devra donner la même solution que pour le régime de la communauté. Que si la dot est à titre particulier, alors seulement, d'après quelques auteurs, le mari n'ayant point succédé à l'obligation de garantie de la femme, aura intérêt à faire

(1) MM. Riv. et Huguet, Quest., nos 143 à 146.
(2) Transcr., nos 85 et 86.
(3) *Id.*, no 50.

transcrire son droit de jouissance (1). Mais nous croyons que la transcription ne doit être effectuée dans aucun cas. En effet, ce n'est pas du contrat de mariage, mais de la loi que découle le droit de jouissance du mari ou de la communauté. Dès lors, nul ne saurait dire qu'il avait ignoré l'existence d'un droit que la loi confère elle-même (2).

106. Passons à l'*emphytéose*. — On lui a contesté le caractère d'un *droit réel*. Nous croyons cette critique parfaitement fondée, et nous pensons avec MM. Demolombe (3), Valette (4) et Mourlon (5), contrairement à l'opinion de la majorité des auteurs, que l'emphytéose n'est autre chose qu'un bail d'une plus longue durée que les baux ordinaires, généralement de quatre-vingt-dix-neuf ans, ne conférant au preneur qu'un simple droit personnel et mobilier. Le Code Napoléon, en organisant la propriété et ses démembrements, a complétement passé sous silence le bail emphytéotique de l'ancien droit. Ce serait donc déroger par des conventions particulières à une institution d'ordre public (art. 6, C. Nap.), s'il était permis de faire revivre l'emphytéose d'autrefois.

Quoi qu'il en soit, même dans notre système, l'emphytéose devra être transcrit à titre de bail ; mais quoique non transcrit il sera opposable aux tiers pour dix-huit ans au moins (art. 3).

(1) M. Mourlon, loc. cit., n° 51. Conf. Troplong, loc. cit., nos 87 et 88.
(2) M. Flandin, Transcr., nos 354 et suiv.
(3) Cours de C. N., t. IX, n° 491.
(4) Traité des privil. et hyp., t. I, p. 191.
(5) Loc. cit., n° 21.

107. Nous avons vu (*supra* n° 43) que les *mines* forment une propriété distincte de la surface, même entre les mains du propriétaire, de nature immobilière et susceptible d'hypothèque; et nous avons décidé que l'acte de cession d'une mine devra être transcrit. Nous avons ajouté qu'il en était différemment des *minières* et *carrières*, lesquelles ne formant pas une propriété distincte de la surface, il suit que la cession du droit d'exploiter une minière ou carrière n'est pas assujettie à la transcription.

108. Quant aux *chemins de fer*, la loi du 11 juin 1842 avait mis à la charge de l'Etat, avec le concours des départements et des communes, la construction de la voie et l'acquisition des terrains; et à la charge de la compagnie seulement la pose des rails et l'achat du matériel. — Le droit de la compagnie n'était donc alors qu'un simple bail, ou, si l'on préfère, une jouissance emphytéotique.

Mais aujourd'hui, la confection de la voie est à la charge de la compagnie. Dans ce système, le chemin de fer est la propriété de la compagnie concessionnaire; il est par conséquent susceptible d'hypothèque, et l'aliénation qu'en fera la compagnie devra être transcrite (1).

109. Il faut en dire autant des *canaux*.

110. Enfin, pour ce qui est des *actions immobilières*, nous renvoyons à ce qui a été dit sous les numéros 57 et 59 relativement à la cession d'une ac-

(1) Dalloz, Rép., V° Transcr., n°s 250 et 251. — Conf. M. Flandin, Transcr., n° 369.

tion en rescision, en revendication ou en résolution pour défaut de payement du prix.

111. Terminons par cette observation que l'hypothèque, bien qu'elle soit qualifiée par la loi (art. 2114, C. Nap.) de *droit réel sur les immeubles*, n'est cependant pas susceptible d'hypothèque, parce que tendant à la vente de l'immeuble, *elle* n'a en réalité pour objet qu'une somme d'argent, c'est-à-dire une chose mobilière. Il résulte que la constitution d'hypothèque n'est pas soumise à la transcription, mais à une simple inscription (1).

CHAPITRE V

DE LA TRANSCRIPTION DES ACTES (ENTRE-VIFS) CONSTITUTIFS DE DROITS D'ANTICHRÈSE, DE SERVITUDE, D'USAGE ET D'HABITATION (ART. 2, 1°).

112. Quelques auteurs, entre autres M. Troplong, ont dénié à l'*antichrèse* le caractère *réel*. Suivant eux, elle ne transférerait qu'un droit *personnel* opposable seulement au débiteur et à ses créanciers *chirographaires*. — La loi de 1855 a tranché le débat dans le sens de la *réalité*, en soumettant l'antichrèse à la transcription. — On nous objectera peut-être que la transcription est exigée dans l'intérêt des créanciers chirographaires; mais nous verrons que le défaut de

(1) M. Bressolès, Exposé des règles sur la Transcription, n° 18. — Conf. M. Flandin, loc. cit., n° 394; Dalloz, loc. cit., n° 267.

transcription ne peut être opposé que dans un *conflit de droits réels ;* les créanciers chirographaires n'ont donc, en aucun cas, qualité pour s'en prévaloir.

113. Voyons du reste les effets de l'antichrèse. La sûreté *réelle* qu'elle procure au créancier s'en dégagera avec évidence.

1) D'abord, il est incontestable que l'antichrésiste n'a point, à l'exemple du gagiste, un privilége sur la chose qu'il détient ; en ce sens que si elle est vendue soit à la requête des créanciers hypothécaires ou privilégiés *inscrits avant la transcription de l'antichrèse,* soit sur sa propre demande, il n'a point de préférence sur le prix, et ne pourra venir qu'*au marc le franc* avec les créanciers chirographaires.

2) Un second point non moins certain, c'est que tant qu'il détient l'immeuble, il a le droit d'en percevoir les fruits en déduction de sa créance, à l'exclusion des autres créanciers.

3) Enfin, comme garantie de ce *privilége sui generis,* il a le droit de retenir l'immeuble jusqu'à ce qu'il soit intégralement payé.— Ce *droit de rétention,* sanction de son droit principal et exclusif sur les fruits, a évidemment la même nature que lui, et est par conséquent opposable à tous ceux qui n'ont pas acquis et conservé un droit réel antérieurement à la transcription de l'antichrèse.

Il en résulte que si le débiteur vient à aliéner l'immeuble remis au créancier antichrésiste, il ne pourra le transmettre que tel qu'il l'a, c'est-à-dire soumis au droit de rétention; et l'acquéreur n'en pourra obtenir la délivrance qu'en indemnisant l'antichrésiste. — Les autres créanciers ne pourront également saisir l'immeuble, et le transformer en argent, qu'en avertissant l'adjudicataire par une mention au cahier des charges, qu'il ne pourra se faire délivrer l'immeuble qu'autant que l'enchère s'est élevée au moins au montant de la créance à laquelle il est affecté, et à la charge d'indemniser préalablement l'antichrésiste. L'excédant du prix d'adjudication sera distribué entre les créanciers saisissants.

Il semble que puisque le prix doit être payé directement à l'antichrésiste, celui-ci ait un *privilége proprement dit*, contrairement à ce que nous avons dit plus haut. Il n'en est rien. Le privilége ordinaire, en effet, donne un droit de préférence sur le prix, *quel que soit le saisissant*, et lors même que la saisie serait faite à la requête du créancier privilégié lui-même. Au contraire, lorsque l'immeuble remis en antichrèse est vendu à la diligence de l'antichrésiste ou des créanciers qui sont inscrits avant la transcription de l'antichrèse, il n'a plus de préférence sur le prix, puisqu'en faisant vendre l'immeuble il a renoncé à son droit de rétention, et qu'il ne peut s'en prévaloir vis-à-vis des saisissants inscrits avant lui, à l'égard desquels l'antichrèse est réputée inexistante.

114. L'article 2 n'exige la transcription que des actes *constitutifs* d'antichrèse, d'usage, etc. Il y a dès lors lieu de se demander s'il s'applique également aux actes *translatifs*. Cette question ne peut se présenter que relativement à l'antichrèse; car les droits d'usage et d'habitation sont de leur nature *incessibles* (art. 631 et 634, C. Nap.). — Il est vrai

qu'on a nié qu'on puisse céder même l'antichrèse, le débiteur n'ayant peut-être consenti à se dessaisir de l'administration de son immeuble que parce que les qualités personnelles du créancier lui inspiraient confiance. Mais la même objection peut se faire relativement à l'usufruitier, au fermier, etc., qui peuvent incontestablement céder leur droit malgré l'intérêt que peut avoir le propriétaire à ne pas voir l'administration de son domaine confiée à un inconnu.

115. Le cessionnaire de la créance et de l'antichrèse devra-t-il faire transcrire son droit ?

En ce qui concerne la cession de la créance, la notification au débiteur cédé exigée par l'article 1690, Code Napoléon, suffira incontestablement pour avertir les tiers. — Bien plus, même quant à l'antichrèse cédée, la transcription ne sera point nécessaire. On ne peut, en effet, pas lui appliquer ces termes de l'article 2, « actes *constitutifs.* » Le législateur préoccupé sans doute de l'incessibilité de l'usage et du droit d'habitation, et considérant d'ailleurs quant aux servitudes, qui ne peuvent être aliénées séparément du fonds auquel elles sont attachées (art. 637), que la transcription de l'acte translatif de la propriété suffit à celui de la servitude, le législateur a perdu de vue que relativement à l'antichrèse la transcription aurait une utilité incontestable. En effet, si le cessionnaire se borne à notifier la cession de créance, il s'expose à se voir préférer des tiers auxquels le débiteur aura constitué des hypothèques ou autres droits sur l'immeuble donné en antichrèse, et qui les ont fait transcrire. — Dira-t-on que le cessionnaire pourra se prévaloir de la transcription de l'antichrèse faite par son auteur, et opposer au tiers qu'il a eu tort d'accepter une hypothèque sur un immeuble qu'il savait affecté à une antichrèse? Mais celui-ci pourra toujours lui répondre que, ne voyant plus l'immeuble aux mains du premier créancier, il avait cru que l'antichrèse avait pris fin par suite du payement de la dette (1).

116. Le cessionnaire de l'antichrèse a donc intérêt à faire transcrire, pour se mettre à l'abri des actes ultérieurs du débiteur. Vis-à-vis de son cédant au contraire, il n'aura rien à redouter même s'il néglige de faire transcrire la cession de l'antichrèse, pourvu qu'il ait notifié au débiteur le transport de la créance. Supposons, en effet, qu'un cessionnaire postérieur fasse transcrire, et néglige la notification du transport de la créance au débiteur. Il ne pourra pas se prévaloir de la transcription de l'antichrèse à l'encontre du premier cessionnaire; car les fruits auxquels l'antichrèse donne droit sont l'équivalent des intérêts ou du capital de la créance; or cette créance appartient au premier cessionnaire qui a notifié sa cession au débiteur (2).

117. *Des servitudes* — L'article 2 de la loi de 1855 n'exige la transcription que des *actes* constitutifs de servitudes, etc. Il ne s'applique donc pas aux servitudes *légales* dérivant soit de la situation naturelle des lieux, soit des rapports de voisinage

(1) M. Flandin, Transcr., nos 409 et 410.
(2) M. Mourlon, Traité théor. et prat. de la Transcr., I, n° 104 *in fine*.

(art. 639, 640 et 651). Comme il n'y a pas d'*actes* pour ces servitudes, la matière manque à la transcription; car on ne transcrit pas les *faits*, encore qu'ils soient générateurs de droits. Les tiers sont d'ailleurs suffisamment avertis par la loi elle-même de l'existence de ces servitudes (1).

118. Les servitudes établies par la *destination du père de famille* sont-elles des servitudes légales? — Pourquoi non, dira-t-on? La destination du père de famille n'est-elle pas un *simple fait?* Qu'importe qu'elle soit fondée sur une convention tacite, sous-entendue entre les parties? N'est-ce pas la loi elle-même qui établit la servitude sur ce fondement, en décidant dans l'article 692 que la destination du père de famille vaut titre à l'égard des servitudes continues et apparentes (2).

Nous croyons cependant qu'il serait plus exact de considérer la servitude établie par la destination du père de famille comme une servitude *conventionnelle*, cela résulte de la place même qu'occupent dans le Code les articles 692 et 693. Ils sont, en effet, placés au chapitre III, sous cette rubrique : *Des servitudes établies par le fait de l'homme.* Par ces mots : « la destination du père de famille *vaut titre*, » le législateur a sans doute voulu dire que si les servitudes établies par le fait de l'homme dérivent toujours *de la volonté* de l'homme, cette volonté qui doit en principe être *formelle* ou *expresse*, peut n'être que *tacite*

(1) M. Flandin, loc. cit., n° 411.
(2) MM. Flandin, loc. cit., nos 412 et suiv.; Dalloz, Rép., nos 279 et 280.

dans le cas de destination du père de famille, comme elle l'est dans celui de la prescription (1). En d'autres termes, lorsqu'un propriétaire de deux héritages contigus a établi entre eux une relation telle qu'elle constituerait une servitude si les héritages appartenaient à des propriétaires différents, s'il vient à les séparer en aliénant l'un d'eux sans s'expliquer sur le maintien ou la suppression de la servitude, il faut pour résoudre cette question examiner quelle a été à cet égard l'intention des parties. Est-il reconnu qu'elles ont voulu maintenir l'arrangement établi par le propriétaire unique, cette *convention tacite* suffira à l'égard des servitudes continues et apparentes (2).

On se rejette sur l'impossibilité de transcrire une convention *verbale*, et on invoque ces expressions, *actes* translatifs ou constitutifs. — Mais ce mot *acte* a en droit deux sens : il signifie tantôt l'événement qui opère la mutation de propriété, tantôt l'*écrit* qui constate cet événement. Or, ce qui est *translatif* ou *constitutif*, ce n'est pas l'*écrit*, mais l'événement qu'il constate. Ceux qui n'ont pas d'écrit peuvent d'ailleurs s'adresser à leur auteur, lorsqu'ils voudront faire transcrire et obtenir de lui une reconnaissance écrite de leur droit, ou, à son refus, s'adresser à la justice (3).

119. Pour revenir aux servitudes légales, nous ferons observer qu'il y a néanmoins certaines servitudes légales dont l'exercice suppose un titre qu'on

(1) M. Mourlon, Transcr., n° 145.
(2) M. Demolombe, Servit., t. II, n° 804.
(3) M. Mourlon, loc. cit.

devra faire transcrire. — C'est ainsi que le propriétaire, dont le domaine touche à un mur non mitoyen, ne pourra en acquérir la mitoyenneté qu'en l'achetant, et par conséquent en faisant déterminer les conditions du marché par un acte qui devra être transcrit. — Il en est de même de la servitude de passage, dont le principe est dans la loi sans doute, mais dont l'exercice sur tel point plutôt que sur tel autre et moyennant telle indemnité, ne pourra être réglé que par une convention (art. 682 et suiv., C. Nap.) (1).

120. Il en serait autrement de la servitude du libre écoulement des eaux pour le drainage (loi du 10 juin 1854), qui a lieu de plein droit sans qu'on ait besoin d'en réclamer l'exercice (2).

121. Nous arrivons aux servitudes *conventionnelles*. On se demande si l'article 2, dont les termes sont, il faut le reconnaître, exclusifs de toute distinction, s'applique même aux servitudes *apparentes*.

Le doute vient de ce que ces servitudes portant en elles-mêmes des signes *visibles* de leur existence, il est impossible que la loi les considère comme *occultes* pour les soumettre à la transcription, alors qu'elle les considère comme *publiques* quand il s'agit de les faire acquérir par la prescription (art. 2229).

D'un autre côté, l'article 1638 décide que l'acquéreur d'un héritage grevé d'une de ces servitudes n'a droit à aucune garantie, encore que l'existence de

(1) M. Flandin, Transcr., nos 417 à 421.
(2) M. Mourlon, loc. cit., no 118.

cette servitude n'ait pas été déclarée au contrat. Comment dès lors ce même acquéreur, qui est réputé connaître ces servitudes lorsqu'on lui dénie l'action en garantie, se ferait-il écouter du juge, quand il vient prétendre qu'il en avait ignoré l'existence, faute de transcription, et qu'il avait entendu acquérir la *pleine propriété!* Admettons pour un instant qu'il triomphe et parvienne à évincer le propriétaire du fonds dominant. Ne voyez-vous pas que ce dernier va se retourner contre son auteur, le propriétaire vendeur du fonds servant, et enlever ainsi indirectement à la disposition de l'article 1638 toute son utilité?

Ainsi, tandis que le Code affranchit le vendeur de toute garantie, on prétend l'y soumettre indirectement en vertu de l'article 2 de la loi de 1855! Mais que devient alors la déclaration du rapporteur de cette loi, M. de Belleyme : « Nous voulons combler un vide, *sans changer un seul mot ou un article de la loi existante?* » — Aussi déciderons-nous que, dans l'espèce, l'esprit de la loi doit l'emporter sur son texte. Quel est, en effet, le but de la loi sur la transcription? C'est de déterminer quel sera entre deux acquéreurs successifs *d'un même droit*, par deux actes émanés du même auteur, celui des deux qui prendra le pas sur l'autre. Ce sera, dit-elle, celui qui aura le premier transcrit son titre, fût-il le dernier acquéreur. De même entre deux acquéreurs successifs, non plus *d'un même droit*, mais de *deux droits incompatibles*, tels qu'un acquéreur de l'*usufruit* et un autre acquéreur de la *pleine propriété*. Lors donc que l'article 1638 refuse à l'acquéreur l'action en garantie, le législateur suppose que la servitude étant *apparente* et *visible*, l'acheteur l'ayant évidemment connue, n'a pu entendre acquérir que la propriété grevée de cette charge, et a payé le prix en conséquence. Il ne saurait donc se fonder sur la non-transcription de cette servitude pour revendiquer un droit que légalement il n'a point acheté. Dès lors en l'absence d'un conflit entre deux droits incompatibles, il n'y a point de nécessité pour faire intervenir la transcription afin de vider le débat.

122. Nous devons cependant faire remarquer que le système que nous venons de développer et auquel nous nous rallions, ce système que M. Mourlon a mis en lumière avec son talent si remarquable, n'est point partagé par la majorité des auteurs. M. Mourlon lui-même n'a cru devoir maintenir sa théorie que pour les cas où il aurait été expressément dit au contrat que l'acquéreur a acheté le fonds *grevé de ses charges*, ou *en l'état où il se trouve*, et *tel que l'acheteur a déclaré bien le connaître*, ou enfin *comme fonds servant* (1).

123. *Droits d'usage et d'habitation.* — Un auteur, M. Lesenne (2), enseigne que lorsqu'on vend un immeuble, en se réservant un droit d'usage ou d'habitation ou une servitude, il y a à la fois une mutation de propriété et constitution d'un droit réel ; partant, deux actes à transcrire. — M. Flandin (3) combat avec raison cette opinion. En effet, ce qui est vendu dans l'espèce, c'est la nue propriété; il n'y a

(1) Traité théor. et prat. de la Transcr., I, n° 107.
(2) Comm., n° 19.
(3) Transcr., n° 432.

donc qu'une mutation, car on n'établit pas une servitude sur soi-même (art. 578).

124. Il en serait autrement si, après avoir vendu la pleine propriété, libre de toutes charges, le vendeur stipulait un droit d'usage ou de servitude à son profit (1).

125. On s'est demandé si la donation d'une servitude, d'un droit d'usage ou d'habitation doit être transcrite. La négative paraît évidente en présence de l'article 11 de la loi du 23 mars 1855, qui porte, *in fine*, « qu'il n'est point dérogé aux dispositions du Code Napoléon, relatives à la transcription des actes portant donation, ou contenant des dispositions à charge de rendre, (lesquelles) continueront à recevoir leur exécution. »

L'affirmative nous semble préférable. Nous ne la fondons cependant pas sur cette raison invoquée par M. Troplong, que ce n'est point déroger au Code que *d'ajouter* à ses dispositions. Or, dit-il, l'article 939 qu'on nous oppose et qui n'exige la transcription que des donations de biens *susceptibles d'hypothèque*, a évidemment laissé dans le droit commun alors existant les donations de droits réels non susceptibles d'hypothèques, tels que les servitudes, l'usage et l'habitation. Ce droit commun ayant été modifié par la loi de 1855, la transcription doit aujourd'hui s'appliquer à toutes ces donations. — Cette raison ne nous paraît pas convaincante. Toute loi, fait sagement observer M. Mourlon (2), a des dispositions non-

(1) M. Flandin, loc. cit., n° 434.
(2) Loc. cit., n° 113.

seulement *expresses*, mais *implicites*. L'article 939 contient donc réellement deux dispositions, dont l'une soumet *expressément* à la transcription les donations de biens susceptibles d'hypothèque, tandis que l'autre en affranchit *tacitement* les constitutions gratuites de biens non susceptibles d'hypothèque.

Des raisons plus sérieuses militent en faveur de l'affirmative : La loi de 1855 ne pouvait pas déroger à l'article 939, celui-ci comprenant dans ses termes aussi bien les donations de servitudes, d'usage ou d'habitation que celles de biens susceptibles d'hypothèque. — Quel est, en effet, l'objet de la transcription? C'est d'apprendre aux tiers qui voudront traiter dans l'avenir avec le donateur, que celui-ci a perdu le droit *d'aliéner ou d'hypothéquer en tout ou en partie* tel ou tel immeuble. C'est donc dans la personne du donateur qu'il faut apprécier la nature du droit aliéné; or, avant la donation, la servitude ou le droit d'usage se confondant avec la propriété était certainement susceptible d'hypothèque. En un mot, ce que je donne, ce sont des fractions de ma propriété; ce n'est que lorsqu'elles en sont séparées qu'elles prennent le caractère d'une servitude, puisque *nemini res sua servit* (1).

(1) M. Mourlon, loc. cit., n° 113.

CHAPITRE VI

DE LA TRANSCRIPTION DES ACTES (ENTRE-VIFS) PORTANT RENONCIATION A DES DROITS QUI SONT DE NATURE A ÊTRE TRANSCRITS (ART. 1, § 2, ET ART. 2, § 2).

126. On distingue dans la pratique : les renonciations *extinctives* ou *abdicatives* qui éteignent simplement le droit du renonçant, sans le transférer; et les renonciations *translatives* ou *in favorem*, qui ont pour effet non-seulement d'éteindre, mais de transmettre le droit du renonçant en faveur d'une certaine personne. — On distingue également les renonciations qui constituent un simple *refus d'acquérir* et celles qui sont *déclaratives* ou *confirmatives* du droit d'autrui.

On est généralement d'accord pour ne soumettre à la transcription que les renonciations qui opèrent la *transmission* du droit du renonçant. Nous concédons aux partisans de cette opinion que la transcription ne saurait s'appliquer ni aux renonciations *déclaratives* du droit d'autrui, ni à celles qui ne sont que des *refus d'acquérir*. Mais quant aux renonciations purement *extinctives* du droit du renonçant, nous estimons, avec M. Mourlon, que la doctrine généralement admise ne marche point d'accord avec l'esprit de la loi sur la transcription. Qu'a-t-elle en effet voulu cette loi? Elle a voulu affermir le crédit en avertissant les tiers qu'ils doivent à l'avenir s'abstenir de traiter avec ceux qui ont perdu en tout ou en partie la libre disposition d'un droit ou d'un bien? Or, celui qui a renoncé à son droit sans le transmettre, n'a-t-il pas aussi bien perdu la faculté d'en disposer que celui qui l'a transmis? Les tiers n'ont-ils pas intérêt, dans les deux cas, à être avertis du changement que vient de subir la capacité d'aliéner du renonçant? (1).

127. Ces principes étant posés, passons en revue quelques cas de renonciations : 1° L'acte de renonciation à une succession ne devra pas être transcrit; car le renonçant étant réputé n'avoir jamais été héritier, sa renonciation constitue *un simple refus d'acquérir*, et celui qui lui succède à son défaut tient ses droits, non pas de lui, mais uniquement de la loi (2).

Il en est de même de la renonciation à un legs ou à une communauté.

128. La transcription serait au contraire nécessaire si la renonciation était faite, non pas au profit de tous les cohéritiers, mais de l'un ou quelques-uns seulement; ou bien au profit de tous, mais moyennant un prix. La loi y voit, en effet, une acceptation tacite de la succession (art. 780, C. Nap.).

Il en serait autrement s'il n'y avait que deux héritiers. La renonciation de l'un d'eux, même moyennant un prix, équivaudrait à partage (3).

(1) M. Mourlon, Traité théor. et prat. de la Transcr., I, n° 124, p. 324.

(2) MM. Mourlon, loc. cit., n° 125; Troplong, Transcr., n° 94; Riv. et Huguet, Quest., n° 74; Flandin, Transcr., n° 441.

(3) M. Flandin, loc. cit., n° 446.

129. — 2° La renonciation au droit de se prévaloir d'une prescription acquisitive accomplie constitue également un simple *refus d'acquérir*. La prescription, en effet, même accomplie, n'est parfaite que lorsqu'elle est invoquée par celui au profit de qui elle a couru; celui qui refuse de l'invoquer ne fait donc que *restituer la chose d'autrui*.

130. Doit-on en décider autrement de la renonciation intervenant après le jugement rendu au profit de celui qui a invoqué la prescription? — M. Mourlon (1), se fondant sur ce que le motif d'intérêt général qui a fait introduire la prescription, consistant à ne pas laisser trop longtemps contestable l'origine d'une propriété, n'existe plus lorsque celui qui a invoqué une prescription accomplie reconnaît qu'il a usurpé le droit d'autrui, dispense dans l'espèce de l'obligation de faire transcrire la renonciation. — Mais, répondrons-nous avec M. Flandin (2), des considérations ne sont pas des raisons, et n'empêchent pas qu'en vertu du jugement l'immeuble n'ait appartenu pendant quelque temps au renonçant, qui a pu l'aliéner ou l'hypothéquer; il importe donc que les tiers soient avertis qu'il vient de perdre cette faculté.

Toutefois, si le jugement était encore susceptible d'opposition ou d'appel, la renonciation ne serait plus un abandon du droit du renonçant, mais une reconnaissance du droit de son adversaire (3).

(1) Loc. cit.
(2) Loc. cit., n° 161.
(3) Flandin, loc. cit., n°s 162 et 163. — Contra: M. Mourlon, loc. cit.

131. Lors, au contraire, que le jugement a acquis l'autorité de la chose jugée, la renonciation intervenant pendant les délais du recours en cassation ou de la requête civile aurait un effet translatif et devrait être transcrite.

Cependant, il en serait autrement si la renonciation avait les caractères d'une transaction sur l'admissibilité du recours en cassation (1).

132. — 3° Renonciations à une action en nullité ou en rescision. — Lorsque c'est un mineur qui, arrivé à sa majorité, ratifie l'aliénation qu'il avait faite étant incapable, il reconnaît par là même qu'il avait fait cette aliénation en parfaite connaissance de cause, comme l'aurait fait un bon père de famille. La loi, il est vrai, le protége par une présomption d'incapacité; mais c'est uniquement parce qu'il serait trop difficile et trop dangereux de prouver qu'il a agi avec discernement. Il ne renonce donc pas, à vrai dire, à son action en nullité; il reconnaît plutôt qu'il n'y avait aucun droit. — Mais si sa ratification intervenait après un acte impliquant de sa part un aveu contraire, tel, par exemple, qu'une constitution d'hypothèque, ce serait une renonciation proprement dite sujette à la transcription.

133. Lorsqu'on renonce à une action en nullité ou en rescision, pour cause de violence, d'erreur ou de dol, M. Mourlon enseigne que, si la renonciation intervenait après que la question de dol, de violence ou d'erreur a déjà été soulevée, ce serait une re-

(1) MM. Riv. et Huguet, Quest., n° 88.

nonciation *extinctive de la propriété conditionnelle* retenue par l'aliénateur; il y a par conséquent, selon lui, lieu à transcription. — Mais, objecte M. Flandin (1), dont nous partageons l'opinion, ou bien l'acte infecté de violence, de dol ou d'erreur, a été transcrit, et alors les tiers ont su parfaitement qu'il n'y avait pas de sécurité à traiter avec l'acquéreur; ou bien, au contraire, cet acte n'a pas été transcrit, et alors la ratification ne saurait leur nuire, s'ils ont conservé leurs droits avant la transcription de la ratification. — D'ailleurs, la ratification, en rétroagissant, efface le vice dont l'acte avait été originairement infecté, et le fait considérer comme ayant toujours été valable; l'acquéreur est, par conséquent, réputé avoir valablement acquis l'immeuble, du jour même de son contrat, et il n'a rien acquis par suite de la ratification.

134. — 4° L'acte par lequel on renonce à une action en revendication ne devra pas être transcrit. — Cela est incontestable, lorsqu'on se désiste simplement d'une instance actuellement engagée, sans renoncer au fond même du droit. Mais il en sera de même lorsque le demandeur se désiste de sa prétention. En effet, tant qu'il n'est pas intervenu de jugement, celui qui revendique l'immeuble ne peut pas dire qu'il lui appartienne; il ne fait que reconnaître qu'il n'avait pas de droit sur cet immeuble (2).

135. — 5° Nous en dirons autant de l'acte par

(1) Transcr., nos 474 et suiv.

(2) MM. Mourlon, Traité théor. et prat. de la Transcr., I, n° 125, 5°; Flandin, loc. cit., n° 484; Dalloz, Rép., V° Transcr., n° 318.

lequel le demandeur en revendication renonce au bénéfice du jugement rendu à son profit. — Le jugement, en effet, ne fait que consacrer un droit antérieurement acquis ; il ne transfère rien au demandeur. Il suit qu'en renonçant au profit de ce jugement, le demandeur n'aliène rien ; il reconnaît simplement que la justice avait été trompée par de faux renseignements, et que l'immeuble appartenait bien au défendeur (1).

136. — 6° Lorsque c'est le défendeur qui acquiesce à l'action en revendication, il ne transfère pas l'immeuble au demandeur ; il reconnaît, au contraire, qu'il lui appartient.

137. — 7° Mais l'acte par lequel le vendeur à pacte de rachat renonce, avant l'expiration du délai, à user du réméré, devra être transcrit ; ce n'est plus, en effet, un droit douteux, mais un droit certain qu'il abandonne (2).

138. — 8° La même solution s'applique à la renonciation à une action en réduction d'une donation ou d'un legs excédant la quotité disponible, bien que les testaments soient dispensés de la formalité. En effet, la renonciation (elle) est un acte entre-vifs (3).

139. — 9° On transcrira également : la renonciation par laquelle le propriétaire d'un mur mitoyen abandonne son droit pour se soustraire aux charges de la mitoyenneté (art. 650) ; l'abandon d'un fonds

(1) M. Mourlon, loc. cit., 6°.
(2) MM. Flandin, loc. cit., n° 189 ; Mourlon, loc. cit., n° 127.
(3) Flandin, loc. cit.

servant, pour se soustraire aux dépenses d'entretien que le titre constitutif de la servitude met à la charge du propriétaire.

140. — 10° Les renonciations aux droits de servitude réelle, d'usufruit, d'antichrèse, d'usage ou d'habitation, sont également assujetties à la formalité.

Bien que la loi soit formelle à cet égard, on ne s'explique pas sa disposition relativement aux droits d'usage et d'habitation, lesquels n'étant ni cessibles ni susceptibles d'hypothèque, il n'était pas nécessaire d'avertir les tiers que l'usager ne peut plus en disposer en leur faveur.

141. — 11° *Quid* de la renonciation à l'action résolutoire pour défaut de payement du prix? — Une distinction est nécessaire. Le vendeur fait-il remise à l'acheteur de sa créance même, il n'y a point lieu à transcription; l'action en résolution ne saurait, en effet, être d'aucune utilité à celui qui n'est pas investi de la créance. Le vendeur conserve-t-il sa créance, la transcription sera alors indispensable pour mettre l'acheteur à l'abri des revendications des tiers auxquels le vendeur aurait ensuite cédé sa créance avec l'action résolutoire, et qui auraient transcrit avant lui (1).

142. Quant aux renonciations *tacites*, résultant, par exemple, d'une prescription ou de la déchéance d'une action non intentée dans un certain délai, ou

(1) MM. Mourlon, Traité théor. et prat. de la Transcr., n° 128; Dalloz, Rép.; V° Transcr., n° 325; Flandin, Transcr., n°s 492 et 493.

de l'extinction d'un usufruit par le non-usage pendant trente ans, elles produiront un effet absolument indépendant de la transcription. Il n'y a pas, d'ailleurs, d'acte ou de convention verbale qu'on puisse faire transcrire (1). — Mais il en serait autrement si la renonciation était basée sur certains faits émanés de l'ayant droit, tels que l'exécution d'une donation, nulle pour vice de formes, par les héritiers du donateur.

CHAPITRE VII

DES BAUX EXCÉDANT DIX-HUIT ANNÉES.

143. La loi du 11 brumaire an VII n'avait point soumis les baux à la transcription. Il en résultait que l'acquéreur d'un immeuble, subrogé par la loi aux obligations personnelles du bailleur, se voyait obligé de subir un bail souvent d'une très-longue durée, non-seulement pendant la vie du preneur, mais même après sa mort. Il n'était pas obligé, au contraire, de subir un usufruit après la mort de l'usufruitier, et même pendant sa vie, si l'usufruit n'avait pas été transcrit avant l'aliénation. Dans le cas même où l'usufruit lui était opposable, il n'était cependant pas tenu de faire jouir l'usufruitier; tandis que, subrogé aux obligations du bailleur, il se voyait contraint de faire jouir le preneur, encore que son auteur

(1) MM. Mourlon, loc. cit., n° 120; Flandin, id., n° 457; Dalloz, id., n° 306.

eût disposé par avance des loyers ou fermages à échoir, et sans qu'il eût la ressource de se soustraire à toutes ces charges en abandonnant l'immeuble, puisqu'il n'est pas tenu *propter rem.*

Pour parer à tous ces inconvénients, la nouvelle loi décide qu'à l'avenir les baux de plus de dix-huit ans ne seront opposables aux tiers acquéreurs que lorsqu'ils auront été transcrits, de même que les payements et cessions de loyers ou fermages non échus de plus de trois années, quelle que soit du reste la durée du bail. — Au-dessous de dix-huit ans on tolère les baux, même non transcrits, parce que étant les plus usuels et moins onéreux, il ne fallait pas les entraver par une formalité gênante et coûteuse. — La même raison s'applique aux payements et cessions de loyers de moins de trois ans.

144. *Quid* des renouvellements de baux ? Lorsqu'un bail devant durer encore trois ans est renouvelé pour dix-huit ans seulement, doit-on soumettre le nouveau bail à la transcription, par cette raison que sa durée ajoutée à celle du précédent bail excède dix-huit années ? — Une distinction doit être faite selon nous : Lorsque le nouveau bail est fait en faveur d'un autre preneur on ne peut pas opposer à ce dernier le premier bail auquel il a été complétement étranger, et il y a réellement *deux baux successifs* de dix-huit ans, affranchis, chacun individuellement, de la transcription. — Lors, au contraire, que c'est l'ancien preneur qui est appelé à jouir du nouveau bail, il y a moins *renouvellement* que *prolongation* de l'ancien bail, surtout si les conditions essentielles du bail n'ont pas été modifiées. La fraude à la loi sera d'autant plus facilement présumée que le renouvellement aura eu lieu à une époque très-éloignée de la cessation du bail (1).

145. La cession d'un bail d'une durée de plus de dix-huit ans doit-elle être transcrite ? — La solution de cette question est subordonnée à celle de savoir si le droit du preneur est un droit *réel* ou un droit *personnel*.

Si l'on considère le bail comme conférant au preneur un droit réel, comme la nouvelle loi ne s'applique qu'aux actes translatifs de droits réels *susceptibles d'hypothèque*, le droit du preneur ne pouvant être hypothéqué, fût-il réel, il n'y a point lieu à transcription. Il n'y a point lieu non plus à notifier la cession au bailleur, cette formalité ne s'appliquant qu'au transport des créances. — Admet-on, au contraire, que le bail confère au preneur un droit personnel, la cession ne devra pas être transcrite, mais elle devra être notifiée au bailleur, conformément à l'article 1690. — Or, nous devons faire remarquer que la commission du Corps législatif, par l'organe du rapporteur de la loi de 1855 a envisagé le droit du preneur comme un droit purement *personnel*. Voilà, en effet, ce que dit M. de Belleyme à ce sujet : « ..... Nous n'ignorons point que la publicité à laquelle nous les soumettons (les baux à long terme) est *une invasion dans le domaine des droits per-*

(1) M. Mourlon, Traité théor. et prat. de la Transcr., n° 144.

sonnels, mais elle nous a paru justifiée et nécessaire (1). »

146. La notification au bailleur suffira donc selon les auteurs mêmes de la loi de 1855. Il est cependant un cas où la transcription nous paraît nécessaire : c'est lorsque le bailleur intervient dans l'acte de cession pour accepter le cessionnaire aux lieu et place du preneur, et décharger ce dernier de ses obligations. Il se forme en effet alors, par novation, un nouveau bail entre le propriétaire et le cessionnaire, surtout si la durée du bail a été prolongée ou si le loyer a été diminué (2).

147. Quant aux actes par lesquels le bailleur cède une somme représentant le loyer de plus de trois ans, la loi les assujettit avec raison à la transcription, autrement un acquéreur se verrait obligé d'entretenir le bail sans avoir comme compensation la jouissance des revenus sur lesquels il avait compté ; et les créanciers hypothécaires se verraient frustrés des loyers et fermages que la loi immobilise à leur profit à partir de la transcription de la saisie (3). — Pour les cessions de loyers de moins de trois ans, la loi pensant qu'elles rentraient dans les limites d'une sage administration les a, à ce titre, affranchies de la publicité.

148. Les cessions qui sont sujettes à transcription, n'en continuent pas moins à être soumises à la noti-

(1) Conf. M. Mourlon, loc. cit., n° 147.

(2) Conf., MM. Riv. et Huguet, Quest., n° 163 ; Troplong, Transcr., n° 119 ; Mourlon, loc. cit., n° 148. — Contra : M. Flandin, de la Transcr., n° 518.

(3) Conf. M. Flandin, loc. cit., n° 533.

fication au débiteur exigée par l'article 1690 du Code Napoléon. La transcription ne concerne, en effet, que les rapports du cessionnaire avec un acquéreur ou un créancier hypothécaire de l'immeuble. Quant à ses rapports avec un second cessionnaire par exemple, la notification au preneur pourra seule le mettre à l'abri des actes ultérieurs du cédant (1).

149. Remarquons, en terminant, que les baux de plus de dix-huit ans et les cessions de loyers de plus de trois ans n'en seront pas moins opposables aux tiers, malgré l'absence de transcription, dans les limites de dix-huit ans pour les baux, et de trois ans pour les cessions de loyers.

CHAPITRE VIII

DE LA TRANSCRIPTION DES JUGEMENTS.

150. Les jugements ne sont pas, en principe, soumis à la transcription, parce que n'étant que déclaratifs d'un titre antérieur, c'est ce titre qui a dû être transcrit.

La loi fait cependant exception pour deux espèces de jugements : ceux qui constatent l'existence d'une convention verbale de nature à être transcrite (article 1 et 2, n° 3); et les jugements d'adjudication, autres que ceux rendus sur licitation au profit d'un

(1) Conf. M. Mourlon, loc. cit., n° 151.

cohéritier ou d'un copartageant. Ces deux sortes de jugements ayant un caractère translatif, la loi du 23 mars devait les soumettre à ses prescriptions. Ce ne sont donc pas à vrai dire des exceptions. — Parlons d'abord des jugements constatant l'existence d'une convention verbale de nature à être transcrite :

151. A ne consulter que le texte même de la loi, on ne devrait pas faire transcrire les jugements déclarant l'*extinction* par convention verbale d'un droit réel immobilier non susceptible d'hypothèque (article 2, n° 3, combiné avec les n°s 1 et 2); ni ceux constatant l'existence d'un bail de plus de dix-huit ans (art. 2, n°s 3, 4 et 5 comb.); ni celui remplaçant un *écrit* qui aurait été perdu ou détruit avant qu'on ait pu le faire transcrire, car le texte ne parle que des jugements constatant l'existence d'une convention verbale; ni enfin les *actes judiciaires*, constatant l'existence d'une convention verbale.

Mais ici encore l'esprit de la loi, qui a pour objet de mettre sous les yeux des tiers toute convention capable de leur nuire, *fût-ce même un jugement*, doit l'emporter sur les textes. — On devra donc transcrire tout jugement ou acte judiciaire déclarant l'existence d'une convention verbale qui aurait dû être transcrite si elle avait été constatée par écrit.

Du reste on pourrait à la rigueur faire rentrer les *actes judiciaires* ayant un caractère translatif dans ces expressions de l'article 1 : « *actes translatifs* de propriété (1). »

(1) M. Flandin, loc. cit.

152. Nous n'irons cependant pas jusqu'à décider, avec M. Lesenne (1), qu'il faudra transcrire un *acte de reconnaissance d'écriture privée faite en justice*. En effet, dès qu'il existe un *écrit*, c'est cet écrit et non le jugement de reconnaissance d'écriture qui devra être transcrit. — Il en serait autrement d'un procès-verbal de conciliation constatant l'existence d'une vente verbale. Comme il n'y a alors pas d'écrit, c'est la sentence du juge de paix qui devra être transcrite (2).

153. On peut faire transcrire un jugement avant même qu'il ait acquis l'autorité de la chose jugée; de même qu'on peut faire transcrire une vente conditionnelle *pendente conditione* (3). La transcription est, en effet, une mesure conservatoire. — Le jugement est-il maintenu sur l'opposition ou en appel, les effets de la convention remonteront vis-à-vis des tiers à la date de la transcription du jugement confirmé. Est-il au contraire révoqué, l'arrêt devra être mentionné, par analogie de l'article 4, en marge de la transcription révoquée.

154. *Jugements d'adjudication*. — La loi n'excepte de sa disposition que les jugements rendus sur licitation au profit d'un héritier ou d'un copartageant, parce qu'elles ont le caractère d'un partage. Or, comme on ne peut excepter d'une règle que ce qui s'y trouve *virtuellement* compris, il semble, surtout en présence de cette expression absolue, *tout* jugement

(1) Comm., nos 30, 31, 33, 46 et 47.
(2) Conf. M. Flandin, de la Transcr., nos 541 et 544.
(3) M. Mourlon, Traité théor. et prat. de la Transcr., n° 186.

d'adjudication », que la transcription ne s'applique pas seulement aux adjudications *translatives*, mais également aux adjudications *confirmatives* d'une acquisition antérieure, comme celle où un acquéreur se porte adjudicataire de sa propre chose, ou lorsque l'adjudicataire se porte enchérisseur du sixième (art. 708, C. de pr.) ou du dixième (article 573, C. de com.), ou enfin lorsqu'un héritier bénéficiaire, mettant aux enchères publiques un immeuble héréditaire se porte lui-même enchérisseur. Mais les auteurs sont unanimes pour proclamer que la pensée de la loi se trouve déposée dans le numéro 1 de l'article 1 qui ne parle que des actes *translatifs*, et que les numéros et articles suivants n'en sont que le développement. — D'un autre côté ils décident qu'il n'y a pas seulement les adjudications prononcées par jugement, mais celles qui ont lieu pardevant notaire qui devront être transcrites.

Le principe étant posé, voyons-en l'application aux différentes adjudications.

§ 1. *Adjudication sur saisie.*

155. Aux termes de l'article 686 (comb. avec l'art. 678, C. de pr.), dès que le procès-verbal de saisie a été dénoncé au débiteur, celui-ci ne peut plus faire *aucune aliénation* au préjudice des créanciers poursuivants. Cela posé on a prétendu (1) que la transcription du jugement d'adjudication est inutile, et

(1) M. Lemarcis, Explicat. de la loi du 23 mars 1855, p. 24.

que la simple mention de l'adjudication en marge de la transcription du procès-verbal de saisie suffit. Comment, en effet, le saisi qui a perdu la faculté d'aliéner dès la transcription de la saisie, pourrait-il la recouvrer après l'adjudication ? — Mais, fait observer M. Flandin (1), s'il est vrai que le saisi a perdu le droit d'aliéner, il conserve au contraire celui de constituer des hypothèques. La transcription de l'adjudication aura au surplus une utilité incontestable à l'égard des aliénations antérieures à la saisie ou à sa transcription. — La transcription du procès-verbal de saisie ne révèle d'ailleurs aux tiers qu'un *projet* de vente ; mais elle ne leur apprend nullement si ce projet a abouti, s'il s'est présenté des enchérisseurs ou si le débiteur n'a pas préféré arrêter les poursuites en désintéressant les créanciers (2). — Enfin il n'y a pas d'inconséquence à faire cesser la prohibition d'aliéner après l'adjudication, car la loi ne retire au saisi son droit d'aliéner que pour faciliter les opérations de la saisie, afin que les créanciers ne soient pas obligés de la renouveler contre chacun des acquéreurs successifs de l'immeuble. Mais une fois l'adjudication prononcée, les créanciers sont hors de cause, et il n'y a plus d'inconvénient à faire revivre le droit commun contre l'adjudicataire (3).

(1) Loc. cit., n° 878.
(2) M. Mourlon, Traité théor. et prat. de la Transcr., I, n° 79.
(3) Conf. MM. Mourlon, loc. cit.; Riv. et Huguet, Quest., n°s 124, 351 et 352; Lesenne, Comm., n° 36; Gauthier, Résumé, etc., n° 111.

§ 2. *Adjudication sur délaissement.*

156. Le tiers détenteur qui, après délaissement, se sera rendu adjudicataire ne sera pas obligé de faire transcrire. En effet, le délaissant n'abdique pas la propriété de l'immeuble au profit des créanciers hypothécaires. Il n'en abandonne même pas la possession civile, mais uniquement la *possession de fait*, afin d'échapper aux embarras et à la honte d'une saisie. Nous en avons pour preuve l'article 2174 qui veut qu'il soit créé à l'immeuble délaissé un curateur contre lequel la vente sera poursuivie; si en effet l'acquisition était résolue rétroactivement, ce serait contre l'aliénateur auquel l'immeuble aurait fait retour que l'expropriation devrait être poursuivie. — Citons encore l'article 2173 qui permet au délaissant, jusqu'à l'adjudication, de reprendre l'immeuble en payant les dettes hypothécaires et les frais; or, entre ce cas et celui où il reprend l'immeuble en ne payant les créanciers que jusqu'à concurrence du prix déterminé par l'adjudication, où est la différence? — Enfin comment s'expliquer la disposition de l'article 2177, 2°, qui lui attribue l'excédant du prix de vente sur le montant des sommes dues aux créanciers hypothécaires des précédents propriétaires, si ce n'est par cette idée qu'en se rendant adjudicataire il ne fait pas une acquisition nouvelle? — Qu'importe, après cela, que l'article 2172 exige que pour délaisser on soit *capable d'aliéner;* n'est-ce pas parce que le délaissement, sans entraîner une aliénation

immédiate, peut en amener une dans l'avenir par suite de l'adjudication faite au profit d'un étranger ? Etait-il besoin de dire que *pour aliéner*, il faut être *capable d'aliéner*, si le délaissement était de sa nature un acte d'aliénation ? — Ajoutons que si l'article 2177, 1°, fait renaître les servitudes et autres droits réels que le tiers détenteur avait sur l'immeuble, c'est par cette idée que le délaissement ne mettant plus les créanciers hypothécaires aux prises avec l'acquéreur, c'est comme si leur gage était encore en la possession de leur débiteur, et que le délaissement ne doit ni leur profiter au détriment du tiers acquéreur, ni bénéficier à ce dernier à leur préjudice (1).

157. On fera peut-être des réserves pour le cas où le délaissant est un donataire ou un légataire. On dira que, dans ce cas, ce n'est plus en vertu de son titre primitif, mais par un titre nouveau, l'adjudication, qu'il conserve l'immeuble. Mais il faut répondre que si le délaissant usait de la faculté de reprendre l'immeuble avant l'adjudication, il le conserverait certainement en vertu de son titre originaire ; or, encore une fois, s'il lui est permis de se rendre adjudicataire, c'est uniquement pour lui procurer l'avantage de ne payer les créanciers que jusqu'à concurrence du prix déterminé par l'adjudication. Du reste, ce n'est même pas *un véritable prix*, puisqu'il a un recours contre les débiteurs qu'il a

(1) MM. Mourlon, Traité théor. et prat. de la Transcr., I, n° 80 et p. 216, note 2 (1862) ; Flandin, de la Transcr., n°s 565 et 566 ; Dalloz, Rép., V° Transcr., n° 367.

libérés (art. 871, C. Nap.). Il y a d'ailleurs un titre antérieur, la donation, qui a dû être transcrit. — Quant au legs, c'est la publicité qui accompagne la mort du testateur, qui supplée à sa transcription, et qui le fait réputer légalement connu des tiers (1).

§ 3. *Adjudication prononcée au profit d'un héritier bénéficiaire.*

158. La position d'un héritier bénéficiaire qui se rend adjudicataire d'un immeuble de la succession, est semblable à celle du délaissant qui se porte adjudicataire de l'immeuble délaissé. « La mutation par décès, dit M. Troplong (2) s'est opérée sans transcription ; elle a rendu l'héritier propriétaire au regard de tout le monde. Or, le jugement même non transcrit le laisse au moins dans la position où il était... » M. Merlin (3) fait observer de son côté que si l'héritier bénéficiaire n'était plus propriétaire à l'égard des créanciers et légataires, tout en le restant au regard des autres personnes, nul ne pourrait s'en dire propriétaire ; ni les créanciers et légataires, puisqu'ils n'ont sur les biens du défunt que des actions personnelles et hypothécaires, ni la succession considérée comme être moral, puisqu'elle n'est pas vacante. — En un mot, l'héritier reste tel même au regard des créanciers et légataires ; il continue à être tenu des obligations du défunt ; le seul effet du bénéfice d'in-

(1) MM. Mourlon, loc. cit., n° 81 ; Flandin, *id.*, n° 567.
(2) Transcr., n° 102.
(3) V° Bénéf. d'invent., n° 23.

ventaire est de limiter son obligation aux dettes, aux forces de la succession (1).

159. L'abandon qu'il fait aux créanciers et légataires pour se décharger du payement des dettes, n'est qu'une espèce de cession judiciaire qui, sans les rendre propriétaires des biens héréditaires, leur donne seulement le droit de les faire vendre judiciairement (2). Il ne sera donc point passible de la transcription.

160. Il en serait autrement s'il était fait non point à tous les créanciers, mais seulement à un ou plusieurs d'entre eux (3).

161. Le jugement prononçant l'envoi en possession provisoire des biens d'un absent, au profit de ses héritiers présomptifs, n'étant pas translatif mais conférant simplement l'administration des biens, (art. 125), ne sera pas sujet à transcription.

Il en est de même de l'envoi en possession définitive, bien qu'il soit translatif de propriété ; car ceux qui ont été envoyés en possession définitive possèdent les biens à titre héréditaire ; or, on sait que les mutations par décès sont affranchies de la transcription (4).

162. Parlons maintenant du cas où ce n'est plus l'acquéreur de l'immeuble, mais un étranger qui se porte enchérisseur. L'adjudication prononcée à son

(1) Loyseau, Traité du déguerpissement, l. II, ch. III, nos 1 à 24 ; Flandin, loc. cit., nos 585 et suiv. ; Dalloz, loc. cit., nos 372 et et suiv. ; Pothier, des Success., ch. 3, sect. 3, art. 2, § 6.

(2) MM. Duranton, t. VII, n° 45 ; conf. Dalloz, loc. cit., n° 374 ; Flandin, n° 592.

(3) M. Flandin, loc. cit., n° 593.

(4) M. Flandin, loc. cit., n° 597.

profit a-t-elle pour effet de résoudre rétroactivement l'acquisition faite par l'acquéreur ?

L'affirmative semble évidente en présence de l'article 2177 qui porte « que les servitudes et droits réels que le tiers détenteur avait sur l'immeuble avant sa possession renaissent après l'adjudication. » Si en effet la propriété de l'acquéreur n'était que transmise à l'adjudicataire, sans être effacée dans le passé, la confusion qu'elle avait produite subsisterait avec elle. — Quant à la deuxième disposition de l'article 2177, qui admet les créanciers personnels de l'acquéreur à exercer leurs hypothèques sur l'immeuble adjugé, après les créanciers inscrits du chef des précédents propriétaires, cette disposition, dira-t-on, s'explique par une faveur analogue à celle introduite au profit des créanciers hypothécaires du donataire dont la donation a été révoquée pour cause d'ingratitude (art. 958). La loi n'a pas voulu que l'acquéreur pût, en délaissant, se soustraire aux engagements qu'il avait contractés.

Mais ce système pèche contre les principes qui régissent les rapports de l'acquéreur avec son auteur. Celui-ci, en faisant une aliénation à titre onéreux, avait contracté l'engagement envers l'acquéreur de le garantir de toute éviction, et par conséquent de libérer l'immeuble des hypothèques qui le grevaient (art. 1626). — Cette obligation affecte le contrat d'une condition résolutoire tacite (art. 1184), laquelle étant établie *contre l'aliénateur*, celui-ci ne peut certainement pas l'invoquer contre l'acquéreur et faire résoudre le contrat en refusant de l'exécuter.

L'acquéreur évincé, de son côté, n'a aucun intérêt à demander la résolution de son contrat; car sa créance de garantie ne lui permettrait pas de venir sur l'excédant du prix d'adjudication à l'exclusion des créanciers chirographaires de son vendeur. — L'intérêt qu'il a au maintien de son contrat devient encore plus évident dans le cas où l'acquéreur évincé est un donataire, et que le prix d'adjudication donne un excédant considérable sur le montant des sommes inscrites; car, n'étant alors tenu d'aucune garantie, le donateur pourrait dans le premier système se faire attribuer exclusivement cet excédant et reprendre ainsi sa donation en violant ses engagements! — Si le législateur a toléré le rétablissement des servitudes et autres droits réels de l'acquéreur, c'est sans doute afin de maintenir l'égalité entre lui et les créanciers hypothécaires. Le délaissement ayant pour effet de faire considérer l'immeuble comme s'il était rentré dans le gage de leur débiteur, l'équité veut que réciproquement ils ne s'enrichissent pas aux dépens de l'acquéreur.

Il résulte de ce que l'adjudication sur délaissement (et il en faut dire autant de l'adjudication sur saisie) n'opère pas la résolution du droit de l'acquéreur, que celui-ci sera directement tenu de la garantie envers l'adjudicataire; qu'il aura exclusivement droit à l'excédant du prix d'adjudication, et que le défaut de transcription du jugement d'adjudication ne pourra être invoqué que par ses ayants cause (1).

(1) M. Mourlon, Traité théor. et prat. de la Transcr., I, n° 81.

163. On devra donner une solution inverse relativement à l'adjudication sur enchère du dixième au profit d'un étranger. L'article 2188 dit, en effet, que « l'adjudicataire est tenu au delà de son prix d'adjudication, de restituer à l'acquéreur ou au donataire dépossédé *les frais et loyaux coûts de son contrat*, » ce qui ne peut s'expliquer évidemment que par la résolution de ce contrat.

L'adjudicataire ne pourra donc agir en garantie que contre le vendeur originaire, et les ayants cause de ce dernier pourront seuls se prévaloir du défaut de transcription du jugement d'adjudication. Toutefois, lorsque le prix d'adjudication donne un excédant sur le montant des créances inscrites, comme il serait injuste que l'acquéreur qui a préféré purger soit moins bien traité que celui qui en délaissant a, par son inaction, rendu nécessaires la saisie et l'expropriation de l'immeuble, cet acquéreur pourra déclarer en purgeant, qu'il renonce à la résolution de son contrat, et par conséquent, au remboursement des frais et loyaux coûts. Il n'y a alors qu'une seule mutation s'opérant directement de l'acquéreur dépossédé à l'adjudicataire (1).

164. Les jugements d'*expropriation pour cause d'utilité publique* ne sont pas, à vrai dire, des *adjudications proprement dites*, mais comme ils ont néanmoins pour effet de tranférer la propriété, il y a lieu de se demander si on doit leur appliquer la loi du 23 mars 1855, ou s'ils doivent continuer à être régis par la loi du 3 mai 1841.

(1) M. Mourlon, loc. cit., n° 85.

Pour l'application de cette dernière, on peut dire que l'article 1 de la loi de 1855, en parlant des *actes translatifs de propriété* ne vise point les jugements, puisqu'on leur a consacré un numéro à part. Or, parmi les jugements, ceux-là seuls qui ont lieu *par voie d'adjudication* doivent être transcrits; la loi de 1855 ne régit donc point les jugements d'expropriation. Il en sera de même des *traités amiables* par lesquels les particuliers cèdent leurs biens à l'Etat, moyennant un prix débattu, car ces traités ne sont point de *véritables contrats*, puisque le particulier subit une nécessité légale. Or, dans l'article 1, on ne parle que des aliénations *volontaires*. Enfin, peut-on ajouter, la transcription a pour but de rendre les aliénations *publiques*; or, la loi du 3 mai 1841 a entouré l'expropriation d'une publicité suffisante au moyen de l'affichage du jugement et de son insertion dans les journaux, après deux enquêtes préalables, l'une pour la déclaration d'utilité publique, l'autre pour la fixation individuelle des propriétés à exproprier. — Qui ne voit d'ailleurs que l'application de la loi de 1855 permettrait aux intérêts privés d'empêcher les biens de passer dans le domaine public, ou du moins de retarder ce résultat?

Si ce système devait être admis, l'Etat deviendrait propriétaire à l'égard de tout le monde, par le seul effet du jugement d'expropriation ; les créanciers privilégiés et hypothécaires pourraient encore s'inscrire dans la quinzaine de la transcription du jugement, et les femmes veuves, ainsi que les mineurs devenus majeurs, conserveraient leur droit de préférence, même après l'année qui a suivi le décès du mari ou la majorité du mineur, indépendamment de toute inscription (art. 17). Mais on peut objecter que l'article 1 de la loi de 1855, en se servant du mot *acte translatif*, au lieu du mot *contrat* ou *convention*, y comprend évidemment tous les actes d'aliénation auxquels il n'a pas été consacré un numéro spécial; or, le n° 4 de l'article 1 n'a trait qu'aux *jugements d'adjudication;* il laisse donc sous l'empire du n° 1 les jugements qui sont *translatifs de propriété*, sans être d'*adjudication*. Dans tous les cas, il s'applique aux *cessions amiables* faites à l'Etat; car, lorsque la justice intervient, c'est uniquement afin de mettre les parties d'accord sur la fixation du prix; elles contractent donc par son intermédiaire, de la même manière que lorsqu'un vendeur et un acheteur désignent un tiers pour fixer le prix de vente. Enfin, il n'est pas prouvé que l'article 1 ne s'applique qu'aux aliénations *volontaires*. Le jugement est, il est vrai, rendu public; mais les affiches et les insertions dans les journaux ne sont que temporaires et livrées aux hasards d'un oubli, d'une perte ou d'une destruction. La transcription, au contraire, constitue une publicité permanente. Nous avons d'ailleurs vu précédemment que les adjudications sur saisies doivent être transcrites, malgré la transcription de la saisie et les affichages et insertions dans les journaux qui l'ont précédée. — Mais, dit-on, l'exproprié pourra donc, jusqu'à la transcription, évincer l'administration, en aliénant l'immeuble à un tiers qui se hâtera de transcrire, et la contraindre ainsi de procéder à une nouvelle expropriation! Nullement. L'article 18 de la loi du 3 mai 1841 porte, en effet, que « *les actions en revendication* et autres actions réelles ne peuvent arrêter l'expropriation ni en empêcher l'effet : le droit des réclamants est transporté sur le prix, et l'immeuble en demeure purgé. » Ainsi, tout ce que pourra prétendre le tiers acquéreur postérieur au jugement mais antérieur à sa transcription, ce sera de se faire attribuer l'indemnité d'expropriation. Qu'importe à l'administration de la payer à tel individu plutôt qu'à tel autre? Quel tort lui fait-on en privant les créanciers du délai de quinze jours pour s'inscrire après le jugement, et en lui permettant ainsi de se libérer plus tôt? Les créanciers eux-mêmes, les femmes veuves, les mineurs et les interdits pourront-ils se plaindre si on leur applique le droit commun dans un débat où l'administration est complétement désintéressée?

Ce n'est pas à dire que la loi du 3 mai 1841 soit complétement abrogée par celle de 1855; mais il faut y distinguer deux sortes de dispositions : les unes sont de droit spécial, et consistent dans la loi ou le décret qui ordonne l'expropriation (art. 2), l'arrêté du préfet déterminant les propriétés à acquérir (art. 11), le jugement qui prononce l'expropriation (art. 14), son affichage, la fixation de l'indemnité (art. 23, 24, 28, 38), etc. Toutes ces dispositions continuent à rester en vigueur. Viennent ensuite des dispositions qui s'occupent de l'intérêt des tiers qui ont des droits à faire valoir sur l'immeuble. Ici, l'administration n'étant plus intéressée, on rentre dans le droit commun, et rien ne s'oppose à ce que la loi de 1855 soit applicable, sauf pour le droit de surenchère qui, s'il pouvait être exercé, aurait pour résultat d'entraver l'expropriation et d'empêcher que les biens ne passent du domaine des particuliers dans le domaine public de l'Etat (1).

CHAPITRE IX

DE LA MENTION DES JUGEMENTS PRONONÇANT LA NULLITÉ, LA RESCISION OU LA RÉSOLUTION D'UN ACTE TRANSCRIT, EN MARGE DE LA TRANSCRIPTION DE CET ACTE.

165. On distingue, en droit, les contrats *nuls*, *annulables ou rescindables et résolubles*. — Un contrat est *nul*, lorsqu'il lui manque un des éléments essentiels à sa formation, par exemple lorsque les parties ont en vue des objets différents ou ont cru former des contrats différents. — Un contrat est simplement *annulable* ou *rescindable* lorsque, tout en réunissant les éléments nécessaires à sa formation, il se trouve entaché d'un vice qui ne l'empêche pas de valoir provisoirement, mais qui en autorise l'annulation. Tels sont la violence, le dol, l'erreur, la minorité, l'interdiction, etc.

Lorsque le contrat est nul, il n'est pas seulement

(1) MM. Mourlon, Traité théor. et prat. de la Transcr., I, n° 88; Flandin, Transcr., n° 599 et suiv. — Contra : MM. Cabantous, Revue de critique, de législ. et jurispr., année 1855, p. 92 et suiv.; Troplong, Transcr., n° 103; Riv. et Huguet, Quest., n° 353.

imparfait, il est *inexistant;* il n'a que l'apparence d'un contrat. Est-il au contraire simplement *annulable*, il a provisoirement tous les effets d'un contrat valable ; mais la partie, dans l'intérêt de laquelle il est annulable, peut en demander et en faire *prononcer* la nullité en justice. On n'a pas au contraire besoin de faire *prononcer* la nullité d'un contrat *nul*, car on ne détruit pas le néant.

Un contrat est *résoluble*, lorsqu'il est fait sous une condition *résolutoire* expresse ou tacite. — Parmi les conditions *résolutoires*, les unes ont lieu de plein droit sans que le contrat ait besoin d'être révoqué en justice. Les autres n'ont pour effet de révoquer le contrat qu'autant que la révocation a été prononcée en justice. On peut citer comme exemple d'une résolution ayant lieu de plein droit, la révocation d'une donation pour survenance d'enfant (art. 960). Il se peut, il est vrai, que l'intervention de la justice devienne nécessaire, lorsque la révocation est contestée ; mais alors le tribunal n'aura pas pour mission de la prononcer, il la constatera simplement. — Parmi les résolutions devant être *prononcées* en justice, on peut ranger la résolution d'une vente pour défaut de payement, et en général celles qui ont lieu pour inexécution des charges.

Enfin il est des résolutions qui, procédant d'une cause inhérente au contrat, ont pour effet de l'anéantir dans le passé, aussi bien que pour l'avenir, comme par exemple, la révocation d'une donation pour survenance d'enfant. — D'autres au contraire, telles que la révocation d'une donation pour cause d'ingratitude, ne résolvent le titre que pour l'avenir, et laissent subsister les actes passés par le donataire antérieurement à la mention de la demande en révocation, en marge de la transcription de la donation.

166. Ces distinctions étant posées, il y a lieu de se demander si l'article 4, en ne parlant que des jugements *prononçant* la résolution, nullité ou rescision, exclut de sa disposition les jugements qui *constatent* simplement la résolution d'un contrat. Il semble en effet que, puisque cet article prononce une peine contre ceux qui le méconnaissent, on doive le restreindre strictement dans ses termes, sans l'étendre par analogie à d'autres cas. — On peut également se demander s'il faut l'appliquer seulement aux résolutions ayant un effet révocatoire dans le passé comme pour l'avenir, ou même à celles qui n'ont d'effet que pour l'avenir.

Sur la première question nous estimons avec MM. Troplong (1), Mourlon (2) et Flandin (3), que l'article 4 s'applique même aux résolutions qui ont lieu de plein droit. Les tiers ont, en effet, autant d'intérêt à connaître celles-ci que les résolutions qui sont prononcées en justice. La terminologie de notre Code civil n'est, du reste, pas assez rigoureuse pour qu'on puisse dire avec certitude que le législateur de 1855 n'a eu en vue que les contrats annulables, et parmi

(1) Transcr., n° 214.
(2) Traité théor. et prat. de la Transcr., II, n° 528; et Exam. crit. du Comment. de M. Troplong sur les priviléges, Append., n° 363.
(3) De la Transcr., nos 613, 624 et 625. — Contra : MM. Riv. et Huguet, Quest., n° 260.

les contrats résolubles ceux qui n'ont pas lieu de plein droit. On voit en effet, dans les articles 472 et 502, l'expression « *nul* » employée pour désigner un contrat *annulable*; et réciproquement les articles 2054 et 2056 se servir de l'expression « *rescindable* » pour désigner un contrat qui est absolument *nul*.

Quant aux contrats dont la résolution n'a d'effet que pour l'avenir, nous croyons au contraire qu'ils ne tombent pas sous l'application de l'article 4. La résolution prononcée dans ce cas a en effet un caractère *translatif*, puisqu'elle ne porte aucune atteinte aux droits des tiers acquis dans l'intervalle; ce n'est donc pas une simple mention, mais la transcription même du jugement qu'il faut en pareil cas, conformément au principe fondamental de l'article 1 qui soumet à cette formalité tout acte entre-vifs translatif de propriété (1).

167. Il résulte de là qu'il faudra faire transcrire le jugement qui prononce l'extinction de l'usufruit pour abus de jouissance (art. 618), parce que cette extinction ne saurait porter aucune atteinte aux droits des créanciers.

168. M. Troplong pense que par la même raison il ne suffirait pas de faire une simple mention du jugement prononçant la révocation d'une donation pour cause d'ingratitude; il faudra, dit-il, transcrire le jugement en entier, nonobstant l'extrait de la demande en révocation fait en marge de la transcription de l'acte de donation; car si les tiers ont

(1) M. Flandin, loc. cit., n° 617. — Contra : M. Mourlon, loc. cit., n° 533.

été avertis par cet extrait qu'il y avait une demande en révocation, il reste à leur apprendre que cette demande a réussi (1).

Ce n'est point notre sentiment. En effet, fait remarquer M. Flandin (2), le but de la loi, qui consiste à avertir les tiers des changements qui s'opèrent dans la propriété, est parfaitement atteint par l'inscription de la demande en révocation, en marge de la transcription de la donation. Les voilà mis en garde et prévenus de l'introduction de la demande; qu'ils se renseignent avant de traiter avec le donataire, du résultat de cette demande.

169. On pourrait au surplus soulever une objection contre l'application de l'article 4 aux jugements portant résolution, nullité ou rescision d'une *donation*. L'article 11, dira-t-on, décide en effet qu'il n'est point dérogé aux dispositions du Code Napoléon relatives à la transcription des donations. Mais hâtons-nous de répondre que dans l'espèce il ne s'agit pas de la transcription d'une *donation*, mais d'un acte d'une autre nature. Le Code ne s'étant point occupé des jugements résolvant, annulant ou rescindant une donation, ce n'est point y déroger que de les soumettre à la nouvelle loi (3).

170. Toute donation est faite sous cette condition qu'elle sera *révoquée* ou *résolue* si au jour du décès du

(1) M. Troplong, Transcr., n° 219.

(2) De la Transcr., I, n° 622. Conf. MM. Riv. et Huguet, Quest., n° 261 ; Dalloz, Rép., V° Transcr., n° 392.

(3) MM. Mourlon, Traité théor. et prat., de la Transcr., II, n° 532 ; Troplong, loc. cit., n° 217; Flandin, loc. cit., n° 628; Riv. et Huguet, loc. cit., n° 259.

donateur elle dépasse la quotité disponible. Les immeubles rentrant dans la succession francs et libres des dettes ou hypothèques créées par le donataire, la simple mention en marge de la transcription du jugement prononçant la *réduction* suffira (1).

171. Il en sera de même du jugement annulant une aliénation consentie par un débiteur en fraude des droits de ses créanciers. Qu'importe, en effet, que ce ne soit point la partie elle-même qui demande à faire annuler ses engagements, mais ses créanciers? Ce n'est là qu'un accident qui n'est point susceptible de modifier le fond du droit (2).

172. Les adjudications sur enchère du dixième après aliénation volontaire (art. 2185, C. Nap.) résolvent rétroactivement le titre de l'acquéreur, en même temps qu'elles opèrent une nouvelle mutation de l'aliénateur primitif à l'adjudicataire. Elles devront donc à la fois être transcrites et portées en marge de la transcription de l'acte qu'elles résolvent (3).

173. Quant à l'adjudication sur folle enchère, elle ne résout point l'adjudication primitive; elle *subroge simplement un nouvel adjudicataire à l'adjudicataire originaire* qui n'a point payé le prix. Le saisi, en effet, cesse d'être propriétaire du jour même de la première adjudication; et quoi qu'il arrive l'immeuble ne rentrera pas dans son patrimoine, puisque l'ad-

(1) MM. Flandin, loc. cit., n° 629; Mourlon, loc. cit., n° 534; — Contra : MM. Riv. et Huguet, loc. cit., nos 267 et 268.

(2) MM. Flandin, de la Transcr., n° 630; Mourlon, loc. cit., II, n° 535; Troplong, Transcr., n° 220. — Contra : MM. Riv. et Huguet, Quest., nos 269 et 270.

(3) M. Mourlon, loc. cit., n° 539.

judicataire actuel ne disparaîtra qu'à la condition d'être remplacé par un autre. — Citons à l'appui l'article 779 du Code de procédure aux termes duquel tous les actes accomplis sur la première adjudication *subsistent, nonobstant l'adjudication sur folle enchère*. L'ordre ouvert sur le prix sera donc maintenu, et on lui fera simplement subir des remaniements si le prix de la nouvelle adjudication se trouve modifié dans son *quantum*.

Il résulte de tout ce qui précède que le jugement d'adjudication sur folle enchère, bien que résolvant le titre du premier acquéreur n'aura pas besoin d'être transcrit, puisque la transcription n'est exigée que dans l'intérêt des tiers qui se mettent en rapport avec l'*aliénateur;* mais il devra en être fait mention en marge de la transcription de la première adjudication, puisqu'elle en opère la résolution (1).

174. Nous exigerons par la même raison la mention : 1° des adjudications sur enchère du sixième (art. 708, C. de pr.); — 2° des retraits; — 3° de l'acceptation par la femme du remploi fait par son mari; — 4° des déclarations de command.

175. *Quid*, si le jugement prononçant la résolution et mentionné en marge de la transcription est *cassé?* Faudra-t-il faire mention de l'arrêt de cassation ? — Non; car la loi ne parle que des résolutions des actes *transcrits*; or le jugement cassé n'a été que *mentionné* en marge d'une transcription (2).

176. Le jugement qui annule le droit d'un pre-

(1) M. Mourlon, Traité théor. et prat. de la Transcr., n° 540.
(2) M. Mourlon, loc. cit., n° 546.

mier acquéreur, devra-t-il être mentionné en marge des transcriptions des acquéreurs subséquents? Oui, si le vendeur a mis en cause les acquéreurs en sous-ordre; car alors la résolution a un effet général. Mais s'il n'a actionné que son acheteur immédiat, il faudra qu'il agisse préalablement en déclaration de jugement commun (1).

CHAPITRE X

DE LA FORME DE LA TRANSCRIPTION ET DE LA MENTION.

177. La transcription consiste dans la *copie intégrale* du titre sur un registre tenu par le conservateur des hypothèques. Le législateur a sagement repoussé le mode de transcription *par extrait* qui avait été proposé dans l'article 3 du projet de loi. En effet, les différentes clauses d'un contrat s'expliquent les unes par les autres, et forment un tout indivisible; le conservateur chargé de faire l'extrait serait du reste obligé de se livrer à une étude lente et attentive de l'acte, qui lui prendrait autant de temps que la copie intégrale. Enfin la responsabilité des conservateurs serait tellement grande qu'on ne pourrait confier ces places qu'à des jurisconsultes consommés.

178. Toutefois cette reproduction intégrale de l'acte comporte quelques restrictions. Ainsi, on ne

(1) M. Mourlon, loc. cit., n° 548. — Conf. M. Lesenne, Comment., n° 90.

devra faire la copie entière d'un acte, qu'autant que ses diverses clauses dépendent l'une de l'autre et se servent pour ainsi dire réciproquement de cause, ainsi que cela a lieu dans un échange d'immeubles (1). — Mais il peut arriver que des conventions indépendantes l'une de l'autre soient relatées dans un même acte, comme c'est le cas pour le procès-verbal d'adjudication d'immeubles adjugés à différents adjudicataires. Celui d'entre eux qui voudra faire transcrire ne sera pas obligé de requérir la transcription de tout le procès-verbal; il ne fera transcrire que la partie qui le concerne et le cahier des charges qui renferme les conditions communes à toutes les adjudications (2).

179. Pareillement lorsqu'un même acte contient à la fois une vente immobilière et une vente mobilière, il suffira de faire transcrire la première, pourvu que l'acte fasse connaître la portion du prix afférente à chaque vente (3).

180. Enfin, lorsqu'il s'agit d'un contrat de mariage, on se bornera à transcrire les clauses assujetties à cette formalité; autrement on contrarierait le désir légitime que peuvent avoir les parties de ne pas révéler leurs secrets de famille (4).

181. La loi ne prescrivant que la transcription des actes translatifs de propriété, on ne devra pas

(1) M. Mourlon, Traité théor. et prat. de la Transcr., I, n° 219.

(2) M. Flandin, de la Transcr., n° 776; Conf. Dalloz, Rép., V° Transcr., n° 415.

(3) MM. Flandin, loc. cit., n° 783; Mourlon, loc. cit., n° 221.

(4) MM. Riv. et Huguet, Quest., n° 147; Troplong, Transcr., n°s 89 et 125; Flandin, loc. cit., n° 356.

transcrire les actes accessoires qui s'y rattachent, tels qu'une procuration, une autorisation maritale, les délibérations des conseils de famille, etc. Il suffira que l'acte transcrit en contienne une mention, pour que les tiers avertis de leur existence puissent s'y référer et apprécier leur validité.

182. Lorsqu'une vente a été faite par gestion d'affaires, on devra la faire transcrire immédiatement afin que la ratification puisse rétroagir à la date de cette transcription. On devra de plus faire transcrire la ratification, car elle complète la vente en enlevant au vendeur la faculté de disposer à l'avenir de l'immeuble (1).

183. Il en est autrement du mandat, parce que les tiers connaissant l'existence d'une procuration, peuvent la consulter; tandis que dans le cas de gestion d'affaires, ils ne savent pas si la vente a été ou sera ratifiée, tant que la transcription de la ratification ne les en vient pas instruire (2).

184. Quant à la ratification d'un contrat annulable, elle n'y ajoute rien, puisqu'il existe tant qu'il ne sera pas attaqué; elle supprime donc simplement une cause d'attaque, comme l'aurait fait le temps lui-même. En conséquence il ne sera pas nécessaire de la transcrire (3).

185. La transcription doit se faire au bureau de la conservation des hypothèques de la situation de l'immeuble. — En cas d'échange d'immeubles situés

(1) M. Troplong, loc. cit., n° 129.
(2) *Id.*, n° 130.
(3) *Id.*, n° 131.

dans deux ressorts différents, on devra faire la transcription dans chaque ressort.

186. Pour les actions immobilières de la Banque de France, et celles des canaux du Midi, d'Orléans et de Loing, la transcription se fera à Paris, au siége de ces administrations (1).

187. Les conservateurs ne peuvent pas se faire juges de la régularité ou de la validité d'un acte, pour en refuser ou en retarder la transcription (art. 2199, C. Nap.). Toutefois, si l'état matériel de l'acte était tel qu'en le transcrivant il violerait une disposition expresse ou implicite de la loi, il pourrait légitimement refuser son ministère; comme, par exemple, si on lui présentait un acte sous seing privé non enregistré, puisque le droit proportionnel de transcription doit être acquitté en même temps que le droit d'enregistrement (art. 52 de la loi du 28 avril 1816) (2). De même si on lui présentait un acte rédigé en langue étrangère.

188. Celui qui requiert la transcription, doit présenter au conservateur une expédition de son titre, s'il est authentique, ou le titre lui-même lorsqu'il est sous seing privé. — Le conservateur inscrit aussitôt sur un registre appelé le registre *des dépôts*, la remise qui vient de lui être faite. Ensuite, il copie le titre déposé sur le registre *des transcriptions*. — L'article 2199 veut que cette transcription soit effec-

(1) M. Flandin, de la Transcr., n° 788. — Conf. MM. Riv. et Huguet, Quest., n° 135.

(2) MM. Riv. et Huguet, loc. cit., n° 168; Mourlon, loc. cit., I, n° 217. — Conf. Dalloz, Rép., V° Transcr., n° 427.

tuée *sans retard ;* mais comme il est impossible de satisfaire immédiatement chacun des nombreux requérants lorsqu'ils se présentent, il leur délivre un récépissé indiquant le numéro sous lequel est inscrite la remise du titre. — La transcription une fois opérée, le conservateur délivre un certificat constatant qu'elle a été faite (art. 2181, C. Nap.). Ce certificat est généralement inscrit à la suite du titre ; il indique la date de la transcription, le volume et l'article où elle se trouve, et mentionne la perception des droits de transcription.

189. Outre les deux registres des dépôts et des transcriptions, il y en a encore un troisième, le *Répertoire*. Comme les registres des transcriptions sont très-nombreux, il est impossible que le conservateur se rappelle, lorsqu'on en requiert un extrait, en quelle année, à quelle date et dans quel volume il a effectué la transcription dont on lui demande un état ; il faudrait donc qu'il passe en revue un à un, feuille par feuille, chaque registre ; de là une grande perte de temps. Aussi la loi lui vient-elle en aide pour faciliter ses recherches. L'article 18 de la loi du 21 ventôse an VII lui prescrit à cet effet de tenir sur papier libre un registre appelé *Répertoire*, dans lequel seront portés par extrait, au fur et à mesure des actes, *sous le nom de chaque grevé et à la case qui lui est destinée*, les inscriptions à sa charge, les transcriptions, radiations, etc., ainsi que l'indication des registres et des numéros où ces actes sont inscrits.

190. On voit par ce qui précède, que les mutations sont rendues publiques, non point par la dési-

gnation individuelle *des immeubles*, mais par celle des *propriétaires*, vendeurs et acheteurs. Ce principe est essentiel et peut servir à résoudre plus d'une question en matière de transcription (1).

191. La loi n'accorde point de délai pour requérir la transcription. On a critiqué ce système ; on a prétendu qu'il livre les acquéreurs à la merci des vendeurs de mauvaise foi ; car il s'écoulera toujours un certain temps entre l'acquisition et la transcription ; or cette dernière n'a point d'effet rétroactif. N'aurait-il pas mieux valu admettre que la transcription *effectuée dans un court délai* remonterait au jour de la vente? Les acheteurs et les prêteurs avertis que pendant ce délai, à partir de leur propre contrat, une transcription d'une vente précédente pourrait se produire, ne livreraient leurs fonds qu'après ce délai.

On a répondu avec raison qu'accorder un délai, c'était porter une atteinte funeste au crédit du vendeur ou de l'emprunteur qui a un besoin pressant d'argent. D'ailleurs, les acquéreurs diligents feront bien de ne livrer leurs fonds qu'après s'être assurés que leur transcription a été effectuée, et qu'il ne s'en est pas produit une autre avant celle-ci.

192. La transcription ne pouvant se faire immédiatement, quelque diligence qu'y mette le conservateur, il y a lieu de se demander quelle sera sa date dans le cas où il s'écoulerait plusieurs jours à partir du dépôt de la pièce. Les hypothèques légales de la femme du vendeur ou de son pupille, surve-

(1) M. Mourlon, loc. cit., n° 210.

nues dans cet intervalle, frapperont l'immeuble aliéné ou le laisseront libre, selon qu'on décidera que la transcription ne prend date que du jour où elle est effectuée ou qu'elle remonte au contraire au jour du dépôt. On a soutenu que la transcription est *réputée accomplie* du jour où la remise de la pièce est constatée au registre des dépôts. — Mais, peut-on répondre, outre que cette fiction n'est écrite nulle part, elle est contraire à la réalité des choses, le registre des dépôts n'étant pas mis à la disposition du public. Ce qui le prouve, c'est qu'il est admis par tous les auteurs qu'en cas de conflit entre les deux registres, c'est la date des transcriptions qui l'emporte.

Malgré la force de cet argument, et tout en adoptant ses prémisses, nous pensons, conformément à l'opinion de la majorité des auteurs, que la transcription régulièrement effectuée rétroagit à la date du dépôt de la pièce. L'article 2200 porte, en effet, que le conservateur ne pourra transcrire les actes qu'*à la date et dans l'ordre des remises*. — En un mot, la transcription, *une fois effectuée*, rétroagit au jour du dépôt ; mais tant qu'elle n'est pas opérée, il ne suffit pas d'une simple mention de la remise de la pièce, pour qu'elle soit par cela même *réputée accomplie* (1).

193. Enfin, dans le cas où la transcription contient des erreurs ou des omissions, elle ne sera nulle qu'autant que ces irrégularités seront de nature à

(1) M. Mourlon, loc. cit., nos 237 et 238.

préjudicier aux tiers, et l'action en nullité n'appartiendra qu'à ceux qui s'en trouveront lésés. Ainsi, par exemple, la désignation inexacte du vendeur ne rendra la transcription inefficace qu'à l'égard de ceux qui, trompés par cette fausse indication ont traité avec lui, le croyant encore propriétaire. De même, l'exagération de la portion du prix payé diminuera simplement le privilége du vendeur à l'égard des autres créanciers de l'acheteur (1).

194. *De la mention des jugements.* — Les jugements prononçant la résolution, la nullité ou la rescision d'un acte transcrit, doivent être mentionnés en marge de la transcription, sous peine d'une amende de 100 francs, à la diligence de l'avoué qui les a obtenus. Ce sera l'avoué de première instance, si le jugement n'a été frappé d'aucun appel; et, dans le cas contraire, l'avoué près la cour d'appel. C'est ce dernier qui sera seul punissable, dans le cas où l'arrêt ne fera que confirmer le jugement; car c'est lui seul qui connaît le point de départ du délai dans lequel la mention doit être opérée (2). — Ce délai est d'un mois à partir du jour où le jugement aura acquis l'autorité de la chose jugée.

195. Pour faire effectuer la mention, l'avoué remet au conservateur un bordereau rédigé et signé par lui, contenant le résumé du dispositif du jugement, les noms et prénoms des parties et la désigna-

(1) MM. Troplong, Transcr., n° 191; Riv. et Huguet, Quest., n°s 251 et suiv.; Flandin, de la Transcr., n° 799; Dalloz, Rép., V° Transcr., n° 43?.

(2) M. Troplong, loc. cit., n° 236.

tion exacte de l'immeuble. Le conservateur lui en délivre un récépissé.

196. L'avoué est seul tenu de requérir la mention, et l'amende de 100 francs est l'unique sanction de l'inobservation de cette formalité. L'article 3, qui dit que les actes non transcrits ne sont point opposables aux tiers, ne vise en effet que les articles 1 et 2; et quant à l'article 4 qui a trait à la mention, il ne parle que de l'avoué. Cela résulte, du reste, formellement de l'exposé des motifs du projet de la loi de 1855 et du rapport fait au nom de la commission du Corps législatif (1).

197. Si l'avoué est destitué dans le délai, sans avoir rempli la formalité, il ne sera point punissable parce qu'il n'avait plus qualité pour faire aucun acte de ses fonctions. — Mais l'avoué démissionnaire sera passible de la peine, car il ne devait pas se démettre de ses fonctions avant d'en avoir rempli les obligations (2).

198. MM. Troplong (3), Rivière et Huguet (4) combattent l'opinion que l'avoué qui a encouru l'amende peut en outre être actionné en dommages et intérêts par les tiers qui ont souffert de sa négligence. Ils se fondent sur ce que l'avoué n'a reçu d'eux aucun mandat, et sur ce motif que tout est de droit strict en matière pénale. — Mais il n'est pas besoin

(1) MM. Troplong, loc. cit., nos 232 et 233; Riv. et Huguet, Quest., nos 302 et suiv.; Mourlon, Traité théor. et prat. de la Transcr., II, no 555.

(2) MM. Troplong, Transcr., nos 238 et 239; Flandin, de la Transcr., no 656; Riv. et Huguet, Quest., no 282.

(3) Loc. cit., no 240.

(4) Loc. cit., no 310.

d'avoir reçu un mandat d'une personne pour être responsable vis-à-vis d'elle. Le principe de cette responsabilité, dit avec raison M. Flandin, est puisé ailleurs que dans les règles du mandat; il découle de l'article 1382. Néanmoins, il se rallie à l'opinion générale, par ce motif que les jugements de résolution n'étant point translatifs, le législateur n'avait point de disposition à prendre en faveur des tiers; l'article 4 est donc une disposition exorbitante du droit commun à laquelle on ne doit attacher d'autre sanction que celle qu'elle renferme (1).

CHAPITRE XI

DES PERSONNES CHARGÉES DE FAIRE OPÉRER LA TRANSCRIPTION.

199. L'obligation de faire transcrire est naturellement à la charge de celui, acheteur ou donataire, qui doit en profiter. Mais elle peut être valablement requise par l'autre partie.

200. La transcription n'étant qu'une mesure conservatoire, les femmes mariées, les mineurs et les interdits peuvent valablement la requérir (2).

201. L'article 940, alinéa 2, du Code Napoléon, qui impose aux tuteurs, curateurs et administrateurs

(1) De la Transcr., nº 614.
(2) MM. Riv. et Huguet, Quest., nº 157; Mourlon, loc. cit., I, nº 245.

l'obligation de faire transcrire les donations faites aux mineurs, aux interdits ou aux établissements publics, s'applique par analogie à la transcription des actes à titre onéreux (1).

202. Quant au subrogé tuteur, il n'y est point obligé, car il ne s'agit point ici, comme à propos de l'inscription de l'hypothèque légale, d'une mesure à prendre *contre le tuteur* (2).—Il n'y a d'exception que pour le cas où c'est le tuteur lui-même qui est le vendeur ou le donateur. — Dans ce cas, le tuteur sera également obligé de faire transcrire, car s'il en est dispensé comme vendeur, il en est tenu en sa qualité de tuteur (3).

203. Selon quelques auteurs, l'obligation de faire transcrire n'incombe pas au mari, lorsqu'il n'est pas administrateur des biens de sa femme. Mais ce qui nous détermine à adopter la solution contraire, c'est que la femme, même lorsqu'elle a conservé l'administration de ses biens, ne peut point aliéner ses immeubles sans l'autorisation de son mari; celui-ci doit donc veiller à ce que la transcription soit opérée, l'absence de cette formalité pouvant conduire à une véritable aliénation (4). — Il en sera ainsi, même au cas où la femme aura obtenu l'autorisation de justice; cette autorisation prouve en effet que le mari avait eu tort de la refuser; il ne saurait donc invo-

(1) M. Flandin, de la Transcr., n° 808.
(2) M. Mourlon, loc. cit., n° 248.
(3) MM. Riv. et Huguet, loc. cit., n° 164.
(4) M. Flandin, loc. cit., nos 731 et suiv. et 814. Conf. Dalloz, Répert., V° Transcr., n° 146. — Contra : MM. Riv. et Huguet, loc. cit., n° 158.

quer son refus pour se soustraire à ses obligations (1).

204. Les mineurs, interdits, femmes mariées, ne pourront point se faire restituer contre le défaut de transcription (art. 942, C. Nap., anal.), sauf leur recours contre leurs mandataires légaux.

205. Le mandataire chargé d'acheter un immeuble est-il obligé de faire transcrire? Il faut distinguer. A-t-il, outre le mandat d'acheter, accepté celui de payer, c'est une *acquisition complète* qu'il a dû faire, ce qui implique l'obligation de faire transcrire. — S'est-il, au contraire chargé de conclure simplement l'achat, il ne sera pas tenu de faire effectuer la transcription qui est une formalité extrinsèque, un complément, mais non un élément essentiel de la vente (2).

206. Les notaires ne sont pas les mandataires des parties; ils donnent simplement l'authenticité à leurs actes; ils ne seront donc pas obligés de faire transcrire. — Il en est de même des avoués. Ce qui le prouve, c'est que le législateur a cru devoir s'expliquer relativement à l'avoué qui a obtenu le jugement prononçant la résolution d'un acte transcrit (art. 4).

(1) Dalloz, loc. cit., nº 447. — Contra : M. Flandin, loc. cit., nºs 729 et 816.

(2) MM. Mourlon, loc. cit., nº 252; Riv. et Huguet, loc. cit., nºs 159 et 160; Flandin, loc. cit., nºs 820 et 821 ; Dalloz, loc. cit., nºs 451 et 452.

CHAPITRE XII

DES EFFETS DE LA TRANSCRIPTION.

207. Nous allons examiner successivement les effets de la transcription des donations, et ceux de la transcription des actes à titre onéreux.

Le principe de la transcription des donations est écrit dans l'article 939 du Code Napoléon qui dispose que :

« Lorsqu'il y aura donation de biens *susceptibles d'hypothèque*, la transcription des actes contenant la donation et l'acceptation qui aurait eu lieu par acte séparé, devra être faite aux bureaux des hypothèques dans l'arrondissement desquels les biens sont situés. » — L'article 940 contient l'énumération des personnes à la diligence desquelles la transcription doit être faite. Ce sont les mêmes que celles qui doivent faire opérer la transcription des actes à titre onéreux. — Enfin l'article 941 indique les effets de la transcription en énumérant les personnes qui peuvent se prévaloir de l'absence de cette formalité. — D'un autre côté, l'article 11 de la loi de 1855 porte (alinéa 6), « qu'il n'est point dérogé aux dispositions du Code Napoléon relatives à la transcription des actes portant donation ou contenant des dispositions à charge de rendre; elles continueront à recevoir leur exécution. » — Les articles 939, 940 et 941 continuent donc à régir la transcription des donations; et l'on doit, pour en déterminer la portée, se référer à l'origine historique de ces articles, et à la discussion à laquelle ils ont donné lieu lors de la rédaction du titre relatif aux dispositions entre-vifs.

208. Or les donations étaient autrefois soumises à une formalité particulière, *l'insinuation*, consistant dans la copie littérale de l'acte de donation sur un registre public tenu à cet effet. Cette formalité, empruntée au Code de Justinien (l. 36, § ult., C. *de donat.*), et remontant à une constitution des empereurs Constantin et Valentinien (l. 25, C., eod. tit.), fut introduite dans le droit français par l'ordonnance de François Ier, de 1539, et réglée définitivement par l'ordonnance de 1731, articles 19 et 20. — Le but de l'insinuation était, dit Pothier (1), « que ceux qui contracteraient par la suite avec le donateur, et ceux qui accepteraient sa succession, qu'ils croiraient opulente, ne fussent pas induits en erreur par l'ignorance où ils seraient des donations. » — Ce n'était donc que par l'insinuation que la donation, *soit mobilière soit immobilière*, produisait ses effets vis-à-vis de tous autres que le donateur.

La loi du 11 brumaire an VII disposa, par son article 26, que les actes translatifs *de droits et de biens susceptibles d'hypothèque* ne seraient opposables aux tiers qu'à partir de leur *transcription* sur les registres du bureau de la conservation des hypothèques de l'arrondissement où étaient situés les biens. — Les

(1) Donat., n° 85.

donations de biens *susceptibles d'hypothèque*, c'est-à-dire *immobilières*, se trouvèrent donc à la fois assujetties à l'insinuation, en vertu de l'ordonnance de 1731 non abrogée, et à la transcription, en vertu de la loi de brumaire an VII. Quant aux donations mobilières, elles étaient soumises seulement à l'insinuation.

Enfin le Code Napoléon, dans l'article 939 cité plus haut, soumet à la *transcription* les donations de biens *susceptibles d'hypothèque*.

En présence de cette expression : « susceptibles d'hypothèque, » il y a lieu de se demander si la transcription exigée par le Code Napoléon, pour parfaire les donations à l'égard des tiers, n'est que l'ancienne insinuation sous un autre nom, ou bien si c'est la transcription de l'an VII, ou enfin (ce qui paraît plus probable), une combinaison des deux formalités. — Les travaux préparatoires, ainsi que la comparaison des termes du Code avec ceux de l'ordonnance de 1731 et de la loi du 11 brumaire an VII, vont nous fournir la réponse.

208 *bis*. Tout d'abord il faut écarter du débat une opinion émise par MM. Toullier (1) et Vazeille (sur l'art. 941, n° 1), opinion rejetée par la grande majorité des auteurs ainsi que par la jurisprudence, et consistant à dire que, en matière de donations, la transcription n'a point un effet *translatif*, mais qu'elle est simplement une opération préliminaire de la purge des hypothèques. En effet, disent ces auteurs, le titre

(1) T. V, n°s 235 à 240 et t. VII, n° 501.

des donations ne détermine point les effets de la transcription ; il faut donc pour régler ces effets se référer au titre des hypothèques.

Mais si c'était là l'unique but de la transcription des donations, l'article 941 serait complétement inutile; les articles 2183 et suivants seraient suffisants. Du reste, on verra plus loin qu'il résulte des discussions préparatoires que la transcription devait, dans la pensée du législateur, remplacer l'ancienne insinuation, au moins dans une certaine mesure; or l'insinuation avait pour effet de transférer la propriété à l'égard des tiers. Ajoutons que le Code ne pouvait pas prononcer la nullité des donations non transcrites, puisque ces donations n'en restent pas moins valables entre le donataire et le donateur (1).

Le débat se trouve donc ramené à la question de savoir si la transcription de l'article 941 ayant pour effet de transférer la propriété au donataire *vis-à-vis des tiers*, produira cet effet vis-à-vis de *toute* personne étrangère *autre que le donateur*, ainsi que le faisait l'insinuation, ou seulement vis-à-vis de certains ayants cause du donateur, comme cela avait lieu sous l'empire de la loi de brumaire an VII. — Voyons les termes de chacun de ces textes et mettons-les en regard avec l'article 941.

209. Voici d'abord l'ordonnance de 1731, dont l'article 27 est ainsi conçu : « Le défaut d'insinua-

(1) MM. Troplong, Donat., t. III, n° 1156 ; Merlin, Rép., V° Donat., sect. 6, § 3 ; Delvincourt, t. II, notes p.; Duranton, t. VIII, n° 502; Marcadé, t. III, n° 659 ; Proudhon, Usufruit, n° 91 ; Coin-Delisle sur l'art. 939, n° 7.

tion des donations qui y sont sujettes à peine de nullité pourra être opposé tant par les tiers acquéreurs et créanciers du donateur que par ses *héritiers*, ses *donataires postérieurs* ou *légataires*, ET GÉNÉRALEMENT PAR TOUS CEUX QUI Y AURONT INTÉRÊT, *autres néanmoins que le donateur*. — La disposition du présent article aura lieu encore que le donateur se fût chargé expressément de faire insinuer la donation, à peine de tous dépens, dommages et intérêts, laquelle clause sera regardée comme nulle et de nul effet. » — Toutefois, ajoute la même ordonnance, dans ses articles 30 et 31, « les maris, tuteurs, curateurs, administrateurs ou autres qui, par leurs qualités, *sont tenus de faire insinuer les donations* faites par eux ou par d'autres personnes, aux femmes, mineurs ou autres étant sous leur autorité, ne pourront, *ni leurs héritiers ou ayants cause*, opposer le défaut d'insinuation auxdits donataires dont ils ont eu l'administration ni à leurs héritiers et ayants cause. »

Il résulte de ces textes, et spécialement de ces mots de l'article 27, « *tous ceux qui y auront intérêt*, » que tous les ayants cause du donateur pouvaient se prévaloir du défaut d'insinuation, qu'ils fussent *à titre gratuit* ou *à titre onéreux*; même ses *légataires*, ses *héritiers*, et jusqu'à ses créanciers chirographaires ; toute personne en un mot, autre que le donateur, intéressée à la nullité de la donation. — Telle était la règle. On ne faisait exception que pour les personnes qui à un titre quelconque étaient chargées de faire opérer l'insinuation, ainsi que leurs héritiers ou ayants cause.

La loi du 11 brumaire an VII a une portée moins étendue. En effet son article 26 dit que le défaut de transcription « peut être opposé par les tiers qui ont *contracté* avec le vendeur (ou le donateur) et qui se sont conformés aux dispositions de la présente loi. » Ainsi, ceux-là seulement, parmi les ayants cause du vendeur ou du donateur, *qui ont contracté avec lui*, peuvent invoquer le défaut de transcription. Ne le pouvaient pas, par conséquent : ses *héritiers* et ses *légataires*, et même, selon la plupart des auteurs, ses créanciers *chirographaires*, car s'ils ont contracté avec le vendeur, ils n'ont pas acquis de droit réel sur l'immeuble ; ils n'ont donc pas pu *se conformer aux dispositions de la présente loi*.

Rappelons enfin que, selon le Code Napoléon, « le défaut de transcription pourra être opposé par toutes personnes *ayant intérêt*, excepté toutefois celles qui *sont chargées de faire la transcription, ou leurs ayants cause*, et le donateur. » (Art. 941).

Il s'agit donc de savoir si l'article 941 s'applique, comme l'ordonnance de 1731, à tous les ayants cause du donateur, même à ses *donataires*, *légataires*, *héritiers* et *créanciers chirographaires*, ou si, au contraire, il ne s'applique, à l'exemple de la loi de brumaire an VII, qu'aux ayants cause qui ont *contracté* avec le donateur.

210. Le projet du Code Napoléon, publié en l'an IX, proposait de maintenir l'insinuation avec presque tous ses effets, par cette raison alléguée par M. Tronchet, que la transcription n'étant applicable qu'aux donations immobilières, l'insinuation ne faisait pas double emploi, puisqu'elle embrasse même les donations mobilières. Mais le Conseil d'Etat ne tint aucun compte de cette considération, et, partant de cette idée que le même but pouvait être rempli par la transcription, supprima l'insinuation. — Ainsi, il demeure incontestable que la transcription du Code est, quant à son objet, la même que celle de la loi de brumaire an VII. Mais le législateur a-t-il entendu la maintenir purement et simplement telle qu'elle existait dans la loi de brumaire, avec la même étendue ; ou bien, au contraire, a-t-il entendu qu'elle remplacerait à l'avenir l'insinuation, et qu'elle aurait la même portée? Là est le débat.

Or, il suffit de lire attentivement les textes précités et de les comparer entre eux pour se convaincre que si le Code a emprunté à la loi de brumaire le *principe* et les effets de la transcription, il s'en est, au contraire, écarté pour puiser, dans l'ordonnance de 1731, la *portée des effets* qu'elle doit produire. Que lisons-nous, en effet, dans l'article 939 du Code : « Lorsqu'il y aura donation de *biens susceptibles d'hypothèque*, la *transcription* devra être faite *au bureau des hypothèques...*, » etc. Ce sont presque identiquement les expressions dont se sert l'article 26 de la loi de brumaire.

Il en résulte : 1) qu'en principe la transcription du Code ne s'appliquera qu'aux donations immobilières, à la différence de l'insinuation qui s'appliquait même aux donations mobilières ; 2) que la transcription se fera au bureau des hypothèques. L'insinuation, au contraire, se faisait au greffe du tribunal.

3) L'article 939, de même que la loi de brumaire, n'accorde aucun délai pour opérer la transcription, tandis que l'ordonnance de 1731 exigeait que l'insinuation fût faite dans un certain délai. — Voilà pour le principe de la transcription.

Voyons maintenant la portée de ses effets. En d'autres termes, quelles sont les personnes qui pourront faire tomber la donation en invoquant le défaut de transcription ? Quelles personnes ne le pourront pas ? L'ordonnance de 1731 répond : Pourra opposer le défaut d'insinuation, *toute personne qui y a intérêt*, excepté celles qui sont chargées de faire opérer l'insinuation, leurs ayants cause et le donateur (art. 27, 30, 31). — La loi de brumaire est plus restrictive ; elle n'accorde le droit de se prévaloir du défaut de transcription qu'à ceux *qui ont contracté avec le donateur*. Quant à ceux qui sont chargés de la requérir dans l'intérêt du donataire, elle ne s'en explique même pas. — Le Code, au contraire, s'explique sur les deux questions ; et comment ? En reproduisant la formule générale et absolue de l'ordonnance (art. 941) : « *Toute personne intéressée* peut opposer le défaut de transcription, *autres que celles chargées de faire faire la transcription, leurs ayants cause et le donateur*. » En présence de ces emprunts, faits tantôt à la loi de brumaire, tantôt à l'ordonnance, est-il possible d'y voir autre chose qu'un choix réfléchi du législateur ? Il serait, en effet, absurde de supposer qu'après avoir posé par ces termes « toute personne intéressée » une règle absolue, ne comportant aucune restriction, il ait entendu la limiter aux tiers *qui ont contracté avec le donateur*.

On peut il est vrai, en ce qui concerne les héritiers, nous faire une objection : L'article 27 de l'ordonnance, dira-t-on, ajoutait : « La disposition du présent article aura lieu encore que le donateur se fût chargé expressément de faire insinuer la donation, à peine de dommages et intérêts, laquelle clause restera sans aucun effet. » Cette clause n'avait point d'effet contre les *héritiers* du donateur, autrement ce dernier aurait pu ainsi éluder indirectement la règle qui permettait à ses héritiers d'invoquer la clandestinité de la donation. Or, disent nos adversaires, si le Code n'a point reproduit cette partie de l'article 27 qui protégeait les héritiers du donateur, c'est assurément qu'il n'a point entendu leur maintenir le droit d'opposer le défaut de transcription.

Nous répondrons que si le Code avait entendu permettre au donateur de se charger de faire transcrire la donation, aucun de ses ayants cause ne pourrait aujourd'hui opposer le défaut de transcription. En effet, selon l'ordonnance, le défaut d'insinuation ne pouvait être opposé par les ayants cause, *même singuliers*, des personnes chargées de requérir l'insinuation. Dès lors, qui ne voit que si on avait reproduit la partie finale de l'article 27, il ne resterait plus rien debout de l'article 941 ? A moins qu'on ne veuille admettre avec nous que la clause en question ayant *pour effet de violer une loi d'ordre public*, le législateur a pensé qu'il était inutile de faire une disposition expresse pour l'annuler.

Quant à cette autre objection que le donateur ne pouvant opposer au donataire la clandestinité de son titre, parce qu'il serait obligé de l'indemniser de l'éviction qu'il lui ferait subir, ses héritiers qui ont succédé à son obligation ne doivent pas non plus pouvoir s'en prévaloir, il faut répondre que les héritiers du donateur ne sont, comme lui, responsables que de l'éviction procédant de *son fait* : or, dans l'espèce, il n'a rien fait à l'encontre de la donation ; il est mort libre de toute obligation, ses héritiers ne peuvent donc pas être tenus de son chef. Ils exercent un droit qui a pris naissance dans leur personne. — Enfin, leur intérêt à opposer au donataire la clandestinité de son titre est évident, le défaut de connaissance de la donation les ayant peut-être engagés à accepter une succession onéreuse dans laquelle ils croyaient compris les biens donnés (1).

211. Pourront donc en résumé, selon nous, invoquer le défaut de transcription : les ayants cause à titre onéreux du donateur, de même que ses donataires, légataires universels ou particuliers, ses héritiers et ses créanciers même chirographaires ; toutes ces personnes ayant intérêt à la nullité de la donation.

212. M. Troplong ne se contente pas de contester aux héritiers du donateur le droit d'invoquer le défaut de transcription ; il étend sa prohibition

(1) MM. Mourlon, Traité théor. et prat. de la Transcr., II, nos 424 à 429 ; et Rép. écr., t. II, nos 701 et 702 ; Bugnet sur Pothier, note 1, sur le no 116 des Don. entre-vifs. — Contra : Coin-Delisle, art. 941, no 15 ; Demangeat, dans une note des Rép. écr. de M. Mourlon, loc. cit., p. 347 ; Troplong, Donat. et test., t. III, nos 177 à 179 ; Merlin, Rép., Vo Donat., sect. 6, § 3 ; Delvincourt, t. II, note 4 sur la page 75 ; Grenier, Donat., 2e et 3e édit., no 167 ; Duranton, t. VIII, no 518 ; Marcadé, t. III, no 665 ; Zachariæ, t. V, p. 331.

jusqu'au second donataire qui a transcrit avant le premier. En effet, dit-il, la transcription appliquée aux donations a été maintenue telle qu'elle était réglée par la loi de brumaire. Or, cette loi ne s'occupait que des créanciers et des tiers acquéreurs à titre onéreux; elle n'avait pas en vue les donataires qui, luttant pour un gain, n'ont pas été blessés dans leur intérêt par une convention passée avec le donateur.

Quant à la première proposition, nous croyons avoir suffisamment démontré que la transcription de la loi de brumaire n'a pas passé dans le Code sans modifications. — Le second argument n'est pas plus décisif, car il consiste à affirmer ce qui est précisément en question; il s'agit, en effet, de savoir si par ce mot « contracté, » à supposer qu'il doive être sous-entendu dans le Code, il faut entendre seulement ceux qui ont contracté *à titre onéreux* avec le donateur. Or, le Code, en substituant au mot *contracté* ceux ci : « *toute personne ayant intérêt,* » semble placer les ayants cause *à titre gratuit* sur la même ligne que les ayants cause *à titre onéreux*.

On nous oppose quelques paroles de M. Jaubert, rapporteur du titre des donations. Ce jurisconsulte fait, en effet, observer que l'exception concernant les ayants cause des personnes chargées de faire faire la transcription comprend *nécessairement* les *donataires postérieurs*, les *cessionnaires* et les *héritiers du donateur*. Mais le vice de ce raisonnement se touche du doigt. En effet, qui ne voit que si les *cessionnaires*, qui ne peuvent être évidemment que les acquéreurs *à titre onéreux*, sont *nécessairement* compris dans l'exception, personne ne pourra opposer le défaut de transcription !

Un argument plus sérieux est tiré de l'article 1072. Aux termes de cet article, les donataires, légataires et héritiers légitimes de celui qui a fait une substitution, ni leurs donataires, légataires ou héritiers ne peuvent opposer aux appelés le défaut de transcription ou d'*inscription*. Or, disent nos adversaires, si dans le cas d'une donation avec charge de rendre le défaut de transcription ne peut être opposé par un donataire postérieur aux appelés, qui sont aussi des donataires, il ne saurait en être autrement, lorsque la donation est pure et simple.

A cela, on peut tout d'abord répondre que, si les ayants cause à titre gratuit du disposant ne peuvent point opposer aux appelés le défaut de transcription, il n'en résulte pas nécessairement qu'ils ne puissent pas l'invoquer contre le *grevé*. L'article 1072 ne contiendrait donc qu'une exception à l'article 941 en faveur des appelés (1).

Mais on peut aller plus loin et soutenir que la loi ne vise dans l'article 1072 que le défaut de transcription de la substitution, c'est-à-dire de la charge de rendre. Une donation grevée de substitution peut, en effet, être transcrite comme *donation*, et ne pas l'être comme *substitution*; c'est ce qui arrivera, par exemple, si le conservateur oublie de transcrire la clause contenant la charge de conserver et de rendre. L'article 1072 ne s'occupe que du dernier cas; il ne

(1) M. Colmet de Santerre sur Demante, Cours analyt., t. IV, n° 238 *bis*.

règle que le conflit des *appelés* avec le *grevé* et ses ayants cause à titre gratuit. Quant aux rapports des appelés avec les ayants cause à titre gratuit du disposant *non grevés*, il les laisse sous l'empire de l'article 941. C'est ce qui résulte de la place même que l'article 1072 occupe dans le Code, au chapitre des *substitutions;* et du mot *inscription* qui suit celui de *transcription*, et qui ne peut évidemment s'appliquer qu'à *la charge de conserver et de rendre*. — Les donataires, héritiers et légataires qui ne peuvent opposer le défaut d'inscription ne peuvent donc être que les *grevés*. Ce serait, en effet, manquer à l'équité que de leur permettre de se prévaloir de leur négligence à faire transcrire la substitution.

L'article 1072, en un mot, ne fait qu'appliquer aux *substitutions* ce que l'article 941 dit relativement aux personnes chargées de faire transcrire la *donation* (1).

213. Ce qui vient d'être dit des héritiers du donateur et des donataires postérieurs, il faut également le dire du légataire particulier de l'immeuble donné; il peut opposer au donataire le défaut de transcription. — On objectera, peut-être, que le donataire évincé, ayant une action en garantie, devient par cela même un créancier de la succession; or, il a toujours été admis qu'un legs ne peut pas nuire aux créanciers du défunt (*nemo liberalis nisi liberatus*).

En réponse à cette objection, nous ferons observer

(1) MM. Mourlon, Traité théor. et prat. de la Transcr., n° 429 et 430; Delvincourt, t. II, p. 75, note 4; Duranton, t. VIII, n° 515; Coin-Delisle sur l'art. 941, n° 48 et 49. — Contra: Troplong, Donat. et test., t. III, n° 1177 à 1179; Toullier, n° 239; Grenier, t. I, n° 168 et 168 *bis;* Merlin, Quest., V° Transcr., § 6; Marcadé, t. III, n° 666 et suiv.

tout d'abord que cet argument n'a aucune valeur lorsque la succession est assez riche pour payer tous les créanciers; mais nous allons plus loin, et nous soutenons que le donataire évincé n'a aucune action en garantie. En effet, la donation non transcrite étant réputée *inexistante au regard* des tiers, le donataire ne saurait l'invoquer contre eux *à aucun titre*(1).

214. Arrivons à la loi de 1855, qui traite des effets de la transcription des actes à titre onéreux. L'article 3 est ainsi conçu : « Jusqu'à la transcription, les droits résultant des actes et jugements énoncés aux articles précédents ne peuvent être opposés aux tiers qui ont des droits sur l'immeuble et qui les ont conservés en se conformant aux lois. — Les baux qui n'ont pas été transcrits ne peuvent jamais leur être opposés pour une durée de plus de dix-huit ans. »

« Jusqu'à la transcription... » Il faut se garder de prendre ces expressions à la lettre; autrement, on serait conduit à décider *a contrario* qu'à partir de la transcription les tiers qui ont acquis des droits sur l'immeuble, et qui les avaient conservés avant cette transcription, ne peuvent plus s'en prévaloir. Ce qui semble confirmer cette manière de voir, c'est que, le dernier alinéa décidant que les baux même non transcrits sont opposables aux tiers pour dix-huit ans, il semble en résulter *a contrario* qu'une fois transcrits ils sont opposables pour toute leur durée, même aux tiers dont la transcription est antérieure à celle du bail.

(1) M. Mourlon, loc. cit., II, n° 432.

Mais la raison et le bon sens suffisent pour faire écarter une pareille interprétation. Où serait, en effet, l'utilité de la transcription, si, destinée à avertir les tiers qu'ils ne peuvent acquérir aucun droit du vendeur, elle devait rétroagir dans le passé à l'encontre de ces mêmes tiers qui s'étaient fiés sur l'absence de toute mention sur les registres du conservateur? (1)

Il faut également se garder de s'attacher trop servilement à ces expressions « conservés en se conformant aux lois » pour écarter les droits qui, selon le Code, se conservent indépendamment d'une formalité à accomplir, tels que les hypothèques légales, etc. Il a en effet été formellement déclaré par M. de Belleyme, dans son rapport, que la loi de 1855 a pour but de combler les lacunes du Code Napoléon, *sans en changer un seul mot ou un sêul article.* Comment d'ailleurs les droits que la loi entoure d'une protection particulière seraient-ils moins bien traités que ceux dont la conservation dépend de l'accomplissement de certaines formalités?

215. Ces observations préliminaires étant faites, passons à l'interprétation de l'article 3.

En premier lieu, que faut-il entendre par ce mot : « *tiers.* » Quelles sont les personnes auxquelles les actes non transcrits ne sont point opposables? — Il est tout d'abord évident que les *parties contractantes* ne sauraient être rangées parmi les *tiers*. Ainsi, sous la loi de 1855 comme sous l'empire du Code Napo-

(1) M. Mourlon, loc. cit., II, n° 418.

léon, la propriété se transfère du vendeur à l'acheteur *par le seul consentement.* — Quant à la portée de ce mot *tiers*, elle est déterminée par ceux-ci : « *qui ont des droits sur l'immeuble.* » Or, M. de Belleyme déclare encore dans son rapport que par ces expressions on a entendu écarter les *créanciers chirographaires.* M. Rouher, un des commissaires du gouvernement, fait une déclaration analogue. — En effet, les créanciers chirographaires n'ayant traité qu'avec la personne, c'est à elle et non à la chose qu'ils doivent s'adresser; ayant laissé à leur débiteur la liberté d'aliéner leur gage, ils ne sauraient avoir le droit de le saisir (1).

Peut-être eût-il été plus sage de les admettre à se prévaloir du défaut de transcription. Le système contraire, en effet, les oblige à exiger des garanties hypothécaires, et va ainsi contre le but et l'esprit de la loi de 1855.

216. Il semble pourtant qu'il y ait des hypothèses où les créanciers chirographaires eux-mêmes devront être admis à opposer le défaut de transcription. Tel serait notamment le cas d'une saisie pratiquée par eux sur un immeuble précédemment aliéné en vertu d'une vente non transcrite.

La saisie, en effet, porte une atteinte grave à la faculté de disposer appartenant au saisi. Celui-ci conserve sans doute la propriété de l'immeuble; mais à partir de la transcription du procès-verbal de

(1) M. Troplong, Transcr., n° 146. — Conf. Flandin, Transcr., n° 848; Mourlon, Traité théor. et prat. de la Transcr., II, n° 434.

saisie, il ne peut plus aliéner l'immeuble au mépris du droit des créanciers. — La saisie confère ainsi aux créanciers une espèce de *gage judiciaire* (1) sur le bien saisi, avec un *droit de suite* et un *droit de préférence* contre les ayants cause de leur débiteur. Le droit des créanciers chirographaires se transforme par conséquent en un véritable *droit réel*. En effet, on ne saurait soutenir que la saisie n'ajoute absolument rien au droit des créanciers, lorsqu'on voit les articles 686 et 687 du Code de procédure déclarer que l'acquéreur postérieur à la transcription du procès-verbal de saisie ne pourra consolider son acquisition qu'en consignant une somme suffisante pour désintéresser *complétement* les créanciers inscrits, ainsi que le saisissant, *à peine de nullité de l'aliénation?* N'est-ce pas là un effet bien plus énergique encore que celui de l'hypothèque qui, laissant au débiteur la faculté d'aliéner, ne rend point nulle la vente et met le créancier hypothécaire dans l'alternative, ou de se contenter de la somme offerte, ou de s'engager à faire vendre l'immeuble à un dixième en sus de la somme offerte? — Rien de tout cela dans la saisie : le créancier est payé intégralement, et il n'est point assujetti à fournir une caution jusqu'à concurrence du prix et des charges (art. 2185). D'un autre côté, les fruits de l'immeuble étant *immobilisés* à partir de la transcription de la saisie, la base de l'hypothèque s'en trouve élargie.

(1) Merlin, Rép., V° Hyp., sect. 1, § 6, 1 ; M. Troplong, Nantissement, n° 46 ; Hyp., t. II, n° 435 *bis;* MM. Persil et Pascalis, dans leurs rapports sur la loi du 21 juin 1841.

Il semble donc que, puisque les créanciers même chirographaires, acquièrent par suite de la saisie des *droits sur l'immeuble*, droits qu'ils ont conservés, nous le supposons, par la transcription de la saisie, ils rentrent dans les termes de la loi de 1855, et puissent opposer à l'acquéreur antérieur à la saisie l'absence de transcription de son titre.

Il n'en est rien cependant. La saisie ne donne aux créanciers un droit réel que *pour l'avenir*. En effet, si les créanciers chirographaires d'un vendeur ne peuvent point, en principe, invoquer le défaut de transcription, c'est que la vente a contre eux la même efficacité que si elle avait été transcrite. Or si elle avait été transcrite, la saisie postérieure eût été certainement nulle; car on ne peut saisir que les biens qui sont encore la propriété du débiteur, qui sont encore *dans le gage* des créanciers. — Le conflit entre les créanciers chirographaires et l'acquéreur devra donc se régler d'après le Code Napoléon, et non d'après la loi de 1855 (1).

217. M. Bertauld fait remarquer qu'on peut adresser à notre système une objection consistant à dire que notre solution aboutit à une impasse dans le cas où une vente postérieure à la transcription de la saisie aurait été transcrite avant la première vente. M. Bertauld se demandant lequel de ces trois actes

(1) MM. Mourlon, loc. cit., II, nos 476 et suiv.; Flandin, Transcr., t. II, nos 850 et suiv.; Riv. et Huguet, Quest., no 174. — Contra : M. Bertauld, note sur un arrêt de la cour de Caen, 1er mai 1858. (Réc. périod., Dalloz, 58, 2, 161.)

devra l'emporter, conclut que ce ne sera ni la première vente, puisque la seconde a été rendue publique avant elle; ni la seconde, car elle doit tomber devant la saisie; ni enfin la saisie, puisque la première vente l'exclut.

On a répondu que la saisie étant nulle, doit disparaître du débat, et le conflit ne subsistant qu'entre les deux ventes, ce sera la deuxième qui l'emportera. — Mais si la saisie doit être considérée comme inexistante en présence de la première aliénation, pourquoi n'en serait-il pas de même de chacun des deux autres actes, et ne les tiendrait-on pas pour nuls tous les deux, le premier à raison de la transcription de la deuxième vente, et celle-ci à raison de la saisie?

Pour nous, nous déciderons avec M. Mourlon que la question étant insoluble *selon la loi*, doit être tranchée *selon l'équité*. En conséquence, nous donnerons la préférence au premier acheteur, les créanciers étant en faute d'avoir saisi un bien qui n'était plus dans leur gage, et le deuxième acquéreur ayant eu le tort d'acheter un bien qu'il savait ne pas pouvoir être aliéné. Quant au premier acquéreur, pour le punir de ne pas avoir rendu public son titre, nous mettrons à sa charge les frais de la saisie qu'il a ainsi rendue inutile (1).

218. Il n'y a pas de distinction à faire entre le créancier hypothécaire saisissant et le créancier simplement chirographaire. Le premier ne peut pas plus que le second critiquer une aliénation ayant date

(1) M. Mourlon, Traité théor. et prat. de la Transcr., II, n° 487.

certaine antérieurement à la saisie, mais non transcrite. Ce n'est pas, en effet, en vertu de son hypothèque qu'il procède à la saisie, puisque le même droit appartient au créancier chirographaire. La seule différence en sa faveur, c'est qu'il a un droit de suite et de surenchère contre le tiers acquéreur; mais ce droit réel n'est opposable à l'acheteur qu'en tant que le créancier fait appel à son hypothèque, mais il ne va pas jusqu'à enlever au débiteur la faculté de disposer de l'immeuble (1).

219. Mais les créanciers chirographaires et hypothécaires peuvent critiquer une aliénation non transcrite faite postérieurement à la transcription de la saisie; car à partir de ce moment il existe un droit réel à leur profit.

La loi de 1855 peut dès lors recevoir son application.

220. Nous donnerons la même solution que sur la question précédente relativement à l'aliénation faite par un failli antérieurement à la faillite, mais restée secrète. Les créanciers chirographaires ne pourront pas la critiquer. Ils acquièrent, il est vrai, un gage judiciaire par suite du dessaisissement du failli, de l'administration de ses biens; ce gage est même plus énergique que celui qui résulte de la saisie, puisqu'il prive le failli non-seulement du droit d'aliéner, mais de celui de consentir des hypothèques; mais il ne saurait évidemment porter que sur les biens qui appartiennent encore au failli; or,

(1) M. Mourlon, loc. cit., 480; Dalloz, Rép., V° Transcr., n° 172.

l'aliénation consentie avant la déclaration de faillite était valable à l'égard des créanciers chirographaires indépendamment de la transcription.

L'acquéreur pourra donc encore transcrire son contrat même après le jugement qui opère le dessaisissement du failli. Il est vrai qu'aux termes de l'article 448 (C. de comm.), les hypothèques et privilèges valablement acquis ne peuvent plus être inscrits après le jugement déclaratif de la faillite; mais les déchéances ne s'étendent pas par analogie. Cette prétendue analogie n'existe même pas. En effet, on conçoit qu'il soit défendu au créancier de se faire, après la faillite déclarée, un sort meilleur au détriment des autres; mais lorsqu'un acquéreur revendique un immeuble qu'il a valablement acquis, ce n'est pas lui qui veut s'enrichir, c'est la faillite; le sort de l'acquéreur est donc plus digne d'intérêt. — Au surplus, ce n'est pas le seul cas où les tiers acquéreurs sont mieux traités que les créanciers hypothécaires. En effet, rappelons-nous que tandis que les créanciers chirographaires peuvent opposer aux créanciers hypothécaires le défaut d'inscription, ils ne peuvent point au contraire opposer aux acquéreurs le défaut de transcription (1).

A l'inverse, les aliénations consenties depuis le jugement déclaratif seront, quoique transcrites, nulles quant aux créanciers quels qu'ils soient, chirographaires ou hypothécaires.

(1) MM. Mourlon, loc. cit., II, n° 488; Flandin, de la Transcr., t. II, p. 856 et suiv.; Riv. et Huguet, Quest., n° 189 et suiv. — Contra : Troplong, Transcr., n° 148.

221. Enfin, par la même raison que nous avons donnée sur les questions précédentes, les créanciers chirographaires d'une personne décédée, dont la succession a été acceptée sous bénéfice d'inventaire, ne pourront point opposer le défaut de transcription, nonobstant l'inscription du droit de séparation des patrimoines en vertu de l'article 2111, Code Napoléon (1).

222. A part les parties contractantes et les créanciers chirographaires du vendeur, il semble que toute autre personne intéressée puisse invoquer l'absence de la transcription. Cette solution paraît toute naturelle en présence de l'expression générale « *qui ont des droits sur l'immeuble* » qui a remplacé dans la loi de 1855 l'expression limitative « qui ont *contracté* » dont se servait la loi de brumaire. La loi de 1855 semble donc comprendre dans ses termes, non-seulement les *légataires* et les *donataires* singuliers ou universels, mais jusqu'aux *héritiers légitimes* du vendeur.

Une pareille interprétation serait cependant inexacte quant aux *légataires universels* et quant aux *héritiers*. Ces personnes succèdent en effet aux obligations du vendeur ; dès lors, elles ne sauraient pas plus que lui, opposer le défaut de transcription. Ne serait-ce pas, d'ailleurs, rendre indirectement aux créanciers chirographaires la faculté qu'on leur enlève, d'invoquer l'absence de transcription, puisqu'ils

(1) M. Mourlon, loc. cit., n° 489

pourraient l'exercer du chef de l'héritier, devenu leur débiteur? (1)

223. Faut-il au moins faire une distinction entre l'héritier pur et simple et l'héritier bénéficiaire, et ne priver ce dernier du droit de se prévaloir du défaut de transcription que pour la part pour laquelle il est héritier, par la raison que l'acceptation bénéficiaire empêche qu'il soit tenu des obligations de son auteur au delà de ce dont il profite dans la succession? — Nous hésitons à aller même jusque-là. L'obligation de garantie due par le vendeur à l'acheteur, est en effet indivisible. Elle consiste, avant tout, à assurer à l'acquéreur la paisible possession de son immeuble. Ce n'est que subsidiairement qu'il est dû des dommages et intérêts (2). L'héritier bénéficiaire aurait beau objecter qu'étant acquéreur lui-même, il a une action en délivrance ou en garantie contre la succession, l'article 802 du Code Napoléon, lui permettant de ne pas confondre *ses biens personnels* avec ceux de la succession, et que le premier acquéreur n'a que des dommages et intérêts à réclamer contre l'hérédité, indemnité à laquelle lui, héritier bénéficiaire, ne devra contribuer que pour sa part. — On lui répondra que son objection serait fondée s'il était vrai que l'immeuble est devenu sa chose propre, et qu'il peut opposer au premier acquéreur le défaut de transcription. Or, la maxime *quem de evictione tenet actio*,

(1) MM. Mourlon, loc. cit., II, n° 435; Troplong, Transcr., n°s 145 et 152; Flandin, de la Transcr., t. II, n° 840; Dalloz, Rép., V° Transcr., n° 461.

(2) M. Flandin, loc. cit., n° 843.

eumdem agentem repellit exceptio, et l'indivisibilité de la garantie, l'empêchent de soulever une pareille prétention (1).

224. Les donataires du vendeur peuvent-ils opposer à l'acheteur le défaut de transcription? — Si l'on admet, avec M. Troplong, que le donataire ne peut pas opposer à un donataire précédent le défaut de transcription, il ne pourra, à plus forte raison, méconnaître une vente, l'acheteur luttant, non pour faire un gain (*de lucro captando*), mais pour éviter une perte (*de damno vitando*). Mais nous, qui avons admis que le donataire peut méconnaître une donation précédente restée secrète, nous déciderons également qu'il peut se prévaloir du défaut de transcription d'une vente antérieure. En effet, le donataire a un *droit sur l'immeuble;* ce droit il l'a acquis en *contractant* avec le vendeur, et il l'a conservé, nous le supposons, en se *conformant aux lois*. — M. Troplong objecte que l'esprit de la loi de 1855 est de favoriser avant tout le crédit foncier, en protégeant ceux qui contractent *à titre onéreux*. Nous ne le contestons pas. Mais n'est-ce donc pas protéger le crédit foncier que d'assurer une pleine sécurité à ceux qui ont pu prêter au donataire sur l'immeuble donné, ou qui ont acheté ce même immeuble? Ne se peut-il pas que le donataire l'ait employé à constituer une dot? Dira-t-on en pareil cas qu'il lutte *de damno vitando?* — M. Troplong fait une dernière objection, tirée de l'article 1167 : Le donataire, dit-il, aura beau triompher sur la ques-

(1) Flandin, loc. cit. et Troplong, n° 145.

tion de transcription, il restera toujours à l'acheteur la ressource de faire tomber au moyen de l'action paulienne, la donation qui a été faite en fraude de ses droits, sans qu'il ait besoin de prouver que le donataire a participé à la fraude. — Nous répondrons que, à supposer que l'action paulienne doive être admise, la preuve de la complicité du donataire devra être faite dans le cas d'une donation dotale. Mais nous prétendons qu'il n'y a pas de fraude à profiter d'un avantage offert par la loi; or, la loi permet au donataire de méconnaître une vente antérieure non transcrite. Du reste, fait observer M. Mourlon, pour qu'il y ait fraude à un droit, il faut qu'au préalable ce droit existe. Enfin, il se peut que la donation ait été consentie de bonne foi par l'héritier du vendeur, dans l'ignorance de la vente. Où est la fraude en ce cas? (1)

225. En résumé, la vente non transcrite est inexistante à l'égard des *tiers*. Par ce mot *tiers*, il faut entendre : les ayants cause du vendeur, soit à titre singulier, soit à titre universel, qui tiennent de lui un droit réel sur l'immeuble, pourvu qu'ils l'aient acquis par acte entre-vifs, à titre gratuit ou à titre onéreux, qu'ils l'aient conservé en se conformant aux lois, et qu'ils ne soient point personnellement responsables du défaut de transcription.

La vente est par conséquent valable sans transcription, c'est-à-dire *translative de propriété* : 1) A l'égard

(1) MM. Mourlon, Traité théor. et prat. de la Transcr., II, n° 437; Riv. et Huguet, Quest., n°s 177 et suiv.; Dalloz, Rép., V° Transcr., n° 486; Lesenne, Comm., n° 69. — Contra : Troplong, Transcr., n°s 150 et suiv.

du vendeur; 2) à l'égard des tiers qui sont devenus possesseurs de l'immeuble vendu sans avoir traité avec le vendeur; 3) vis-à-vis des créanciers chirographaires; 4) à l'égard des héritiers légitimes du vendeur et de ses légataires, même singuliers; 5) à l'encontre de ceux qui, ayant acquis du vendeur un droit sur l'immeuble, ne l'ont point conservé conformément aux lois; 6) contre ceux qui sont personnellement responsables du défaut de transcription, c'est-à-dire à l'égard du mari, du tuteur, du mandataire légal, judiciaire ou conventionnel, de l'acquéreur et *de leurs ayants cause.*

226. Par ce mot *ayants cause*, faut-il entendre non-seulement leurs successeurs universels, mais même leurs ayants cause *particuliers?* — Ce n'est point notre avis. La loi de 1855, il est vrai, ne les admet pas expressément à opposer le défaut de transcription, mais elle ne les exclut pas non plus formellement, à l'exemple de l'article 941 du Code Napoléon, relatif aux ayants cause des personnes chargées de faire transcrire les donations. Que si l'on nous oppose cet article, nous invoquerons à notre tour l'article 1072 qui admet les ayants cause *à titre onéreux* du grevé, chargé de rendre publique la substitution, à se prévaloir du défaut de transcription. Il y a donc au moins doute sur l'intention du législateur, et la question doit être tranchée selon l'équité conformément à l'esprit de la loi. Or le motif qui a fait admettre à opposer le défaut de transcription ceux qui ont contracté avec le vendeur, parce qu'ils ont pu légitimement le considérer comme proprié-

taire, ce motif milite avec la même force en faveur de ceux qui ont traité avec son ayant cause apparent quel qu'il soit, chargé ou non de faire opérer la transcription.

On objecte, il est vrai, qu'il existe à l'égard des ayants cause même singuliers du mari ou du tuteur, une raison spéciale pour leur retirer la faculté d'opposer à l'acquéreur le défaut de transcription : c'est, dit Pothier, que l'immeuble qu'ils ont acquis du tuteur ou du mari, est hypothéqué à l'obligation dont était tenu leur auteur, de rendre public le titre de l'acquéreur. — Cette objection n'a de force que si l'on suppose que l'hypothèque légale de la femme ou du mineur n'a point été restreinte à certains immeubles autres que celui dont la propriété est en litige. Mais même dans le cas où l'hypothèque serait générale, il en résulterait simplement que l'ayant cause du mari ou du tuteur ne pourrait le conserver qu'en purgeant ou en payant l'indemnité qui est due du chef de son auteur (1).

227. Faut-il donner la même solution à l'égard des ayants cause *par acte entre-vifs* des héritiers du vendeur?

Pour la négative on peut dire que la vente étant valable à l'égard des héritiers du vendeur, ceux-ci n'ont pu transmettre un droit qu'ils n'avaient plus : *Nemo dat quod non habet.* Mais n'en est-il pas de même du vendeur? Quoi! l'acheteur qui n'avait

(1) MM. Mourlon, loc. cit., II, nos 441 à 444; Flandin, de la Transcr., t. II, n° 847 ; Dalloz, Rép., V° Transcr., n° 108; Cass., 4 janvier 1830 et 10 mars 1840.

qu'une propriété relative, parce qu'il a tenu son titre secret, deviendrait propriétaire *absolu* à l'égard de tout le monde, par la seule puissance du décès de son auteur! Qu'y a-t-il donc de changé? Les tiers ignorent-ils moins la mutation qu'on leur avait cachée? Et l'acheteur qui a été négligent est-il plus digne d'intérêt par suite du décès de son vendeur?

228. Voyons maintenant comment va se régler le conflit entre deux ayants cause, non plus du même auteur mais de deux auteurs différents, c'est-à-dire entre un acquéreur direct du vendeur et un sous-acquéreur d'un acheteur précédent. Soit l'espèce suivante : Primus vend un immeuble à Secundus, qui le revend à Tertius. Puis il vend le même immeuble à Quartus. Suffira-t-il que Tertius fasse transcrire son titre pour pouvoir l'opposer à Quartus, ou, au contraire, faudra-t-il qu'il fasse également transcrire celui de son auteur? — A l'appui de la dernière opinion on peut dire que les registres des conservateurs constatant les mutations, non d'après la désignation individuelle ou cadastrale des immeubles, mais sous les noms des parties contractantes, les tiers qui traiteront à l'avenir avec Primus, n'ont aucun moyen de s'assurer qu'il n'est plus propriétaire de l'immeuble. En effet, la vente de Secundus à Tertius ayant été seule transcrite, le conservateur ne trouvant point le nom de Primus sur la table alphabétique du répertoire, délivrera forcément un certificat négatif de transcription sous son nom. Quant à Secundus, les tiers ne se renseigneront pas de son chef, ne le connaissant pas et n'ayant pas affaire à lui; il ne

servirait donc de rien de faire mention de la première vente dans la transcription de celle de Secundus à Tertius. Ensuite on pourra dire à Tertius : Secundus votre auteur n'ayant pas fait transcrire son contrat, n'avait qu'une propriété *relative*, puisque Primus restait propriétaire vis-à-vis des tiers. Il n'a donc pu vous transmettre qu'une propriété relative également. Vous avez, il est vrai, fait transcrire votre titre, mais depuis quand la transcription a-t-elle pour effet de transmettre des droits que le vendeur n'avait pas?

Malgré ces raisons, qui paraissent victorieuses, l'opinion contraire nous semble préférable. La loi, en effet, n'oblige pas les acquéreurs à faire transcrire toutes les ventes antérieures. Elle ne pouvait raisonnablement mettre à leur charge l'avance ou le payement de frais qui peuvent être très-considérables, si l'on considère que la plupart des ventes antérieures ne sont probablement constatées que par des actes sousseing privés non enregistrés, et que, pour les faire transcrire, il faudra payer le droit proportionnel de mutation pour chacun de ces actes. — Quant à cet argument, que Tertius, l'ayant cause de Secundus, ne peut avoir plus de droits que lui; on peut répondre que, dans l'esprit de la loi du 23 mars 1855, Tertius n'est pas, par rapport à Quartus, l'ayant cause de Secundus, mais un tiers (1).

220. Qu'on suppose maintenant que Pierre, après

(1) MM. Flandin, de la Transcr., nos 887 et suiv.; Riv. et Huguet, Quest., no 212. — Contra : Troplong, Transcr., nos 166 et suiv.; Ducruet, Etudes sur la Transcr., nos 14 et 24; Lesenne, Comm., no 64; Mourlon, Traité théor. et prat. de la Transcr., II, nos 447 et suiv.

avoir vendu un immeuble à Primus, qui n'a point transcrit, le revende ensuite à Secundus, et celui-ci à Tertius. Ce dernier fait transcrire son titre, sans rendre public celui de Secundus; après quoi Primus fait également transcrire.

Ceux-là même qui n'admettent pas qu'une seule transcription suffit, devraient, ce semble, donner la préférence à Tertius sur Primus. Tertius peut en effet dire que si Primus avait rendu public son titre, il n'aurait pas traité avec Secundus, ni celui-ci avec Pierre. Qu'importe à Primus que la vente de Pierre à Secundus ne soit pas transcrite? Cette transcription ne lui aurait rien appris, puisque cette vente n'a n'a eu lieu que postérieurement à l'époque où lui, Primus, a traité avec Pierre.

Mais Primus peut répondre à Tertius : « Vous saviez que la vente que vous faisiez avec Secundus n'aurait aucune stabilité tant que celui-ci n'aurait pas fait transcrire son propre titre, et que, par conséquent, Pierre restait maître de disposer de l'immeuble (1).

Cependant, comme nous avons admis que la transcription d'un seul contrat suffit, nous donnerons la préférence à Tertius s'il a rendu public son titre avant Primus.

230. Supposons enfin que Primus, qui n'a pas fait transcrire son contrat, ait accordé une hypothèque à Secundus sur l'immeuble, et que celui-ci ait fait inscrire son hypothèque avant l'inscription de

(1) M. Mourlon, loc. cit., n° 450.

Tertius, auquel le vendeur originaire a également consenti une hypothèque. — Il semble que, conformément aux principes ci-dessus exposés, Secundus doive être préféré. Il n'en est rien cependant. En effet Tertius étant un tiers, dans l'esprit de la loi de 1855, par rapport à Secundus et à Primus, l'hypothèque constituée par ce dernier est par rapport à Tertius une hypothèque concédée sur la chose d'autrui ; elle est donc nulle relativement à lui du moins, et Secundus, qui ne prétend pas pour lui-même à la propriété de l'immeuble, ne saurait avoir plus de droits que Primus, son auteur (1).

231. Entre deux acquéreurs successifs, qui n'ont fait transcrire ni l'un ni l'autre, le conflit se réglera conformément au principe du Code Napoléon : *Prior tempore potior jure* (2). Le second acquéreur aura beau dire au premier que, s'il avait fait transcrire, il n'aurait pas traité avec le vendeur, qu'il lui doit, par conséquent, laisser l'immeuble à titre de dommages et intérêts. — Celui-ci lui répondra qu'il a été lui-même négligent, car, en transcrivant son contrat, il aurait pu se prévaloir de l'article 3 de la loi du 23 mars 1855 (3).

232. L'acquéreur qui n'a pas fait transcrire et qui se trouve évincé, a un recours contre son vendeur

(1) Dalloz, Rép., V° Transcr., n° 498 ; Lesenne, Comm., n° 66. — Contra : Troplong, Transcr., n° 168 ; Flandin, de la Transcr., n° 894 ; Requ. 13 brum. an IV ; Grenoble, 9 mars 1831.

(2) Si les deux titres ont acquis date certaine le même jour, celui des deux acquéreurs qui aura été mis le premier en possession sera préféré. *In pari causa melior est causa possidentis.*

(3) MM. Troplong, Transcr., n° 161 ; Flandin, de la Transcr., n° 862 ; Dalloz, Rép., V° Transcr., n° 481.

pour obtenir la restitution de son prix, à titre de dommages et intérêts. — Qu'on ne dise pas que l'acheteur en négligeant de faire transcrire, est luimême la cause du dommage qu'il éprouve; car rien ne l'obligeait à rendre son titre public, tandis que le vendeur devait s'abstenir de porter atteinte à son droit. — Cet argument semble faire défaut, dans le cas où le vendeur étant chargé d'une tutelle qu'il n'a pas pu refuser, l'hypothèque légale du mineur vient frapper l'immeuble vendu; mais, si le vendeur n'a point créé l'état de tutelle, il n'en est pas moins vrai qu'en satisfaisant le mineur il eût pu empêcher l'éviction (1).

233. La vente, parfaite entre les parties indépendamment de la transcription, l'est également à l'égard des ayants cause de l'acheteur.

On a cependant contesté ce résultat déjà sous l'empire de la loi de brumaire. C'est notamment à l'occasion du privilége du vendeur que cette question a été soulevée. Voici ce qu'on a dit :

« La vente est parfaite entre les parties par le seul consentement. Vis-à-vis des tiers elle n'a d'effet qu'à partir de la transcription. L'acheteur, qui n'est propriétaire que dans ses rapports avec le vendeur, ne peut donc pas transférer aux tiers une propriété qui, à leur égard, n'a pas cessé d'appartenir au vendeur. — Il en résulte que tant que la vente n'est pas transcrite, le privilége du vendeur n'existe pas. Ce dernier ne peut pas, en effet, avoir de privilége sur une

(1) M. Mourlon, loc. cit., II, nos 521 et 522.

chose qui lui appartient. Qu'a-t-il d'ailleurs à craindre? Que l'acheteur aliène ou hypothèque l'immeuble? Comment pourrait-il conférer des droits qu'il n'a pas? Le vendeur a un moyen plus sûr que le privilége de sauvegarder son droit : c'est d'intenter l'action en revendication. — C'est donc la transcription seule qui *crée* le privilége, et elle le *conserve* en même temps qu'elle le crée (1). »

La lecture attentive des termes de la loi de brumaire suffit pour faire écarter ce système. Que dit-elle en effet? « Les actes *translatifs* de biens et de droits susceptibles d'hypothèque, doivent être transcrits. Ce mot *translatifs* indique évidemment qu'en principe la mutation résulte des *actes mêmes*. Cette mutation, dans la pensée des rédacteurs de la loi de brumaire a lieu *envers et contre tous*, avant toute transcription; car si elle n'avait lieu qu'entre les parties, était-il besoin de réserver jusqu'à la transcription, *les droits des tiers qui contractent avec le vendeur?* Or l'exception ne s'applique qu'à ces tiers qui contractent *avec le vendeur* et qui ont conservé leurs droits avant la transcription. Donc le vendeur cesse d'être propriétaire dès l'instant même de la vente, non-seulement vis-à-vis de l'acheteur, mais encore à l'égard des tiers qui ont traité *avec ce dernier*. La

(1) MM. Valette, De l'effet ordinaire de l'inscription en matière de priviléges sur les immeubles; Hureaux, Etudes sur les droits réels; Hua, Notions élémentaires sur le régime hypothécaire; Colmar, 6 décembre 1806 (Sir. VI, 2, 978); Nîmes, 20 févr. 1808 (*id.*, IV, 2, 517); Rouen, 7 déc. 1809 (*id.*). — M. Mourlon avait adopté le même système dans son Ex. crit. du Comment. de M. Troplong sur les privil.; mais il l'a abandonné depuis. — Voir encore : Pont, Privil. et Hyp., 260 et suiv.

transcription, a dit l'un des législateurs (1) qui ont préparé et défendu la rédaction de la loi de brumaire, la transcription a pour but de prévenir les fraudes qui pourraient être pratiquées contre les tiers, si la mutation restait secrète. « Ces tiers peuvent croire que celui qui *était propriétaire hier, l'est encore aujourd'hui ;* ils peuvent prêter sur un gage *qui n'existe plus,* etc. » Ces expressions ne visent évidemment que les ayants cause du vendeur. Du reste, la loi est formelle ; elle ne parle que des tiers « qui auraient *contracté avec le vendeur.* »

La loi du 23 mars 1855 n'est malheureusement pas aussi explicite que la loi de brumaire. Elle parle des tiers « qui ont des droits sur l'immeuble vendu et qui les ont conservés en se conformant aux lois », sans spécifier ces tiers. Mais il est incontestable que ce ne peuvent être que ceux qui ont contracté *avec le vendeur.* M. Suin, l'un des commissaires du gouvernement, s'en explique formellement, lorsqu'il dit au Corps législatif : « La transcription de la vente est un acte de *défiance contre le vendeur.* » Il résulte également du rapport de M. de Belleyme que la loi de 1855 a pour but de parer aux inconvénients résultant des principes du Code Napoléon sur la translation de la propriété. Or, les exemples qu'il cite s'appliquent tous aux tiers qui traitent avec un vendeur de mauvaise foi, se disant encore propriétaire de l'immeuble vendu. Quel préjudice peut d'ailleurs causer aux ayants cause de l'acheteur la clandestinité de la vente ? N'est-il pas vrai qu'ils n'ont

(1) M. Jacqueminot.

aucun intérêt à s'en prévaloir, car ils concluraient contre eux-mêmes en soutenant que la vente est nulle à leur égard? Mais il y a mieux que des considérations de raison et d'équité en faveur de notre système :

Aux termes de l'article 2108 du Code Napoléon, le vendeur conserve son privilége par la transcription du titre qui a transféré la propriété, laquelle transcription vaudra inscription. Or, l'article 6 de la nouvelle loi lui permet encore d'inscrire utilement son privilége, même dans les quarante-cinq jours de la transcription de la revente, sinon le privilége sera éteint, et avec lui l'action résolutoire (art. 7). Ces articles se placent évidemment dans l'hypothèse où la première vente n'a pas été transcrite, puisque si elle l'avait été il n'aurait pas été nécessaire de permettre au vendeur d'inscrire encore son privilége dans les quarante-cinq jours de la transcription de la revente. Donc, si le vendeur s'expose à perdre son privilége faute de le rendre public dans le délai de l'article 6, c'est que ce privilége existe indépendamment de la transcription.

Nous en concluons que le privilége naît à la date même de la vente. Et si le vendeur a un privilége avant la transcription, c'est qu'il n'est plus propriétaire à l'égard des ayants cause de l'acheteur. Il l'emportera, il est vrai, sur ses créanciers hypothécaires, mais ce sera en vertu du droit de préférence que lui donne son privilége (1).

(1) MM. Mourlon, Traité théor. et prat. de la Transcr., II, nos 624 à 642; Troplong, Transcr., nos 143 et 152; Duverger, Revue pratique, t. X, p. 161 et suiv.; Rivière, Revue critique, t. XVI, p. 440.

234. Il nous reste à nous demander comment les choses vont se passer lorsque deux acheteurs ont fait transcrire leurs contrats le même jour? Sera-ce celui dont le titre est le premier en date; où, à égalité de date, celui qui le premier sera mis en possession? C'est l'opinion de MM. Rivière et Huguet (1). Faut-il, au contraire avec M. Troplong (2), attribuer la préférence à celui dont le titre occupe la première place sur le registre des dépôts (3)?

M. Mourlon repousse ces deux systèmes parce qu'ils sont contraires au texte de la loi, qui donne le pas à l'acte qui a été *transcrit le premier*, et qui, par conséquent, occupe la première place sur le registre des *transcriptions*. Nous n'avons pas ici, dit-il, comme pour les *inscriptions* d'hypothèques, opérées le même jour, un article (2147) qui admet les deux inscriptions à concourir entre elles; le législateur ne pouvait même pas admettre ici un pareil concours, car s'il est possible que deux hypothèques puissent coexister sur le même immeuble, les prétentions de deux acquéreurs à la propriété de ce même immeuble sont au contraire exclusives l'une de l'autre. Ce n'est que dans le cas d'une saisie, et simplement pour décider lequel de deux créanciers saisissants aura le droit de poursuivre la saisie au nom de tous, que la loi décide (art. 679, C. de pr.) que le conflit se

(1) Quest., nos 203 et 204.
(2) Transcr., nos 192 et suiv.
(3) M. Flandin adopte le même système, mais il diffère de M. Troplong, en ce que l'indication du registre des dépôts au lieu de ne constituer qu'une induction, une présomption dont le juge devra tenir compte, constitue selon lui une preuve complète.

réglera d'après la date de la *présentation* des actes (1).

Nous préférons l'opinion de MM. Troplong et Flandin. L'article 2200 du Code Napoléon porte, en effet, que le conservateur ne pourra transcrire les actes qu'*à la date, et dans l'ordre des remises qui leur en auront été faites.* Sans doute M. Mourlon est dans le vrai lorsqu'il fait observer que la loi donne la priorité entre deux transcriptions de *dates différentes*, à celle qui occupe *matériellement* la première place sur le registre des transcriptions. Mais elle ne dit pas qu'il en sera de même de deux transcriptions opérées *le même jour*, c'est-à-dire *à la même date.* — Quant à l'objection que le registre des dépôts n'est pas à la disposition du public, cela n'est vrai que lorsque le registre des transcriptions suffit à résoudre la question de conflit (2).

235. La transcription ne purge point les contrats des vices dont ils peuvent être infectés; elle confirme un contrat valable par lui-même, et en assure l'exécution; mais sans rien y ajouter (2). Il en résulte notamment que l'acquéreur postérieur à la transcription de la saisie, qui aurait fait transcrire son contrat avant l'adjudication, n'en serait pas moins évincé par l'adjudicataire, la transcription de son titre n'ayant pu avoir pour effet de relever le débiteur de son incapacité de faire une aliénation valable au préjudice de la saisie (4).

(1) M. Mourlon, loc. cit., II, n° 517.
(2) M. Flandin, loc. cit., n° 923 *bis*.
(3) Merlin, Quest. de dr., V° Expropr. forcée, § 2, n° 2.
(4) Req. 19 niv. an XII; MM. Troplong, Transcr., n° 189; Flandin, Transcr., t. II, n° 903.

236. La transcription ne fait pas non plus échec au principe de l'article 2182 du Code Napoléon, d'après lequel le vendeur ne transmet à l'acheteur que les droits qu'il avait lui-même sur la chose vendue.

Par application de ce principe, on a décidé que si pendant le cours d'une instance en revendication d'un immeuble un tiers venait à acheter cet immeuble du possesseur, et faisait transcrire son contrat avant que le jugement ait été rendu, il ne pourra pas se prévaloir de cette transcription, au cas où le jugement aura été rendu contre son auteur. Le jugement, en effet, n'est que déclaratif du droit antérieur du revendiquant. Le défendeur n'a donc pu transmettre à l'acquéreur un droit qu'il n'a jamais eu lui-même. En un mot, le jugement n'étant pas translatif, ce n'est pas à vrai dire une question de transcription qu'il s'agit de résoudre ; c'est une question étrangère à la loi de 1855, celle de savoir quelle est l'étendue de la chose jugée. Or un jugement a force de chose jugée à l'égard des parties et de leurs ayants cause ; et l'acquéreur qui serait un tiers selon la loi de 1855, doit être considéré ici comme un ayant cause (1).

237. On devra donner une solution différente dans l'espèce suivante : Primus vend un immeuble à Secundus, mais refuse de le lui livrer. Secundus, qui a négligé de faire transcrire, actionne Primus

(1) MM. Troplong, loc. cit., nº 159 ; Flandin, loc. cit., t. II, nº 898 ; Riv. et Huguet, Quest., nº 208 ; Dalloz, Rép., Vº Transcr., nº 502.

en délivrance. Au cours du procès, celui-ci revend l'immeuble à Tertius, qui fait transcrire. — Il n'importe, en effet, que le jugement condamne Primus à livrer l'immeuble, puisqu'il n'est pas translatif; il n'a donc pu faire que l'acquisition antérieure de Secundus ne soit nulle à l'égard de Tertius, faute de transcription (1).

238. L'acquéreur qui a traité avec le véritable propriétaire, mais qui a négligé de faire transcrire, peut-il comme le possesseur qui a acquis *a non domino* prescrire la propriété de l'immeuble? — Il est certain tout d'abord qu'il n'a pas besoin de la prescription à l'égard du vendeur et de ses successeurs universels ou à titre universel, puisqu'à leur égard la vente est parfaite et par conséquent translative de propriété indépendamment de la transcription. Mais peut-il prescrire à l'égard des tiers, et à partir de quelle époque?

A première vue la négative paraît évidente. L'acheteur, dira-t-on, qui n'a pas fait transcrire, n'a acquis qu'une propriété relative. Or, on ne prescrit que ce que l'on possède. N'ayant pas rendu public son titre, *il ne s'est point posé comme propriétaire* vis-à-vis des tiers; il ne peut donc pas prescrire contre eux. Il semble étrange, il est vrai, que celui qui possède en vertu d'un titre imparfait ne puisse pas prescrire, tandis qu'il le pourrait s'il n'avait pas de titre du tout. Mais il est de règle en matière de prescription qu'il vaut mieux n'avoir pas de titre

(1) MM. Troplong, Transcr., n° 162; Flandin, de la Transcr., t. II, n° 900.

que d'avoir un titre vicieux ou précaire, comme l'est par exemple celui de l'usufruitier, du fermier ou du locataire. — On objecte que la prescription dont il s'agit n'est pas *acquisitive*, mais *libératoire* de l'action en révocation que la loi donne aux tiers *à raison de la clandestinité* du droit de l'acquéreur; dès lors l'acheteur, pour prescrire, n'a pas besoin d'invoquer la possession. Mais la vente non transcrite n'est pas seulement *révocable* dans l'intérêt des tiers; elle est absolument *nulle et inexistante* à leur égard.

La vérité est que l'acheteur qui n'a pas fait transcrire possède *sans titre*, puisque ce titre est *nul et inexistant* au regard des tiers. Il peut par conséquent invoquer la prescription de trente ans. Cette prescription ne courra pas immédiatement après que la vente aura acquis date certaine, car tant que le vendeur n'a point disposé une seconde fois de l'immeuble, *il n'y a point matière à prescription*. L'acquéreur ne prescrira même pas à compter de la date de la seconde vente, comme il le pourrait si c'était une prescription libératoire, à moins qu'il ait déjà été mis en possession au moment de cette deuxième vente (1). Voilà pour la prescription de trente ans.

239. *Quid* de la prescription de dix à vingt ans, dont les conditions sont la bonne foi et un juste titre? L'acheteur, nous le supposons, a acquis de bonne foi; il possède en outre en vertu d'un titre; ce titre n'est point translatif sans doute; mais aussi ne l'invoque-t-il point pour se dire propriétaire, il

(1) MM. Mourlon, Traité théor. et prat. de la Transcr., II, n° 508. — Contra : Flandin, de la Transcr., t. II, n° 909.

l'invoque simplement comme servant de base à sa possession. Il semble dès lors que la prescription de dix à vingt ans doive être admise. Il faut néanmoins repousser ce système. En effet, posséder de bonne foi avec juste titre, c'est posséder avec la croyance qu'on est propriétaire. Or, l'acheteur qui n'a pas fait transcrire son titre sait, ou doit savoir, qu'il n'est point propriétaire vis-à-vis des tiers. Il ne peut même pas alléguer qu'il a un *juste titre*, puisque ce titre est *nul* et *inexistant* au regard des tiers. Donc point de prescription possible, de dix à vingt ans.

240. Il en serait autrement si l'acheteur avait acheté *a non domino*, dans ses rapports avec le véritable propriétaire et ses ayants cause, quoiqu'il n'eût point fait transcrire. En effet, s'il avait acheté du véritable propriétaire, son titre eût été valable à l'égard de ce dernier. Or, celui-ci ne peut pas invoquer le défaut de transcription, ce droit n'appartenant qu'à ceux qui ont traité avec le vendeur postérieurement à la première vente, et qui se renseignant de son chef ont été induits en erreur par suite de la clandestinité du premier contrat. Ils ont, en effet, pu légitimement ignorer que le vendeur n'était plus propriétaire, tandis que le véritable propriétaire ne peut être censé ignorer que son droit est possédé et exercé publiquement par un autre (1).

Il faut cependant réserver le cas où la prescription serait invoquée par un donataire *a non domino* contre le véritable propriétaire. Il suffit en effet pour

(1) Arrêt de la cour d'Agen, du 24 nov. 1842. (Dalloz, Rép., Vº Transcr., nº 509.)

pouvoir invoquer le défaut de transcription d'une donation, *d'y avoir intérêt;* il ne faut pas comme pour les mutations à titre onéreux avoir acquis un droit sur l'immeuble du chef du vendeur (1).

241. Pareillement, si le second acheteur n'a pas fait transcrire lui-même son titre, la prescription décennale pourra lui être opposée; car il ne peut point se prévaloir du défaut de transcription à l'égard du premier acheteur (2).

242. Aux termes de l'article 2235 du Code Napoléon, on peut pour compléter la prescription de dix à vingt ans, joindre à sa possession celle de son auteur. Mais l'acquéreur *a non domino* qui aurait fait transcrire, ne pourrait pas invoquer la possession de son auteur, si celui-ci n'avait pas lui-même fait transcrire son contrat. Ce dernier en effet ayant possédé sans titre à l'égard des tiers, on ne peut pas invoquer sa bonne foi.

243. De même qu'en matière de prescription, on peut, pour exercer une action possessoire, joindre à sa possession celle de son auteur. Il suit, depuis la loi de 1855, qu'entre deux possesseurs ayants cause du même auteur, n'ayant possédé ni l'un ni l'autre pendant une année entière, celui-là pourra invoquer la possession de son auteur, qui lui aura succédé le premier au regard de tout le monde par la transcription (3).

(1) V. l'arrêt précité.

(2) MM. Flandin, de la Transcr., t. II, n° 910. — Troplong, Transcr., n°s 180 et 181.

(3) M. Troplong, Transcr., n° 185; Arrêt req. du 12 fruct. an X; Merlin, V° Act. poss , n° 774.

Mais s'il s'agissait simplement d'apprécier des faits de possession, pour décider entre deux acquéreurs plaidant au possessoire, lequel a la possession annale, la transcription n'aurait aucune influence sur le jugement (1).

De la transcription des baux.

244. Les baux à long terme diminuent la valeur vénale d'un immeuble; aussi la loi décide-t-elle (art. 3, alin. 2) que les baux non transcrits ne seront opposables aux tiers qui ont des droits sur l'immeuble et qui les ont conservés en se conformant aux lois, que pour une durée de dix-huit ans au plus. — Cela est incontestable pour le bail qui a précédé la vente de l'immeuble. Mais en sera-t-il de même du bail qui n'a été passé que postérieurement à cette vente, mais avant sa transcription? Il semble que non. En effet la vente quoique non transcrite est opposable à ceux des ayants cause du vendeur qui n'ont pas de droits *sur l'immeuble*. Or, selon l'aveu même des rédacteurs de la loi de 1855, le preneur n'a qu'un droit *personnel*. M. de Belleyme dit, en effet, formellement dans son rapport, que la publicité des baux à long terme a paru nécessaire, *quoiqu'elle fût une invasion dans le domaine des droits personnels*, parce que ces actes imposent à la propriété des charges de nature à en diminuer sensiblement la valeur.

(1) MM. Riv. et Huguet, Quest., nº 247.

A notre avis cependant ces baux seront opposables à l'acquéreur qui n'a pas fait transcrire son contrat. Il suffit en effet que les baux de plus de dix-huit ans soient mis par la loi de 1855 au nombre des actes qui doivent être transcrits, pour que cette loi leur soit applicable dans toutes ses dispositions. Ne serait-il pas injuste que le preneur à long bail eût toutes les charges de la transcription, sans en avoir les avantages, et que, exposé à se voir évincé par un acheteur diligent, il ne pût, à son tour, se prévaloir contre un acheteur négligent de l'omission de la transcription ? (1)

Il en sera de même du bail passé postérieurement à une hypothèque, mais transcrit avant son inscription.

245. Pareillement entre deux preneurs successifs pour plus de dix-huit ans, celui des deux qui aura le premier fait transcrire son bail aura la préférence sur l'autre (2).

246. Mais si l'un des baux était fait pour une durée de moins de dix-huit ans, on ne pourrait plus reprocher au preneur sa négligence à faire transcrire, puisqu'il n'y est pas assujetti, et il faudrait régler le conflit d'après l'antériorité des baux (3).

(1) MM. Flandin, de la Transcr., t. II, ch. 4, sect. 5; Riv. et Huguet, Quest., nos 216 et suiv.; Lesenne, Comm., nos 74 à 79; Dalloz, Rép., Vo Transcr., nos 643 et 644. — Contra : Mourlon, Traité théor. et prat. de la Transcr., II, no 494; Bressolles, Exposé, etc., no 50.

(2) M. Flandin, loc. cit. — Contra : Bressolles, loc. cit., no 51. — M. Troplong donne la même solution, mais en se fondant sur la *réalité* du droit du preneur. (Transcr., no 207.)

(3) MM. Troplong, loc. cit., no 208; Flandin, loc. cit. et Sellier, Comm., no 301 *bis*.

247. Revenons au bail passé antérieurement à la vente. On s'est demandé à partir de quelle époque les baux non transcrits étaient opposables aux tiers. Les dix-huit ans courront-ils à partir du jour où le bail a acquis date certaine, en sorte que la durée du bail étant fractionnée en périodes de dix-huit ans, le preneur n'aura que le droit d'achever la période de dix-huit ans dans laquelle on se trouvera au moment de la transcription de la vente? (1) ou du jour de la vente de l'immeuble? (2) ou enfin du jour où la vente aura été transcrite?

En faveur de la première opinion, celle qui ne donne au preneur que le droit d'achever ce qui reste à courir des dix-huit ans, au moment de la transcription, M. Troplong invoque l'article 1429 du Code Napoléon qui donne la même solution dans un cas analogue. Mais nous croyons devoir repousser ce système par la raison que les déchéances ne s'étendent point par analogie. — Nous estimons au contraire que les dix-huit ans ne doivent se compter que *du jour où il se forme un conflit entre le preneur et l'acquéreur*. Ce conflit existe selon M. Mourlon, qui est revenu sur sa première opinion dans son traité de la transcription (t. II, n° 496), *du jour même de la vente* (3) Celle-ci, il est vrai, n'est pas opposable au preneur tant qu'elle n'est pas transcrite; mais cela n'est vrai que lorsque le preneur a fait lui-même transcrire

(1) MM. Troplong, loc. cit., n°s 203 et 204; Flandin, loc. cit.; Lesenne, Comm., n° 73.
(2) MM. Riv. et Huguet, Quest., n°s 232 et suiv.
(3) M. Mourlon, Exam. crit., etc., app., n° 348.

son bail; or, dès qu'il a négligé de se conformer à la loi de 1855, il ne peut plus l'invoquer en sa faveur, et nous rentrons sous l'empire du Code Napoléon qui veut qu'une vente bien que non transcrite soit opposable à ceux qui n'ont point de droits sur l'immeuble.

248. Le principe sera le même à l'égard des créanciers hypothécaires : ils ne pourront faire réduire le bail qu'*à partir du jour où il leur porte préjudice*. Mais ce jour ce ne sera pas celui de l'inscription de l'hypothèque, car le débiteur conserve le droit de louer son immeuble. Ce ne sera pas non plus, ainsi que le prétend M. Troplong (1), le jour du commandement de payer, le débiteur ne pouvant plus faire de nouveau bail à partir de cette époque (684, C. de Pr.). En effet, dit M. Mourlon, jusqu'à l'adjudication quel préjudice le bail cause-t-il aux créanciers inscrits? Dès que la saisie est transcrite, les loyers ou fermages échus à partir de cette époque ne sont-ils pas immobilisés à leur profit? Ils n'ont donc encore aucun intérêt à faire réduire le bail. Ce n'est qu'à compter du jour fixé pour l'adjudication que le bail peut blesser leur droit en écartant les enchérisseurs (2).

249. Un orateur, M. Duclos avait fait remarquer au Corps législatif que l'article 3 déclarant opposables pour dix-huit ans les baux même non transcrits, sans distinguer entre les créanciers hypothécaires antérieurs au bail et les créanciers postérieurs,

(1) Transcr., n° 205.
(2) Loc. cit., n° 499.

il fallait en conclure par *a contrario* que ces mêmes baux, s'ils ont été transcrits, pourront être opposés pour toute leur durée, même aux créanciers antérieurs. Mais supposons qu'entre deux acquéreurs successifs, le second ait fait transcrire avant le premier; il lui sera évidemment préféré. Lors, au contraire, qu'il n'a fait transcrire qu'après lui, dira-t-on que sa transcription sera opposable au premier acquéreur? Evidemment non. Il en sera de même du preneur qui n'a fait transcrire son bail qu'après l'inscription du créancier hypothécaire (1).

Mais gardons-nous d'en conclure avec M. Allart, autre orateur, que ce bail n'aura aucun effet à l'égard de ce même créancier. La constitution d'hypothèque n'enlève pas, en effet, au débiteur le droit de jouir et d'administrer ses biens, et par conséquent de les louer pourvu que ce bail n'excède point les bornes d'un acte de simple administration. Or, selon la nouvelle loi, le bail sort des limites de l'administration, dès qu'il est fait pour une durée de plus de dix-huit années (2). MM. Riv. et Huguet (3) décident que le bail sera opposable au créancier pour toute sa durée; mais si le bail antérieur à l'hypothèque, et qui n'a pas été transcrit, ne peut être opposé au créancier que pour dix-huit ans, il semble qu'il doive *a fortiori* en être de même lorsque l'inscription hypothécaire a précédé non-seule-

(1) Dalloz, Rép., V° Transcr., n° 635.
(2) MM. Troplong, Transcr., n° 202; Dalloz, loc. cit., n° 636.
(3) Quest., n°s 219 à 230.

ment la transcription du bail, mais même sa passation (1).

250. Appliquant ces principes aux quittances et cessions de loyers non échus, on a prétendu que lorsque ces quittances et cessions représentent une somme de plus de trois années, elles peuvent à défaut de transcription être opposées aux tiers, sinon *pour le tout* au moins *pour partie*, dans les limites où elles seraient valables indépendamment de la transcription, c'est-à-dire pour deux ans ou plutôt pour trois ans moins un jour, les fruits civils s'acquérant jour par jour (2). — Mais il est à remarquer que la loi ne s'explique pas sur ce point comme pour les baux; c'est qu'elle avait ici une juste raison de tenir ces cessions et quittances comme suspectes *pour le tout;* car tandis que le bail réduit à dix-huit ans, ne prive pas les tiers acquéreurs des revenus civils de l'immeuble, les cessions et quittances de loyers si elles devaient leur être opposables les obligeraient à entretenir le bail sans aucune compensation. Le législateur les suspectant pour le tout, ne pouvait sans contradiction les maintenir pour partie (3).

251. Que devra-t-on décider dans le cas où quatre années de loyers ou de fermages non échus ont été cédées à quatre personnes différentes? — A ne s'attacher qu'à l'esprit de la loi on devrait évidem-

(1) MM. Duverger, Collect. des lois, etc., année 1855, p. 65, note 1; Mourlon, Exam. crit., app., n° 350, et Traité théor. et prat. de la Transcr., II, n° 500; Flandin, Transcr., loc. cit.

(2) M. Flandin, de la Transcr., t. II, ch. 4, sect. 5.

(3) MM. Troplong, Transcr., n°s 209 et 212; Mourlon, loc. cit., II, n° 503; Sellier, Comm., n° 92; Lesenne, Comm., n° 80.

ment les annuler toutes. Mais si l'esprit de la loi doit quelquefois l'emporter sur son texte, ce n'est en général que lorsqu'il s'agit de lui donner une interprétation favorable, et non lorsqu'elle prononce des nullités et des déchéances. Or, il serait manifestement contraire à l'équité d'annuler la première et la deuxième cession, car on ne peut reprocher aucune faute aux cessionnaires qui en ont bénéficié ; pas plus qu'on ne peut reprocher à un second bailleur de moins de dix-huit ans, devant succéder au premier, de n'avoir pas fait transcrire son bail, parce que les années que doit durer son bail jointes à celles qui restent à courir du premier excédent dix-huit ans (1).

252. L'article 1141 du Code Napoléon porte que celui de deux acheteurs successifs d'une chose mobilière, qui a été mis le premier en possession, en demeure propriétaire, encore que son titre soit postérieur en date, *pourvu que sa possession soit de bonne foi.* Faut-il, par analogie, décider que les tiers qui ont eu, au moment de leur contrat, connaissance d'un acte antérieur, ne peuvent pas se prévaloir du défaut de transcription de cet acte ?

Ce serait, en effet, équitable. Mais déjà, dans notre ancien droit, on avait décidé que, pour éviter des procès, l'ordre public exigeait que les tiers ne puissent pas soulever la question de savoir si celui qui a traité avec un grevé de substitution avait ou non connaissance de la substitution non insinuée (2).

(1) M. Mourlon, loc. cit., II, n° 504.
(2) Pothier, Traité des subst., sect. 1, art. 4, § 6.

Le même principe a été reproduit formellement par notre Code, pour les substitutions (art. 1071); et quoique la loi ne l'applique pas expressément à la transcription des donations, ni à celle des contrats à titre onéreux, il n'en est pas moins adopté par tous les auteurs. En effet, toute vente non transcrite est *nulle* à l'égard des tiers, et par conséquent *légalement réputée ignorée* d'eux. Or, dit l'article 1352 du Code Napoléon, « nulle preuve n'est admise contre la présomption de la loi, lorsque sur le fondement de cette présomption la loi *annule* certains actes, si elle n'a d'ailleurs réservé la preuve contraire. »

Nous excepterons cependant le cas où le deuxième acquéreur aurait participé au dol ou à la fraude du vendeur. M. Suin, dans son exposé des motifs, est formel à cet égard. Mais, peut-on dire, n'y a-t-il pas fraude de la part du second acheteur par cela seul qu'il a connu la première vente? Non; car il n'y a pas de fraude à participer d'un avantage offert par la loi; les tiers ont pu légitimement croire que le premier acheteur, en négligeant de transcrire, entendait laisser la propriété au vendeur. Il faudra donc, pour que le deuxième acquéreur soit de mauvaise foi, qu'il y ait de sa part des faits directs et personnels, et, par exemple, qu'il ait adhéré à l'acte non transcrit, soit expressément, soit par une mention faite dans son propre titre; ou enfin en usant de violence ou de manœuvres frauduleuses pour empêcher le premier acheteur de faire opérer la transcription de son contrat (1).

(1) MM. Mourlon, loc. cit., n° 451 et suiv.; Flandin, t. II, n° 878

CHAPITRE XIII

DES EFFETS DE LA TRANSCRIPTION, A L'ÉGARD DES DROITS RÉELS CONFÉRÉS ANTÉRIEUREMENT, MAIS NON INSCRITS.

253. La transcription opère la translation de la propriété à l'égard de tout le monde, c'est-à-dire tant à l'égard de l'ancien propriétaire, qu'à l'égard de ses ayants cause. Il en résulte que l'ancien propriétaire de l'immeuble ne peut plus ni le vendre à une autre personne, ni le grever d'hypothèques ou d'autres droits réels. (Art. 1583, C. Nap.) Quant aux hypothèques et autres droits réels antérieurement conférés, ils subsistent; car la transcription transmet à l'acquéreur la propriété de l'immeuble telle qu'elle existait chez le vendeur, avec toutes ses charges. Une des conséquences de l'hypothèque, c'est, en effet, le *droit de suivre* l'immeuble entre les mains des tiers acquéreurs. Toutefois cet effet n'est attaché à l'hypothèque que par une transcription par extrait, qui a reçu le nom d'*inscription*. Or, on ne peut s'inscrire sur un immeuble que tant qu'il est la propriété du débiteur. Il en résulte que : *l'aliénation d'un immeuble arrête le cours des inscriptions* des hypothèques ou priviléges antérieurement constitués.

et suiv.; Lesenne, Comm., n° 81; Bressolles, Exposé, etc., n° 43; Riv. et Huguet, Quest., n° 1871; Troplong, Transcr., n° 190. — Contra: Cass. 1859. (Dalloz, R. P. 1859, 1, 184.)

Ce principe est incontestable. Mais comme la translation de la propriété ne s'est pas toujours opérée au même moment ni dans les mêmes conditions, aux différentes époques de notre législation, il s'agit de rechercher à quel moment l'acquéreur d'un immeuble en devient propriétaire vis-à-vis des créanciers hypothécaires et privilégiés non inscrits, du chef du précédent propriétaire.

254. *Sous la loi de brumaire an VII*, la propriété n'étant acquise vis-à-vis des tiers que par la transcription, il en résultait qu'elle passait à l'acquéreur franche et quitte de toutes les hypothèques et priviléges qui n'étaient pas inscrits avant la transcription. Les hypothèques légales des femmes, mineurs et interdits, subissaient à cet égard la loi commune.

255. *Sous le Code Napoléon*, il fallait faire une distinction : l'immeuble était-il aliéné en vertu d'une donation, c'était la transcription qui arrêtait le cours des inscriptions. Etait-il, au contraire, aliéné à titre onéreux, la translation s'effectuant par la seule puissance du consentement des parties, aucune inscription ne pouvait plus être prise après le jour où l'acte de mutation avait acquis date certaine. Toutefois, par exception, les hypothèques légales des femmes, mineurs et interdits, pouvaient encore être utilement inscrites pendant deux mois après la transcription de la donation, ou après le jour de la vente, lorsque ces créanciers étaient mis en demeure de s'inscrire par l'accomplissement de certaines formalités prescrites par les articles 2193 à 2195 du Code Napoléon.

256. Peu après le Code Napoléon, on décida dans

les articles 834 et 835 du *Code de procédure*, qu'une inscription d'hypothèque ou de privilége pouvait encore être prise *dans les quinze jours de la transcription* de l'acte d'aliénation, sans préjudice du délai de deux mois accordé aux femmes, mineurs et interdits, pour *conserver* leurs hypothèques légales.

Ce délai de faveur (de 15 jours) n'était du reste accordé que dans les aliénations *volontaires*. Quant aux aliénations *forcées*, restées sous l'empire du Code Napoléon, c'était la date des adjudications qui arrêtait le cours des inscriptions.

257. *La loi du* 23 *mars* 1855 ayant rétabli la transcription, et l'ayant étendue à toutes les aliénations, il en résulte que les articles 834 et 835 du Code de procédure se trouvent abrogés. L'article 6 s'en explique formellement : « Les articles 834 et 835 du Code de procédure civile sont abrogés. » L'immeuble se trouve par conséquent purgé de toutes les hypothèques privilégiées ou non, qui n'ont point été rendues publiques avant la transcription de l'acte d'aliénation. Dans le système du Code de procédure, la transcription n'étant point nécessaire pour déplacer la propriété, ce n'était qu'une sorte d'invitation aux créanciers, une mise en demeure pour s'inscrire ; il paraissait donc naturel de leur accorder un délai pour se mettre en règle. Sous la nouvelle loi, au contraire, la transcription révèle un fait accompli : la mutation de propriété ; dès lors, on ne pouvait plus, sans inconséquence, accorder aux créanciers un délai pour s'inscrire sur un immeuble qui était sorti de leur gage.

Qu'on n'objecte pas que refuser un délai au créancier, c'est le livrer à la mauvaise foi de son débiteur qui peut ainsi, par une vente précipitée de l'immeuble qu'il vient d'affecter à sa dette, le mettre dans l'impossibilité d'opérer son inscription avant la transcription effectuée par un acquéreur diligent. — Cette objection prouverait trop en effet, si elle était fondée, car elle s'applique tout aussi bien au cas où un acquéreur se voit devancé par la transcription d'un acquéreur postérieur plus diligent; ou à l'hypothèse d'un créancier primé par l'inscription précipitée d'un créancier postérieur. N'en était-il pas déjà ainsi sous l'empire du Code Napoléon, où il pouvait arriver que le second acquéreur, en faisant enregistrer le premier son acte d'acquisition fût préféré au premier en date? Au surplus il serait souverainement injuste d'accorder aux créanciers hypothécaires un délai que la loi a cru devoir refuser aux acquéreurs, la propriété méritant plus de faveur qu'une simple créance. N'ont-ils pas d'ailleurs un moyen bien simple de se mettre à l'abri de toutes fraudes? Ils n'ont qu'à attendre, pour livrer leur argent, qu'ils se soient assurés que leur inscription a été prise avant toute inscription ou transcription frauduleuse. C'est donc avec raison que l'article 6 de la nouvelle loi supprime le délai de faveur accordé aux créanciers par les articles 834 et 835 du Code de procédure.

258. Toutefois, en décidant dans son premier alinéa que la transcription arrête le cours des inscriptions des priviléges ou hypothèques, cet article ne renvoie qu'aux articles 2123, 2127 et 2128 du

Code Napoléon. Il suit, qu'à la différence de la loi de brumaire an VII, la loi du 23 mars 1855 ne régit point les hypothèques légales des femmes, mineurs et interdits, dont s'occupent les articles 2193 et 2195, lesquelles subsistent en effet indépendamment de toute inscription, et continueront à être régies par le Code Napoléon (1).

259. De même, le vendeur et le copartageant peuvent s'inscrire même après la transcription de l'acte d'aliénation de leur gage, pourvu qu'ils soient encore dans les quarante-cinq jours de l'acte de vente ou de partage (art. 6, alin. 2). Ces créanciers n'ont en effet pas le moyen, comme les créanciers ordinaires, de ne se dessaisir de leurs fonds qu'après s'être assurés que leur privilége a été inscrit, ce privilége ne s'acquérant que lorsque l'aliénation ou le partage se trouvent consommés (2).

260. A part ces deux exceptions, la loi de 1855 s'applique donc non-seulement aux aliénations volontaires, à titre onéreux ou à titre gratuit, mais encore aux aliénations forcées, telles que les expropriations pour cause d'utilité publique, à l'égard desquelles la loi du 3 mai 1841 avait admis que les créanciers privilégiés et hypothécaires pourraient encore inscrire leur *droit de préférence* dans les quinze jours de la transcription du jugement ou de l'acte d'expropriation (art. 17), les adjudications sur saisie, etc.

(1) M. Troplong, Transcr., n° 270.

(2) MM. Troplong, loc. cit., n° 276; Mourlon, Traité théor. et prat. de la Transcr., n° 579.

Remarquons, quant à ces dernières, que le délai de s'inscrire se trouve allongé, puisqu'il s'étend même après l'adjudication, jusqu'à sa transcription; tandis que ce même délai se trouve au contraire abrégé dans les aliénations volontaires, par la suppression des quinze jours suivant la transcription.

261. Enfin, il y a des mutations qui s'opèrent sans publicité, telles que les mutations par décès. Or, la transcription étant inapplicable à ces dernières, il en résulte que les créanciers ne pourront plus s'inscrire après le décès de leur débiteur.

Ils le pouvaient au contraire d'après le Code de procédure, tant que le légataire ne les avait pas mis en demeure par la transcription de son titre, et dans la quinzaine de cette transcription.

Mais, dira-t-on, n'est-il pas de principe qu'*un legs ne peut jamais nuire aux créanciers?* — Sans doute; mais cela n'est vrai que lorsque le *de cujus* a laissé, déduction du legs, moins de biens que de dettes; or nous supposons un legs valable. Autrement il faudrait dire que le bien légué demeure dans le gage des créanciers; d'ailleurs les légataires particuliers, ainsi que nous l'apprennent les articles 871 et 1024, ne succèdent pas aux obligations du testateur (1).

262. Ces principes étant posés, occupons-nous plus spécialement du *privilège du vendeur* :

Le vendeur n'est censé aliéner que sous la condition qu'il sera payé. Lors donc que l'acheteur refuse de payer le vendeur, celui-ci peut prendre l'un ou

(1) MM. Troplong, Transcr., n° 273; et Mourlon, loc. cit., n° 582.

l'autre des deux partis suivants : il peut ou bien maintenir le contrat, et se faire payer par toutes les voies de droit, auquel cas il a un privilége sur le prix de l'objet vendu ; ou bien demander la résolution du contrat, et reprendre sa chose avec des dommages et intérêts.

On a vu par les développements qui précèdent que l'article 6 de la loi de 1855 accorde au vendeur un délai de quarante-cinq jours pour faire inscrire son privilége, nonobstant toute transcription de revente opérée dans ce délai. Ces quarante-cinq jours se comptent à partir de la vente primitive, et non à partir de la transcription de la revente. Tout le monde est d'accord sur ce point. Mais la dissidence s'établit au contraire sur la question de savoir si, lorsque ces quarante-cinq jours se sont écoulés sans qu'il soit intervenu une seconde vente, le vendeur peut encore inscrire son privilége. MM. Troplong (1), Riv. et Huguet penchent pour l'affirmative (2). — Nous pensons au contraire avec MM. Flandin (3) et Dalloz (4) que lorsque le vendeur n'a point pris inscription dans les quarante-cinq jours de son contrat, il le peut sans doute encore après ce délai, tant que ne sera pas intervenue la transcription de la revente ; mais au lieu d'avoir un privilége, il n'aura plus qu'une hypothèque prenant date du jour de l'inscription, conformément à l'article 2113 du Code Napoléon.

(1) Transcr., n° 279.
(2) Quest., n° 365.
(3) Transcr., t. II, ch. 4, sect. 3.
(4) Rép., V° Transcr., n° 550.

L'article 6 en effet, bien que statuant spécialement sur le cas de revente embrasse aussi implicitement le cas où l'immeuble est resté dans les mains de l'acquéreur primitif. Ce qui le prouve, c'est qu'il fait courir le délai des quarante-cinq jours, non pas à partir de la transcription de la revente, ainsi que le faisait l'article 834 du Code de procédure pour les quinze jours qu'il accordait pour s'inscrire, mais à partir du jour de la vente primitive. Le système opposé conduirait du reste à ce résultat bizarre, de faire dépendre le sort des hypothèques conférées par l'acheteur primitif, de la revente et de sa transcription survenant après les quarante-cinq jours de la première vente : le créancier hypothécaire qui se verrait primé par le vendeur, en l'absence d'une revente, lui serait au contraire préféré dans le cas d'une seconde vente !

263. L'article 6, en permettant au vendeur d'inscrire son privilége dans les quarante-cinq jours de la transcription de la revente, ne porte du reste aucune atteinte à l'article 2108 du Code Napoléon, aux termes duquel la *transcription* de la vente d'où résulte le privilége *vaut inscription*.

Selon M. Pont, la transcription est même le seul mode de publicité dont le privilége du vendeur soit susceptible, tant que la revente n'est pas transcrite ; car, dit-il, jusqu'à la transcription de la première vente le vendeur restant *propriétaire* de l'immeuble, il n'a pas de privilége, car on ne prend pas inscription sur soi-même. Lors, au contraire, qu'il se trouve en présence d'un sous-acquéreur, c'est sur ce dernier et non plus sur lui-même qu'il prend inscription (1).

Nous avons déjà réfuté cette doctrine et nous avons vu (n° 233) que si le vendeur reste propriétaire de l'immeuble, en l'absence de transcription, ce n'est que vis-à-vis de ses propres ayants cause. Il cesse au contraire de l'être vis-à-vis de l'acheteur et des ayants cause de ce dernier; il a donc pu valablement acquérir un privilége à leur égard du jour même de la vente (2).

Du reste, lors même que l'inscription ne serait pas nécessaire tant que la vente n'est pas transcrite, il ne s'ensuit pas qu'elle doive être annulée si elle était effectuée avant la transcription de la revente. Ne serait-il pas en effet absurde de considérer comme nulle l'inscription qui a prévenu le tiers acquéreur de l'existence du privilége, tandis qu'on maintiendrait celle qui n'a été effectuée qu'après la transcription de la revente, et qui par conséquent n'a averti personne?

Enfin, il n'est pas impossible qu'on puisse avoir une inscription sur soi-même. C'est ce qui a lieu, notamment lorsqu'un tiers acquéreur paye de ses deniers les créanciers inscrits sur l'immeuble qu'il vient d'acquérir; il se trouve alors légalement subrogé au bénéfice de ces inscriptions (3). Elles lui profiteront par exemple dans le cas où il viendra à perdre par suite

(1) Traité des Privil. et hyp., n° 1124.
(2) M. Mourlon, Traité théor. et prat. de la Transcr., II, n° 642; Conf. Flandin, de la Transcr., t. II, ch. 4, sect. 3.
(3) Art. 1251, 2° et 3°.

de la résolution de son titre *ou autrement* la propriété de l'immeuble (1). Ajoutons, avec M. Flandin (2), que si le vendeur ne pouvait pas inscrire son privilége avant la transcription de la revente, tant qu'il n'a pas fait transcrire son propre contrat, le délai de quarante cinq jours serait le plus souvent écoulé, et il aurait perdu son privilége. Il pourrait sans doute se soustraire à ce danger en faisant transcrire la vente primitive; mais que deviendrait alors ce choix qu'on lui laisse entre la transcription et l'inscription? Quoi! lorsque l'article 2108 (C. Nap.) n'admet la transcription que comme un mode exceptionnel de publicité offert au vendeur, lorsqu'elle décide que la transcription *vaut inscription*; quand l'article 6 de la loi de 1855 ne parle que d'une *inscription* à prendre par le vendeur, c'est au contraire la transcription qui devient la règle et l'inscription, l'exception! (3) Ces raisons nous paraissent décisives.

264. La loi va même plus loin. Elle est tellement jalouse de conserver au vendeur son privilége, qu'elle ordonne dans l'article 2109 (C. Nap.) au conservateur qui opère la transcription d'un acte de vente d'en détacher *d'office* les clauses relatives au privilége du vendeur, et de les porter sur le registre des inscriptions.

Sous la loi de brumaire c'était même cette inscription d'office qui seule conservait le privilége; celui-ci se trouvait perdu en son absence, nonobstant la

(1) M. Mourlon, loc. cit., II, n° 642.
(2) Loc. cit.
(3) Conf. Dalloz, Rép., V° Transcr., n° 561.

transcription (1). Aujourd'hui, au contraire, la transcription suffit à elle seule pour conserver le privilége. L'inscription n'est, en effet, imposée qu'au conservateur. Son omission n'engage que la responsabilité de ce dernier vis-à-vis des tiers (art. 2109, C. Nap.) (2). — Ces tiers ce sont ceux qui se trouveront lésés par l'absence de l'inscription. Le conservateur ne sera donc point responsable vis-à-vis des créanciers chirographaires ou hypothécaires qui auront traité avec l'acheteur avant la vente ou sa transcription, ni même vis-à-vis de ceux qui ont traité avec l'acheteur, postérieurement à la transcription de la vente, mais sans requérir préalablement un état des inscriptions (3).

265. Si le vendeur ne doit point souffrir de l'omission de l'inscription d'office, il pourra au contraire profiter de cette même inscription, dans le cas où le conservateur y aurait suppléé aux lacunes de la transcription, par exemple en y évaluant la créance du prix restée indéterminée. En effet, aux termes de l'article 2148 (C. Nap.) un *tiers* peut, à titre d'ami, prendre une inscription pour le créancier. Le conservateur a, comme tout autre, qualité pour y procéder dans l'intérêt du vendeur. Il est alors à la fois requérant et conservateur (4).

(1) M. Mourlon, loc. cit., n° 673.
(2) MM. Flandin, de la Transcr., t. II, ch. 4, sect. 3; Troplong, Transcr., n° 280; Dalloz, Rép., loc. cit., n° 558.
(3) M. Mourlon, loc. cit., II, n° 688.
(4) MM. Mourlon, loc. cit., n° 690; Flandin, loc. cit., t. II, ch. 4, sect. 3; Dalloz, Rép., loc. cit., n° 562; cour de Dijon, 14 août 1838; et Cass., 14 juillet 1841.

266. L'inscription d'office doit, comme l'inscription ordinaire, être renouvelée au bout de dix ans. Seulement cette formalité au lieu d'être à la charge du conservateur, qui peut ignorer au bout de dix ans si la créance du vendeur est ou non soldée, est imposée au vendeur. Cela résulte d'un avis du Conseil d'Etat du 15 décembre 1807, approuvé le 22 janvier 1808 (1). — Faute de faire effectuer ce renouvellement, le privilége ne sera pas sans doute perdu, puisque sa conservation et son efficacité étaient indépendantes de l'inscription d'office; mais le vendeur subrogé à l'obligation du conservateur, devra comme lui des dommages et intérêts aux tiers.

267. Quant à la transcription, il ne sera pas nécessaire de la renouveler au bout de dix ans, car la publicité qui en résulte est de sa nature *permanente*. Ce qui le prouve, c'est qu'elle n'est pas soumise au renouvellement, relativement à la propriété qu'elle constate. Lors donc que le législateur déclare qu'elle *vaut inscription*, il a simplement voulu dire qu'elle produira par rapport au privilége le même effet conservatoire; seulement, tandis que cette conservation est *temporaire* dans l'inscription, elle est au contraire *perpétuelle* dans la transcription (2).

268. La transcription *valant inscription*, le vendeur a droit de recevoir les notifications, sommations et convocations prescrites par les articles 2183

(1) M. Mourlon, Traité théor. et prat. de la Transcr., n° 691.

(2) MM. Mourlon, loc. cit., n° 695; Flandin, loc. cit.; Riv. et Huguet, Quest., n° 307; Pont, Priv. et Hyp., n° 274. — Contra : Troplong, Priv. et Hyp., n° 286 *bis* et *ter.*; et Transcr., n° 295; Req., 27 avril 1826; Toulouse, 23 mars 1829.

(C. Nap.), 692 (C. de pr.) et 751, 753 (C. de pr.), en cas de purge, de saisie immobilière et d'ordre, à moins qu'il ait négligé de renouveler l'inscription dans les dix ans, et que la saisie, la purge ou l'ordre aient lieu postérieurement à cette époque (1).

269. *De l'action résolutoire.* — Lorsque le vendeur a perdu son privilége, faute de renouvellement de l'inscription, ou parce qu'il ne peut plus le rendre public par suite d'un événement imprévu arrêtant le cours des inscriptions, tel que la faillite de l'acheteur, l'acceptation bénéficiaire de sa succession, conserve-t-il au moins son action résolutoire? L'article 7 de la loi de 1855 répond à cette question :

« L'action résolutoire établie par l'article 1654 du Code Napoléon ne peut être exercée après l'extinction du privilége du vendeur, au préjudice des tiers qui ont acquis des droits sur l'immeuble du chef de l'acquéreur, et qui se sont conformés aux lois pour les conserver. »

270. *En droit romain*, lorsque la vente était faite sans terme pour le payement du prix, la propriété n'était transférée à l'acheteur, même après la tradition, que lorsqu'il avait payé le prix. De sorte que lorsque le vendeur reprenait la chose, à défaut de payement, c'était en sa qualité de *propriétaire*. — Dans les ventes à terme au contraire, la propriété était transférée immédiatement et irrévocablement; mais le vendeur pouvait reprendre la chose vendue

(1) MM. Mourlon, loc. cit., n° 697.

en stipulant par une clause appelée *lex commissoria*, que la propriété sera censée n'avoir pas été transférée en cas de non-payement du prix (*pactum dominii reservati*) (loi 20, Dig., *de precario;* loi 16, Dig., *de periculo et comm. rei venditæ*).

271. Cette clause qui devait être insérée expressément dans les ventes à terme, l'ancien droit français la sous-entend dans toutes les ventes, en vertu de ce principe que dans tout contrat synallagmatique lorsque l'une des parties ne remplit pas ses engagements, l'autre peut demander la résolution du contrat.

272. L'article 1654 du Code Napoléon consacre le même principe, en accordant au vendeur non payé le droit de faire résoudre la vente.

Cette action résolutoire est non-seulement personnelle, mais réelle. Elle permet donc au vendeur de reprendre sa chose, même entre les mains des tiers acquéreurs, et de faire tomber tous les droits d'hypothèque ou autres, dont l'acheteur ou ses ayants cause ont pu grever l'immeuble. — Il y a plus; sous l'empire du Code, elle pouvait être exercée même après l'extinction du privilége, alors que les tiers confiants dans la propriété apparente de l'acheteur et dans l'absence de toute publicité pouvaient croire le vendeur *satisfait de sa créance*. De là une grave atteinte à la mutation des immeubles.

Frappés de ces inconvénients, nos législateurs cherchèrent, dès 1833, à y remédier, en statuant qu'en matière d'expropriation pour cause d'utilité publique aucune action réelle ne pourrait être exercée, une fois l'expropriation consommée, et que l'action en résolution notamment serait reportée sur l'indemnité. — Le vendeur pouvait donc, à son choix, ou bien exercer son privilége et ne prendre sur l'indemnité que le montant de sa créance, ou bien prendre l'indemnité tout entière en exerçant son droit de résolution. — D'autres mutations appelèrent l'attention du législateur. C'est ainsi que ayant remarqué que, dans les saisies, l'action résolutoire dont se trouvait armé le vendeur pourrait écarter les enchérisseurs, on fit une loi datée du 2 juin 1841, en vertu de laquelle l'action résolutoire ne peut être exercée après l'adjudication, à moins que le vendeur n'ait, avant cette adjudication, notifié sa demande en résolution au greffe du tribunal où se poursuit la vente. Toutefois si, faute par le vendeur de se conformer aux prescriptions du tribunal l'adjudication survient avant le jugement de la demande en résolution, l'adjudicataire ne pourra plus être inquiété du chef des anciens vendeurs, sauf à ceux-ci à faire valoir leurs priviléges, s'il y a lieu, sur le prix de l'adjudication.

C'est aux législateurs de 1855 que revient l'honneur d'avoir étendu ce principe aux aliénations volontaires et à celles qui, bien que s'accomplissant en justice, leur sont assimilées. — Déjà, en 1849 et en 1850, on s'en était occupé. Quelques-uns, tels que M. Pongeard, avaient demandé la suppression complète de l'action résolutoire, en tant que réagissant contre les créanciers inscrits. Une commission instituée par le gouvernement en dehors de la Chambre proposa de ne l'admettre à l'encontre des tiers, que lorsqu'elle aurait été stipulée dans l'acte de vente par une clause expresse; dans ce système elle n'existait de plein droit qu'entre les parties. La commission parlementaire, au contraire, pensant que le pacte commissoire deviendrait de style dans les contrats de vente, proposa la suppression complète de l'action résolutoire à l'égard des tiers. Son projet échoua néanmoins devant un amendement présenté par M. Rouher, qui était alors garde des sceaux. Il proposa de subordonner l'existence de l'action résolutoire à celle du privilége, en l'assujettissant à la même publicité. Les événements politiques empêchèrent de donner suite à ce projet. Mais, lorsqu'en 1855 on reprit la réforme hypothécaire, le système de M. Rouher prévalut, et il forme aujourd'hui l'article 7 de la nouvelle loi, dont nous avons cité le texte plus haut. Toutefois, ce n'est pas sans une vive opposition que passa cet article. Voici les raisons qui ont été données pour et contre la suppression de l'action résolutoire :

273. Cette action, disaient les partisans de la suppression, empêche la propriété d'être stable dans les mains de l'acheteur. Elle affecte de plus son crédit; car qui voudra prêter à l'acheteur sur un immeuble qui peut lui échapper à chaque instant? Peu importe qu'il ait payé ou non une partie de son prix, le danger est le même. Les prêteurs peuvent, il est vrai, s'y soustraire en exigeant que leurs fonds soient employés à payer le vendeur jusqu'à concurrence de ce qui lui reste dû, avec condition de subrogation; mais comment feront-ils si le vendeur a stipulé un terme auquel il n'entend point renoncer? Le vendeur n'a-t-il pas, d'ailleurs, un privilége? Ce privilége suffit pleinement à la sauvegarde de ses droits. Qu'on ne dise pas qu'on le force ainsi à passer par les lenteurs et les frais d'une saisie. Ces lenteurs et ces frais sont également attachés à l'action résolutoire, surtout si l'on considère que pour s'y soustraire l'acheteur ne manquera pas de demander des délais et des expertises, ou d'interjeter appel. Enfin, l'action résolutoire est immorale; car elle permet au vendeur d'extorquer de l'argent aux tiers, en leur promettant de ne pas exercer son action résolutoire et de se contenter de son privilége qui leur permettra de se faire attribuer l'excédant du prix d'adjudication qui ne sera pas absorbé par le vendeur. Elle est de plus injuste; car elle prive l'acheteur du bénéfice de la plus-value qu'a pu subir l'immeuble depuis la vente.

273 *bis*. Les partisans du maintien de l'action résolutoire répondirent que puisque cette action produisait des conséquences si funestes, il faudrait la supprimer non-seulement à l'égard des tiers, mais même entre les parties; ce qui n'était certes pas l'intention de ses adversaires. Est-ce d'ailleurs porter atteinte au crédit foncier que de refuser aux insolvables la faculté de fonder leur crédit sur la propriété d'autrui; car, on ne saurait assez le répéter, le vendeur n'a entendu aliéner son immeuble qu'à la condition qu'il serait payé. N'est-ce pas plutôt mettre des entraves à la facilité des transactions

que de forcer les propriétaires d'exiger de l'acheteur en place de l'action résolutoire, des garanties, telles que des cautions, des gages et des hypothèques, etc., qu'il ne pourra pas toujours fournir? Que s'il a payé une portion du prix ou augmenté la valeur de l'immeuble, il n'est pas besoin de supprimer l'action résolutoire pour augmenter son crédit; on n'a qu'à déclarer, par exemple, qu'en cas de résolution, les restitutions ou indemnités à payer par le vendeur seront affectées aux créanciers hypothécaires de l'acheteur. Enfin la clause résolutoire existant tacitement dans tous les contrats synallagmatiques, il faudrait, après l'avoir supprimée en matière de vente, supprimer également les actions en rapport, en réduction, en lésion, en réméré, etc., qui entraînent les mêmes inconvénients; on serait ainsi amené à remanier tout le Code Napoléon. Mais une réforme aussi radicale n'est point nécessaire. Si l'action résolutoire présente des dangers, c'est surtout parce qu'elle n'est pas rendue publique. Soumettons-la à la publicité, et ne permettons pas qu'elle survive au privilége, lorsque le vendeur, en laissant éteindre ce dernier, a induit les tiers dans la fausse croyance que l'acheteur avait complétement satisfait à sa dette (1).

Ces sages raisons prévalurent; et l'amendement Rouher forme, comme nous l'avons dit, l'article 7 de la loi de 1855.

274. Une première remarque à faire sur cet arti-

(1) MM. Mourlon, Traité théor. et prat. de la Transcr., II, nos 771 et suiv.; et Troplong, Transcr., no 289.

cle, c'est que l'action résolutoire n'est éteinte que relativement aux *tiers* « qui ont acquis des droits sur l'immeuble, et qui se sont conformés aux lois pour les conserver. » — Elle subsiste par conséquent, malgré l'extinction du privilége, contre l'acheteur, ses héritiers ou autres représentants à titre universel, ses créanciers chirographaires, contre toute personne en un mot qui n'est pas un *tiers*, par rapport au vendeur ou à l'acheteur, c'est-à-dire qui n'a pas acquis de droit *sur l'immeuble;* ou, ce qui revient au même, contre ceux qui, bien qu'ils aient acquis des droits sur l'immeuble, n'ont pas pris soin de les *conserver* conformément aux lois.

275. Pour que l'action résolutoire s'éteigne à l'égard des tiers qui ont conservé leurs droits réels, il faut que le privilége soit également éteint. Peu importe du reste de quelle manière qu'il ait péri; car l'article 7 ne dit pas qu'il faut que le privilége ait cessé d'exister *faute d'inscription;* il se sert au contraire de la formule plus absolue « après *l'extinction* du privilége, » qui ne comporte aucune distinction. L'action résolutoire sera par conséquent paralysée dans les cas suivants : 1) Lorsque la vente n'ayant pas été transcrite, ni le privilége inscrit, l'acheteur a disposé de l'immeuble par une revente qui (elle) a été transcrite, et que plus de quarante-cinq jours se sont écoulés depuis la vente primitive. — 2) Lorsque le vendeur, après avoir conservé son privilége par une simple inscription, a laissé périmer cette inscription faute de renouvellement dans les dix ans. Les auteurs qui, comme M. Troplong (1), admettent que le délai de quarante-cinq jours n'est qu'un délai de faveur existant pour le cas de revente, et qui permettent au vendeur de faire revivre son privilége par une nouvelle inscription, jusqu'à la transcription, décident que l'action résolutoire revivra en même temps. — Mais selon d'autres (2), à l'opinion desquels nous nous sommes ralliés, le privilége est irrévocablement éteint, lorsqu'il s'est écoulé plus de quarante-cinq jours. Ce que le vendeur peut simplement faire revivre, c'est l'hypothèque qui survit au privilége. Il ne pourra donc plus exercer son action résolutoire. — 3) L'action résolutoire sera également éteinte en cas de renonciation du vendeur à son privilége. — 4) De même s'il a donné mainlevée de son inscription. — 5) Les priviléges et hypothèques ne peuvent plus être inscrits après le jugement déclaratif de la faillite du débiteur (art. 448, C. de comm.). Mais le vendeur, qui ne peut plus faire inscrire son privilége, a-t-il également perdu son action résolutoire?

Nous estimons avec M. Mourlon que, bien que l'état de faillite place les créanciers du failli dans une situation analogue aux *tiers qui ont des droits sur l'immeuble*, l'action résolutoire n'en subsistera pas moins à l'égard des créanciers chirographaires de l'acheteur tombé en faillite. Le droit réel qu'ils acquièrent ne les couvre en effet que contre les actes

(1) Transcr., n° 292. — Conf. M. Mourlon, loc. cit., II, n° 801.
(2) MM. Flandin, de la Transcr., t. II, ch. 4, sect. 4; Dalloz, Rép., V° Transcr., n° 899.

de leur débiteur, postérieurs au jugement déclaratif de la faillite. « Il n'affecte ses biens actuels, dit M. Mourlon, qu'en l'état où ils sont dans son patrimoine. » Or, quant aux créanciers chirographaires, l'immeuble n'était entré dans leur gage que sous la charge de l'action résolutoire, c'est-à-dire à l'état de propriété *résoluble.* Aussi la logique de ce principe conduit-elle jusqu'à décider que la loi de 1855 n'est point applicable aux créanciers chirographaires qui, postérieurement à l'acte d'où est résultée leur créance ont acquis du chef de l'acheteur une hypothèque sur l'immeuble vendu, l'acheteur n'ayant pu leur conférer qu'un droit résoluble sur l'immeuble. — Il en est autrement des créanciers qui ont stipulé une hypothèque en même temps qu'ils se sont mis en rapport avec l'acheteur; ils ont en effet entendu acquérir un droit incommutable, puisqu'en tenant secrète son action en résolution, le vendeur leur a laissé croire que l'acheteur avait un droit irrévocable sur l'immeuble.

Cela posé, voici comment les choses se passeront en cas de faillite : le vendeur pourra reprendre son immeuble en exerçant l'action résolutoire; mais il sera tenu de subir les hypothèques des créanciers au regard desquels son action résolutoire est éteinte. Si, pour conserver la propriété qu'il vient de reprendre, il désintéresse ces derniers, il viendra à la faillite pour les dommages et intérêts (art. 1184, C. Nap.) et autres frais qui lui ont été alloués. Si, au contraire, il se laisse exproprier par eux, il prendra sur le prix de revente ce qu'ils n'auront point absorbé, et viendra à la faillite pour ce qui lui restera dû (1).

6) Ce qui vient d'être dit de la faillite, on devra le dire de l'acceptation bénéficiaire de la succession de l'acheteur qui, elle aussi, arrête le cours des inscriptions.

276. L'extinction du privilége survenant après que l'action résolutoire a été valablement *introduite*, empêche-t-elle que cette même action soit valablement continuée? — Pourquoi non, dira-t-on avec un arrêt de la Cour de Riom, du 7 juin 1859? Pour apprécier la légitimité d'une action ne faut-il pas se reporter à l'époque où elle a été intentée, puisque le jugement est simplement déclaratif d'un droit antérieur, et ne serait-il pas contraire à la justice que le défendeur pût bénéficier de sa résistance illégitime? (2)

Mais il faut répondre avec la Cour de Limoges (arrêt du 23 août 1860) que l'exercice de l'action résolutoire ne saurait tenir lieu d'inscription du privilége; que l'instance n'a d'effet qu'entre les parties en cause; que les tiers qui ont acquis des droits depuis la demande sont par conséquent censés l'ignorer; et qu'il ne suffit pas que l'action soit intentée, si au moment où il s'agit de le consacrer, le droit qui lui sert de base a péri par suite de

(1) MM. Mourlon, loc. cit., II, nos 816 à 826; Riv. et Huguet, Quest., nos 372 et suiv. — Contra : Troplong, Transcr., n. 295; Flandin, de la Transcr., t. II, ch. 4, sect. 4; Dalloz, Rép., Vo Transcr., no 602.

(2) Conf. M. Mourlon, loc. cit., II, no 808.

l'inaccomplissement de la seule formalité dont dépendait sa conservation (1).

277. Il existe deux actions résolutoires : l'une qui est attachée par la loi elle-même au défaut de payement du prix, mais qui a besoin d'être intentée en justice ; l'autre qui n'a pas besoin d'être intentée en justice et qui a lieu lorsqu'il a été stipulé dans la vente d'un immeuble que, faute de payement au terme convenu, la vente sera résolue de plein droit après une simple sommation de payer faite à l'acheteur. — L'article 7 ne prononce de déchéance que pour la première dont il est question dans l'article 1654 du Code Napoléon. Il ne vise pas au contraire la seconde qui résulte de l'article 1656. Malgré cela il ne faut pas hésiter à appliquer l'article 7 à cette dernière. Elle n'est, en effet, qu'une variété, que la mise en œuvre du principe déposé dans l'article 1654 ; ce principe, la loi n'a pas entendu y toucher ; elle a simplement modifié sa procédure, et les conditions dans lesquelles il peut être invoqué. — N'est-il pas vrai, du reste, que lorsque le vendeur, en laissant éteindre son privilége, a autorisé les tiers à croire qu'il est payé, cette croyance est tout aussi légitime lorsque la résolution s'obtient au moyen d'une simple sommation que lorsqu'elle est demandée en justice ? (2).

278. Une dernière remarque à faire sur cet arti-

(1) Dalloz, Rép., V° Transcr., n° 617 et 618.

(2) MM. Troplong, Transcr., n° 301 à 304 ; Mourlon, loc. cit., II, n° 831 ; Flandin, de la Transcr., t. II, ch. 4, sect. 4 ; Dalloz, Rép., V° Transcr., n° 621 ; Lesenne, Comm., n° 129.

cle 7 de la loi de 1855, c'est qu'il ne parle que de l'action résolutoire du vendeur pour défaut de payement du prix. Il en résulte que les autres actions en résolution, telles que l'action en rescision *pour cause de lésion*, par exemple, sont en dehors de sa disposition. Il en est ainsi même du *droit d'agir en folle enchère;* car bien qu'il soit fondé sur le défaut de payement du prix, il n'a pas pour conséquence d'amener la *résolution* de la vente, mais simplement de substituer à l'adjudicataire primitif un nouvel adjudicataire (1).

279. Il faut au contraire soumettre à l'article 7 l'action en résolution d'un *échange* pour défaut de payement d'une soulte. En effet, l'article 1707 du Code Napoléon, décide que toutes les règles de la vente sont applicables à l'échange, en tant que la nature de ce dernier contrat le comporte. Or, la soulte est un véritable prix, puisqu'elle représente pour l'un des échangistes la portion de son fonds dont la valeur excède celle du fonds qu'il a reçu en échange (2).

Il en sera de même des contrats qui constituent de vraies ventes, tels que la *datio in solutum*, dans laquelle il serait stipulé une soulte de l'excédant du fonds donné en payement (3).

280. L'article 7 de la nouvelle loi n'accorde un délai de faveur pour s'inscrire qu'au vendeur et au copartageant. Le Code Napoléon continuera donc à

(1) MM. Mourlon, loc. cit., n° 830; Flandin, loc. cit.; Dalloz, Rép., loc. cit., n° 613.
(2) MM. Troplong, Transcr., n° 299; Dalloz, Rép., loc. cit., n° 626.
(3) MM. Mourlon, loc. cit., II, n° 832; Riv. et Huguet, Quest., n° 354 et suiv.

régir les créanciers à priviléges généraux qui sont énumérés dans les articles 2102 et 2105. Il est vrai qu'il leur fait une position meilleure qu'au vendeur et au copartageant, puisqu'il les dispense de toute inscription. Mais cette dispense n'existe qu'au point de vue du droit de préférence. Ils ont donc besoin de s'inscrire pour exercer leur droit de suite, à l'effet de pouvoir saisir l'immeuble dans les mains du nouvel acquéreur, ou surenchérir en cas d'expropriation. Ils se trouvent par conséquent, en vertu de la loi de 1855, dans une condition moins avantageuse que celle du vendeur et du copartageant. En effet, s'ils se laissent devancer par la transcription de la revente, ils ne pourront plus s'inscrire à l'effet d'exercer leur droit de suite (1).

281. Le privilége des architectes et ouvriers reste également sous l'empire du Code Napoléon. Deux inscriptions doivent être prises pour sa conservation : l'une avant le commencement des travaux, l'autre après leur achèvement. La première suffit à avertir les tiers acquéreurs de l'existence du privilége, bien qu'elle ne fasse pas connaître le montant de ce qui sera dû. — Lors donc qu'une aliénation et sa transcription surviennent au cours des travaux, de deux choses l'une : ou bien l'acheteur fait continuer les travaux et l'entrépreneur, l'acceptant pour débiteur, ne fait pas constater l'état des travaux ni régler son compte au moment de la vente. Dans ce cas l'architecte cesse d'avoir le vendeur pour débiteur, et ne peut faire opposition au payement du prix. Ou

(1) M. Troplong, Transcr., n° 283.

bien au contraire les constructions sont arrêtées, et l'entrepreneur fait constater l'état des travaux et ce qui lui est dû. Il a alors six mois pour procéder à cette expertise, et le privilége s'exercera sur la portion du prix correspondant à l'augmentation de valeur résultant des travaux. — Que si la vente et la transcription n'ont lieu qu'après l'exécution des travaux, mais dans les six mois fixés pour en faire constater l'état, l'architecte jouira de la fin de ce délai pour faire déterminer le montant de sa créance et opérer la seconde inscription. — Enfin, si la vente a lieu après les six mois, le constructeur perdra son privilége si la transcription survient avant la deuxième inscription (1).

282. Quant à la *séparation des patrimoines*, elle n'a d'effet qu'entre les créanciers, elle ne donne pas de droit de suite contre les tiers acquéreurs. Lors donc qu'il survient une aliénation, les créanciers ne pourront point inquiéter l'acheteur; mais ils conserveront le droit de s'inscrire dans les six mois du décès, malgré la transcription, à l'effet d'empêcher la confusion du prix avec le patrimoine personnel de l'héritier du défunt (2).

283. Les hypothèques légales des femmes mariées, des mineurs et interdits sont également dispensées d'inscription, à raison de leur incapacité à veiller eux-mêmes à la conservation de leurs droits. Sous l'empire du Code Napoléon cette dispense ne cessait même pas avec l'incapacité qui la justifiait.

(1) M. Troplong, Transcr., nos 284, 285, 286 et 287.
(2) M. Troplong, loc. cit., n° 288.

— Le législateur de 1855 sentant qu'il y avait là une réforme à accomplir, décida par l'article 8 de la nouvelle loi que « si la veuve, le mineur devenu majeur, l'interdit relevé de l'interdiction, leurs héritiers ou ayants cause, n'ont pas pris inscription dans l'année de la dissolution du mariage ou de la cessation de la tutelle, leur hypothèque ne date, à l'égard des tiers, que du jour des inscriptions prises ultérieurement. »

Peu importe du reste que la tutelle cesse par le décès du mineur, ou qu'elle prenne fin par suite de sa majorité ; dans le premier cas ce sont ses héritiers qui devront prendre inscription. Ces mots « le mineur devenu majeur » semblent, il est vrai, restreindre l'obligation de prendre inscription au cas où la tutelle cesse par la majorité ; mais les expressions « dans l'année qui suit la cessation de la tutelle » rendent à l'article 8 la portée que réclame son esprit (1).

284. Le délai d'un an court même contre les héritiers mineurs ou interdits ; car il est de principe que la minorité et l'interdiction ne suspendent point les courtes prescriptions. Il n'y a du reste aucun inconvénient à la faire courir dans l'espèce, puisque le tuteur aura à prendre inscription non sur ses biens personnels, mais sur ceux d'autrui (2).

285. Supposons qu'avant l'expiration de cette année, il survienne une vente suivie de transcription. Cet événement qui arrêterait les inscriptions ordi-

(1) M. Troplong, loc. cit., n° 310.
(2) Le même, loc. cit., n° 311.

naires n'empêchera pas la veuve et le mineur devenu majeur d'opérer la leur. — Mais on peut se demander si c'est une simple faculté qu'ils ont de s'inscrire, ou si au contraire ils en ont l'obligation.

Notre droit, peuvent-ils dire à l'acquéreur, s'est définitivement fixé sur votre immeuble; vous ne l'avez reçu que grevé de notre hypothèque dispensée de toute inscription; vous ne pourrez nous forcer de la tirer de son obscurité qu'en purgeant.

Mais ce langage ne devra pas être écouté, l'article 8 ne faisant aucune distinction; sa disposition est générale et absolue. Pourquoi d'ailleurs, s'ils reconnaissent que la purge les forcera d'opérer leur inscription, puisqu'ils doivent faire connaître leur droit à un certain moment, pourquoi ce moment ne serait-il pas l'année fixée par notre article? (1)

Ceci doit cependant s'entendre avec une certaine restriction. Lors, en effet, que le tiers acquéreur commence à purger dans l'année même, il aura traité la veuve et le mineur comme les traite le Code Napoléon lui-même, et il ne pourra pas les empêcher de s'inscrire encore au cours de la procédure de la purge.

(1) M. Troplong, Transcr., nos 314 et 315.

CHAPITRE XIV

DE LA SUBROGATION A L'HYPOTHÈQUE LÉGALE DE LA FEMME

286. La loi de 1855 contient une dernière disposition intéressant le crédit des tiers. C'est l'article 9 relatif aux actes par lesquels la femme cède ou renonce à son hypothèque légale. — Il décide que ces cessions ou renonciations devront être faites par acte authentique et que les cessionnaires ne seront saisis de l'hypothèque légale, *à l'égard des tiers*, que par l'inscription de cette hypothèque prise à leur profit, ou la mention de la subrogation en marge de l'inscription préexistante. Ils exerceront leurs droits dans l'ordre des dates de ces inscriptions ou mentions.

La loi veut que les cessionnaires requièrent une inscription, par la même raison qui lui a fait exiger une inscription des femmes, mineurs et interdits sortis de leur incapacité : c'est que la dispense justifiée par cette incapacité ne doit pas lui survivre.

La nécessité d'un acte authentique et de la mention en marge de l'inscription, ainsi que le rang résultant de la date de cette mention ou inscription se justifient par les considérations suivantes : c'est que le mari pourrait abuser de son influence sur la femme, pour la déterminer à renoncer légèrement à son hypothèque légale en faveur des créanciers personnels du mari, afin d'augmenter son crédit; de là l'authenticité de la cession. D'un autre côté, comme sous l'empire du Code Napoléon, les cessions d'hypothèques n'étaient point soumises à la publicité, il pouvait arriver que la femme ayant fait plusieurs cessions ou renonciations successives, le dernier cessionnaire se vît préférer des cessionnaires antérieurs, dont il n'avait eu aucun moyen de reconnaître l'existence. L'article 9 de la loi de 1855 pare à ce danger en exigeant la publicité de la renonciation.

287. La femme peut disposer de plusieurs manières de son hypothèque légale : elle peut ou bien céder sa créance hypothécaire; ou bien céder son rang d'antériorité, ou enfin céder son hypothèque indépendamment de sa créance.

La cession de créance entraîne également celle de l'hypothèque, en sorte que le cessionnaire prend la place du cédant sous tous les rapports, et avec la même étendue.

Lorsque la femme se borne à céder son rang d'antériorité, elle conserve non-seulement sa créance, mais encore son hypothèque. Elle ne pourra pas, il est vrai, s'en prévaloir à l'encontre du cessionnaire, qui sera colloqué à sa place et dans la mesure de ce qui est dû à la femme; mais elle s'en prévaudra à l'égard de tout autre créancier, à moins que ce dernier n'occupe un rang antérieur au cédant; en effet, la cession ne doit ni profiter, ni nuire aux créanciers intermédiaires (1).

Enfin, lorsque la femme cède simplement son hypothèque, elle conserve sa créance, qui ne sera plus que chirographaire (2).

On a contesté la validité d'une cession de l'hypothèque indépendamment de la créance, par cette raison qu'un accessoire ne saurait exister sans le principal (3). Mais il ne s'agit pas de faire exister l'hypothèque indépendamment d'une obligation principale ; il s'agit simplement de la faire passer d'une obligation principale à une autre. L'article 9 est, du reste, formel à cet égard ; il permet la cession d'hypothèque (4).

288. On peut céder la créance entière même à une personne qui n'est pas encore créancière du mari. On ne peut céder l'antériorité qu'à une personne qui est déjà créancière du débiteur et armée d'une hypothèque (5). De même on ne cède son hypothèque qu'à une personne qui est déjà créancière du débiteur ; mais il n'est pas nécessaire qu'elle ait déjà contre lui une hypothèque.

289. Quant à la renonciation de la femme à son hypothèque, on s'est demandé si cette renonciation

(1) MM. Troplong, Transcr., n° 324 ; Riv. et Huguet, Quest., n° 383. — Contra : Mourlon, Traité théor. et prat. de la Transcr., II, n° 940.

(2) MM. Troplong, loc. cit. ; Riv. et Huguet, loc. cit. ; Pont, Priv. et Hyp., n° 334 et 450.

(3) M. de Vatimesnil, rapporteur à l'Assemblée législative de 1849.

(4) M. Troplong, Transcr., n° 328.

(5) MM. Riv. et Huguet, Quest., n° 363 ; Troplong, loc. cit., n° 325 ; Pont, Privil. et Hyp., n° 458. — Contra : Mourlon, loc. cit., II, n° 941.

est simplement extinctive, ou si elle a au contraire pour effet de transmettre l'hypothèque. L'alinéa 2 de notre article tranche cette question dans le sens de la transmission de l'hypothèque, lorsqu'il décide que les dates des inscriptions ou mentions déterminent l'ordre dans lequel ceux qui ont obtenu des (cessions ou) renonciations *exercent les droits hypothécaires de la femme* (1). — Mais si les renonciations sont en principe *transmissives*, rien n'empêche les parties de convenir que la renonciation sera purement *extinctive*.

200. Bien que notre article ne parle que de la cession de l'hypothèque, il nous semble difficile de ne pas l'appliquer également au cas où cette cession a lieu accessoirement au transport de la créance elle-même. La cession de la créance devra donc être faite en ce cas, par acte authentique, et le cessionnaire sera obligé de faire inscrire l'hypothèque légale qui y est attachée. Autrement il faudrait dire que le cessionnaire jouira de la même dispense d'inscription dont jouissait la femme, ce qui est inadmissible. L'article 9 n'a du reste pas pour objet d'exclure la cession de l'hypothèque accessoirement à celle de la créance; il a, au contraire, pour objet d'étendre à la cession de l'hypothèque légale indépendante de la créance, les conditions de publicité et d'authenticité que, lors de la discussion à l'Assemblée législative, on avait voulu res-

(1) MM. Troplong, loc. cit., nº 332; Mourlon, loc. cit., nº 947; Riv. et Huguet, loc. cit., nº 385; Pont. Privil. et hyp., nº 476.

treindre aux cessions des créances hypothécaires (1).

291. Notre article sera également applicable à la cession d'antériorité, quoiqu'il n'en fasse pas mention; car céder le rang d'une hypothèque, c'est faire en réalité une cession partielle de l'hypothèque (2).

292. Lorsqu'une cession d'hypothèque a lieu, il ne suffira pas que le cessionnaire fasse inscrire à son profit l'hypothèque de la femme; il devra encore faire mention de la cession en marge de cette inscription. A défaut de cette mention, le cessionnaire postérieur, qui se sera conformé à la loi, lui sera préféré. — Mais ce dernier n'a aucun intérêt à invoquer le défaut d'inscription; ce sera, au contraire, la femme qui prendra la place du cessionnaire évincé, puisqu'elle est dispensée de faire inscrire son hypothèque, et que la cession irrégulière est *res inter alios acta* à l'égard des autres cessionnaires (1).

293. Lorsque la créance garantie par l'hypothèque légale l'est en même temps par une hypothèque conventionnelle, une inscription unique de l'hypothèque conventionnelle sera suffisante pour les deux, pourvu qu'elle comprenne les indications prescrites par l'article 2153 relativement à l'hypothèque légale. Une simple mention de la subrogation dans l'hypothèque légale ne suffirait pas (Cass., 4 février 1856).

(1) M. Troplong, loc. cit., n° 336. — Contra : MM. Riv. et Huguet, loc. cit., n° 393.

(2) M. Troplong, loc. cit., n° 333. — Contra : M. Mourlon, loc. cit., n° 937.

(3) M. Troplong, loc. cit., n° 341.

294. Une dernière remarque à faire sur l'article 9, c'est qu'il ne s'occupe que des cessions de l'hypothèque légale de la femme mariée. Par conséquent, les cessions que ferait un autre créancier de son hypothèque ne seront pas assujetties, ni à l'authenticité, ni à la mention en marge de l'inscription du cédant.

CHAPITRE XV

DISPOSITIONS TRANSITOIRES.

295. La loi de 1855 contient dans ses derniers articles (11 et 12) des mesures transitoires relativement aux actes et jugements ayant acquis date certaine antérieurement au 1er janvier 1856. Le premier alinéa de l'article 11 décide que les articles 1, 2, 3, 4 et 9 ne seront pas applicables aux actes ayant acquis date certaine, et aux jugements rendus avant le 1er janvier 1856. Ils continuent à être régis par la législation sous l'empire de laquelle ils ont été passés.

296. Quant aux actes dont s'occupent l'article 6, relatif aux inscriptions des priviléges ou hypothèques dont le cours est arrêté par la transcription; l'article 7 relatif à l'action résolutoire, et l'article 8 concernant l'inscription des hypothèques légales des veuves, des mineurs devenus majeurs et des interdits relevés de l'interdiction, ils sont régis par la nouvelle loi, quoiqu'ils aient pris naissance avant le 1er janvier 1856.

La loi, en un mot, ne respecte que les droits acquis ; elle ne ménage pas ceux pour la conservation desquels il reste encore une formalité à remplir.

297. Sont par conséquent exceptés de la loi de 1855 : les actes translatifs de propriété, entre-vifs, ou de droits réels susceptibles d'hypothèque ; les jugements qui constatent l'existence d'une convention de même nature ; les actes constitutifs d'antichrèse, de servitude, d'usage, d'habitation ; les baux d'une durée de plus de dix-huit ans ; les jugements prononçant la résolution, la nullité ou la rescision d'un acte transcrit, lorsqu'ils ont été rendus antérieurement au 1er janvier 1856 ; les cessions et subrogations légales, etc., etc.

Doivent, au contraire, être transcrits conformément à l'article 4 : les jugements prononçant la résolution, nullité ou rescision d'un acte *non transcrit*, ayant date certaine avant la même époque, lorsque ces jugements ont été rendus depuis la promulgation de la loi de 1855 (1).

298. Si le contrat passé antérieurement au 1er janvier 1856, et non assujetti à la transcription au point de vue de la translation de la propriété, avait été néanmoins transcrit à fin de purge, le jugement prononçant la nullité ou la résolution de ce contrat devra être mentionné en marge de la transcription, conformément à l'article 4.

299. Lorsqu'un contrat annulable, passé avant le 1er janvier 1856, aura été ratifié postérieurement à

(1) MM. Riv. et Huguet, Quest., n° 422 et suiv. ; Troplong, Transcr., n° 359.

cette époque, il ne sera pas nécessaire de le faire transcrire. En effet, ce contrat, bien qu'annulable, n'en existait pas moins; la ratification a simplement écarté une chance de résolution; elle rétroagit au jour du contrat, qui est censé avoir été valablement contracté dès le principe (1).

La même solution devra être donnée relativement au contrat passé par un mandataire et ratifié par le mandant après le 1er janvier 1856.

300. En se plaçant dans l'hypothèse d'une vente antérieure au 1er janvier 1856, par conséquent non régie par la loi du 23 mars 1855, il y a lieu de se demander si les créanciers hypothécaires jouiront du délai de quinze jours accordé par l'article 834 (C. de pr.), pour s'inscrire après la transcription de l'acte de vente. — Il faut, pour résoudre cette question, admettre plusieurs distinctions : Et d'abord, si la vente antérieure au 1er janvier 1856 a été transcrite moins de quinze jours avant cette époque, les créanciers pourront encore s'inscrire après le 1er janvier, tant qu'ils seront encore dans le délai de quinzaine. Cette transcription, opérée avant le 1er janvier 1856 n'a pas eu, en effet, le même objet que celle qui est faite sous l'empire de la loi de 1855; elle n'est pas un obstacle aux inscriptions ultérieures; elle a été un simple appel aux créanciers non inscrits, pour les mettre en demeure de s'inscrire. — Il en serait différemment de la transcription opérée postérieurement au 1er janvier 1856 : ayant été effectuée sous

(1) M. Troplong, loc. cit., n° 350.

l'empire de la loi de 1855, l'acquéreur a sans doute voulu profiter des avantages et des conséquences que la nouvelle loi y attache (1).

Il résulte de ce qui précède que la loi de 1855, inapplicable aux acquéreurs antérieurs à sa promulgation, régit au contraire les créanciers hypothécaires antérieurs à la même époque.

301. La loi de 1855 est applicable aux femmes devenues veuves, aux mineurs devenus majeurs et aux interdits relevés de leur interdiction : ils ont donc dû faire inscrire leur hypothèque légale dans le délai d'un an ; mais ce délai n'a couru que du jour où la loi de 1855 est devenue exécutoire.

Il suit de là que, bien qu'antérieures à la loi de 1855, les cessions d'hypothèques légales n'échappent pas à son application. Le cessionnaire mis aux lieu et place d'une femme qui a perdu son mari, n'en sera pas moins obligé de requérir dans l'année l'inscription de son hypothèque, mais il ne sera pas tenu de faire opérer la mention de cette cession, l'article 9 étant inapplicable aux cessions antérieures au 1er janvier 1856 (2).

302. Quant au droit de résolution du vendeur, il survit en principe au privilége éteint avant le 1er janvier 1856 ; mais l'article 11 exige, dans son alinéa 4, que, pour conserver son action résolutoire dans l'avenir, il la fasse inscrire au bureau des hypothèques, dans les six mois à partir du 1er janvier 1856.

303. Dans sa disposition finale, l'article 11 décide

(1) M. Troplong, Transcr., n°s 353 et 354.
(2) M. Troplong, Transcr., n° 358.

que la loi de 1855 ne déroge pas aux dispositions du Code Napoléon, relatives à la transcription des actes portant donation ou contenant une substitution. — Ce n'est pas à dire que la nouvelle loi ne leur sera pas applicable dans les cas non prévus par le Code Napoléon; mais ce que le législateur a voulu dire, c'est que les règles spéciales du Code continueront à recevoir leur application.

304. Il en résulte notamment que les créanciers chirographaires du donateur pourront, à la différence des créanciers chirographaires du vendeur, invoquer le défaut de transcription contre le donataire (1).

C'est que la transcription, en matière de donations, n'a pas seulement pour effet d'opérer le transport de la propriété à l'égard des tiers, elle a encore pour objet de protéger le donateur contre sa faiblesse et ses créanciers contre un acte qui diminue leur gage sans compensation.

305. De même si, contrairement à notre avis, on décide que les donations de droits immobiliers non susceptibles d'hypothèque ne sont pas soumises par le Code Napoléon à la transcription, elles y seront assujetties en vertu de la loi de 1855.

(1) M. Troplong, loc. cit., n° 365.

POSITIONS

—

DROIT ROMAIN.

1. L'accession est un mode spécial d'acquisition de la propriété.

2. Les mots *tam in rem quam in personam* du § 20 des Institutes, titre *de Actionibus*, signifient que le demandeur agit en deux qualités distinctes : qualité de propriétaire, qualité de créancier.

3. Il n'y a point antinomie entre la loi 24, § 2, Dig., *De rebus auctoritate judicis possidentis* (XLII, 5), où Ulpien assigne au déposant le dernier rang parmi les créanciers privilégiés, et la loi 7, §§ 2 et 3, Dig., *Depositi* (XVI, 3), où il lui assigne le premier rang parmi les créanciers privilégiés.

4. Le créancier gagiste possède pour lui-même et exerce les interdits possessoires en son propre nom ; du moins, d'après la forme primitive du contrat de gage.

DROIT CIVIL FRANÇAIS.

1. Le droit du preneur à bail est un droit personnel.

2. La donation à titre de dot constitue un titre *lucratif* quant à la femme, et *onéreux* quant au mari.

3. L'action en reprise de la femme est mobilière ou immobilière, selon la nature des biens prélevés. En conséquence, elle appartient, dans le premier cas,

au légataire des meubles, et, dans le second, au légataire des immeubles.

4. La séparation des patrimoines n'est pas un privilége proprement dit.

DROIT CRIMINEL.

1. Celui qui a pris part à l'acte même qui a consommé un suicide n'est pas coupable de meurtre.

2. Les complices sont passibles de l'aggravation de peine résultant des circonstances intrinsèques du fait qu'ils ont ignorées. Il en est différemment lorsque l'aggravation prend sa source dans une circonstance extrinsèque du fait.

DROIT ADMINISTRATIF.

1. Le simple chômage résultant de l'exécution de travaux d'utilité publique ne constitue qu'un dommage temporaire. En conséquence, l'indemnité due à raison de ce préjudice sera fixée par l'autorité administrative.

2. Les cours d'eau non navigables ni flottables sont la propriété des riverains, soit quant au lit du fleuve, soit quant à la chute d'eau.

Vu par le doyen, C. DEMOLOMBE.

Vu par le président de la thèse, J. CAUVET.

Permis d'imprimer,
Pour le recteur en tournée,
L'inspecteur délégué,
HÉBERT-DUPERRON.

TABLE DES MATIÈRES

DROIT ROMAIN

DE LA TRANSLATION DE PROPRIÉTÉ

DROIT FRANÇAIS

DE LA TRANSLATION DE LA PROPRIÉTÉ

(COMMENTAIRE DE LA LOI DU 23 MARS 1855.)

6369. — Paris. Typ. de Ch. Meyrueis, 13, rue Cujas. — 1874.

www.ingramcontent.com/pod-product-compliance
Ingram Content Group UK Ltd.
Pitfield, Milton Keynes, MK11 3LW, UK
UKHW012159240726
13966UKWH00002B/455